탈중앙화 자율조직(DAO)과 회사법

탈중앙화 자율조직(DAO)과 회사법

남궁주현 지음

머리말

회사는 현대사회에서 가장 강력한 법적 조직체 중 하나로, 시장경제의 발전에 중요한 역할을 해왔다. 그러나 동시에 회사제도로 인한 폐해 또한 무시할 수 없다. 영리를 추구하는 회사의 본질적 특성으로 인해 도덕적 가치나 사회적 책임보다 이윤 추구가 우선시되는 경향도 발생한다. 이는 회사 조직의 구성원들까지도 그러한 틀에 가두어 도구화시키는 결과를 낳곤 한다. 대규모 회사의 경우 주식의 광범위한 분산과 동시에 일부 소수 지배주주에 의한 집중이라는 모순적 상황이 발생하기도 한다. 이는 회사의 소유와 지배의 괴리를 야기하고, 회사 권력의 편재와 남용을 초래하여 대주주, 경영자, 소수주주 간의 갈등을 심화시킨다. 이때 우리는 중요한 질문을 던지게 된다. 회사는 지금과 같은 모습으로 영원할 것인가? 이러한 의문이 본 연구의 출발점이 되었다.

새롭게 등장한 블록체인(blockchain) 기술은 이러한 질문에 대한 새로운 관점을 제시한다. 블록체인의 핵심 개념인 탈중앙화(decentralization)는 기존 회사 구조에 대한 혁신적인 대안을 제시한다. 이 기술을 바탕으로 새로운 유형의 조직 구조인 "탈중앙화 자율조직(Decentralized Autonomous Organizations, 이하 'DAO')"이 등장하였다. DAO는 회사 경영의 일부분, 특히 법률 규정, 정관, 계약 등을 기계적으로 집행해야 하는 부분을 자동화할 수 있는 가능성을 제시한다. 이는 인간의 직접적인 개입 없이도 정해진 조건이 충족되면 자동으로 특정 기능을 수행하는 프로그램화된 조직 형태를 의미한다. DAO는 법적으로 매우 낯선 존재이다. 본 연구는 DAO의 실체를 구체적으로 분석하고, 그 전체적인 법률관계를 체계적으로 검토하는 것을 목적으로 한다. 법률가의 책무 중 하나는 새로운 사회적 현상에 대해 법률관계를 검토하고, 발생 가능한 위험에 대비하며 부작용에 대응하는 수단을 마련하는 것이다. 본 연구를 통해, 우리는 DAO라는 조직 형태가 가져올 수 있는 변화와 도전에 대해 심도 있게 고찰하고자 한다.

본서는 필자의 법학전문박사 학위논문 "탈중앙화 자율조직(DAO)에 관한 법적 연구"(서울대학교 법학전문대학원, 2024년 2월)를 토대로 하여 완성한 결과물이다. 필자가 근무하고 있는 성균관대학교의 배려로 2024년 1학기 동안 연구학기를 보내면서 본서의 발간 작업에 집중할 수 있었다. 나아가 이 연구가 세상의 빛을 볼 수 있도록 법학연구총서로 선정해주신 서울대학교 법학연구소에 깊은 감사를 표한다. 필자는 2021년 3월, 법복을 벗고 성균관대학교 법학전문대학원의 강단에 서면서, 새로운 도전과 책임감을 마주하게 되었다. 학자로서의 첫걸음을 내딛는 순간부터 박사학위논문의 완성이라는 큰 산이 우뚝 서 있었다. 이 여정은 결코 쉽지 않았지만, 동시에 법학자로서 필자의 정체성을 확립하는 귀중한 시간이었다. 이 힘난한 여정에서 지도교수님이신 노혁준 선생님께서 어두운 바다에서의 등대와 같은 역할을 해주셨다. 노혁준 선생님의 지도 아래, 필자는 연구의 첫 발을 내딛을 수 있었고, 최종 목표에 다다를 수 있었다. 주제 선정부터 논문의 완성에 이르기까지, 모든 과정에서 아낌없는 조언과 격려를 보내주신 선생님께 이 자리를 빌어 깊은 존경과 감사의 마음을 전한다. 학위논문심사 과정에서 귀중한 조언을 주신 정순섭, 천경훈, 이정수, 손창완 교수님(연세대학교 법학전문대학원)께도 깊이 감사드린다.

인생의 멘토로서 저자에게 많은 가르침을 주시는 임재연 변호사님과 저자의 업무, 학업, 집필을 전폭적으로 지원해주신 부모님, 장인어른께 감사드리고, 저자의 곁에서 항상 응원하며 수고를 마다하지 않는 사랑하는 아내와 딸에게 이 책을 바친다.

목 차

머리말 · iv

제1장 서론 · 1

제1절 연구의 목적 ···3
제2절 연구의 범위 ···6
제3절 연구의 방법 ···9
제4절 본서의 구성 ··12

제2장 DAO의 의의 · 17

제1절 DAO의 연혁 ···19
   Ⅰ. DAO의 출현 배경 ··19
   Ⅱ. DAO의 출현 과정 ··22
제2절 DAO의 개념 ···28
   Ⅰ. 기존 논의 ··28
   Ⅱ. 문언적 개념 요소: 탈중앙화·자율·조직 ·······························29
   Ⅲ. 이 논문에서 DAO의 법적 정의 ··34
제3절 DAO의 유형 및 현황 ···37
   Ⅰ. 유형 ··37
   Ⅱ. 현황 ··41

제3장 DAO의 구성요소와 규율방향 · 43

제1절 DAO의 구성요소 ·········45
Ⅰ. 개관 ·········45
Ⅱ. DAO 조직의 기술적 기초인 블록체인 ·········46
Ⅲ. DAO의 설립과 운영의 기능적 중추인 스마트계약 ·········51
Ⅳ. DAO와 가상자산 ·········75
Ⅴ. 소결론 ·········91

제2절 DAO의 규율방향 ·········93
Ⅰ. DAO가 추구하는 이상(理想) ·········93
Ⅱ. 이상(理想)에 기초한 DAO의 특성 ·········95
Ⅲ. 규율의 방향: 이상과 현실의 절충 ·········98

제4장 DAO에 관한 사례와 비교법적 연구 · 101

제1절 개관 ·········103

제2절 DAO 관련 사례의 검토 ·········104
Ⅰ. The DAO 사례 ·········104
Ⅱ. bZxDAO 사례 ·········116
Ⅲ. 국보DAO 사례 ·········121
Ⅳ. 사례에서 확인한 DAO의 한계 ·········125

제3절 DAO에 관한 외국의 입법 현황 ·········129
Ⅰ. 미국 ·········129
Ⅱ. 일본의 현황 ·········146
Ⅲ. DAO에 관한 제도의 입법화의 의미 ·········149

제5장 DAO와 대리문제 · 151

제1절 개관 ···153
  Ⅰ. DAO의 대리문제에 관한 기존 논의 ·······································153
  Ⅱ. 문제의 소재 ···156

제2절 DAO의 대리문제 발생 가능성 ··158
  Ⅰ. 서언 ···158
  Ⅱ. DAO에 있어서 대리문제를 일으키는 요인 ······························161
  Ⅲ. DAO에 발생할 수 있는 대리문제의 유형 ·······························164

제3절 DAO의 대리비용을 줄이기 위한 방안 ·································167
  Ⅰ. 사적자치 이념의 강화 필요성 ··167
  Ⅱ. 대리비용을 줄이기 위한 방안의 검토 ·····································169
  Ⅲ. 소결론 ···173

제6장 DAO의 조직법적 형태 · 175

제1절 개관 ···177
제2절 DAO의 조직법적 형태의 검토 ··179
  Ⅰ. 서언 ···179
  Ⅱ. 기업과 회사 ···181
  Ⅲ. DAO가 선택할 수 있는 법적 조직체의 형태 ··························183

제3절 DAO에 적합한 기업형태의 검토 ···194
  Ⅰ. 현행법상 기업형태의 적용 가능성 ···194
  Ⅱ. DAO·회사·조합의 비교를 통한 법적 형태의 모색 ···················199
  Ⅲ. DAO의 법적 형태 제안 ··201

제7장 DAO에 관한 단계별 구체적 쟁점 · 211

제1절 개관 ···213
제2절 DAO의 설립 ··214
 Ⅰ. DAO 플랫폼을 이용한 설립 절차의 진행 ·····················214
 Ⅱ. 스마트계약을 활용한 규칙의 설정 ······························215
 Ⅲ. 사원의 확정: 가상자산 발행 절차 ······························217
 Ⅳ. 기관의 구성 ···219
 Ⅴ. 소결 ··222
제3절 운영 ···223
 Ⅰ. 의사결정과 집행 ···223
 Ⅱ. 업무집행사원의 의무 ···229
 Ⅲ. 사원의 지위 ···237
 Ⅳ. 운영에 관한 감시 ···240
제4절 해산 ···244
 Ⅰ. 의의 ··244
 Ⅱ. 해산의 사유 ···244
 Ⅲ. 기술적 절차 ···245

제8장 입법론적 제언 · 247

제1절 입법의 방향 ···249
제2절 구체적 내용 ···250
 Ⅰ. 체계의 개요 ···250
 Ⅱ. 기업형태 ··251
 Ⅲ. 설립 ··252
 Ⅳ. 기관 ··258
 Ⅴ. 운영 ··261
 Ⅵ. 사원 ··263

Ⅶ. 해산 …………………………………………………………………264
제3절 소결론 …………………………………………………………266

제9장 결론 · 267

참고문헌 · 272
찾아보기 · 284

약어표

COALA DAO Model Law	Coalition of Automated Legal Applications Model Law
DUNA법	Decentralized Unincorporated Nonprofit Association Act
MiCA법	Regulation on Market in Crypt-Assets
1933년법	Securities Act of 1933
1934년법	Securities Exchange Act of 1934
DO법	Tennessee Decentralized Organizations Act
유타 DAO법	Utah Decentralized Autonomous Organizations Act
와이오밍주 DAO법	Wyoming Decentralized Autonomous Organization Act
가상자산법	「가상자산 이용자 보호 등에 관한 법률」
자본시장법	「자본시장과 금융투자업에 관한 법률」
전자문서법	「전자문서와 전자거래기본법」
전자상거래법	「전자상거래 등에서의 소비자보호에 관한 법률」
특정금융정보법	「특정 금융거래정보의 보고 및 이용 등에 관한 법률」

제1장 서론

제1절 연구의 목적

회사는 지금과 같은 모습으로 영원할 것인가? 디지털세계에서만 존재하는 회사의 설립이 가능할까? 그것이 가능하다면, 그 회사는 회사제도의 본질과 이념에 부합하는 것일까? 이러한 의문의 제기가 이 연구의 첫발을 내딛는 계기였다. 여기에 탈중앙화(decentralization)를 핵심 개념으로 하는 블록체인(blockchain) 기술의 등장은 연구에 속도를 더하였다. 블록체인을 탄생시킨 이념적 배경에는 탈중앙화의 정신이 깃들어 있다. 블록체인기술의 배경이 되는 이념에 맞게 설계된 새로운 유형의 조직구조, "탈중앙화 자율조직(Decentralized Autonomous Organizations, 이하 'DAO'라 함)"이 등장하였다. DAO는 우리에게 상당히 생경한 개념이다. DAO는 대중화된 블록체인기술이 '조직'의 결성 수단으로 활용된 유형으로, 그 조직의 구성·운영에 관해서는 회사법적 관점에서도 검토가 필요한 흥미로운 현상이다.[1] 본 연구의 목적은 이러한 DAO의 실체를 구체적으로 분석하고, 그 전체적인 법률관계를 체계적으로 검토하는 것이다.

네덜란드 의회는 1602년 무역회사 14개를 통합한 동인도 회사의 설립을 승인하였다. 이때부터 개인은 사업 운영에 관한 모든 위험을 부담할 필요가 없게 되었다.[2] 대신 새로운 법개념인 '법인'이 사업 운영의 위험을 부담하고, 무역상은 주주로서 투자 위험만을 부담하게 되었다. 이처럼 16세기와 17세기에 기업의 운영 방식에 근본적인 변화가 있었다. 1602년 네덜란드 동인도회사의 상장은 현대 기업지배구조의 기초를 형성하는 기업의 운영 방식에 영향을 미쳤다. 네덜란드 동인도 회사가 상장된 지 약 420년이 지난 지금, 그때의 논의와 유사하게 DAO는 현대의 완전히 새로운 '조직 설계의 혁신'을 대표하는 것으로 설명되기도 한다.[3]

---

1) 노혁준 (2022), 84면.
2) 천위루·양천 [2014], 145면.
3) Chohan (2022).

DAO가 기존의 회사를 대체할 가능성도 있다. DAO가 동인도 회사와 같이 회사법적 측면에서 법적 조직체로서 새롭게 혁신을 이끌지는 아직 확신할 수 없다. 다만, 새로운 조직체로서 기존의 조직체와 구별되는 지향점은 있다. 회사제도가 주주, 사원 등과 경영진 사이의 신뢰, 신임 등을 중요한 제도적 근거로 삼고 있다면, 중앙의 통제나 제3자의 개입 없이 자율적으로 작동하는 DAO는 사용자가 서로를 신뢰하지 아니하고도 공동의 사업 운영이 가능하다는 점에서 차이가 있다. 기존의 회사가 주주와 경영진의 신뢰를 중시한 반면, DAO는 조직체의 참여자 사이의 합의된 내용으로 구성된 프로그램에 따라 자동으로 의사가 집행되므로 그들 사이의 신뢰관계가 실질적으로 필요 없다. 후자의 논의는 DAO의 지배구조에 관한 논의로 이어질 수 있는데, 과연 실질적으로도 구성원들 사이의 신뢰가 필요하지 아니한 것인지에 관해서는 검토가 필요하다.

　DAO는 블록체인기술에 더하여 스마트계약을 기술적으로 구현할 수 있게 되면서, 비로소 등장할 수 있었다. DAO는 블록체인기술에서 파생된 단체의 구성방식으로, 공통의 목적을 가진 사람들의 새로운 결합방식으로 설명할 수 있다. DAO는 대표이사나 이사회 등 중앙화된 인적 의사결정기구가 아닌 스마트계약에 기반한 알고리즘으로 운영되는 새로운 조직 형태로 그 법적 지위에 관한 검토가 필요하다. DAO는 블록체인기술의 확장성을 기초로 각종 커뮤니티 집단, 소셜미디어, 벤처캐피털, 투자, 자금조달 등 기존에 인적 조직으로 운영되는 모든 사회 조직 활동 등으로 그 적용 범위를 넓히고 있다. DAO의 설립은 국가 간의 경계가 없는 디지털세계를 중심으로 이루어지고 있고, DAO는 단순히 어떠한 목적 사업을 수행하기 위한 조직체가 아닌 기술의 발전과 연계하여 성장한다는 특징을 가지고 있다. 따라서 특정의 국가에서 DAO를 어떻게 규제하는지에 따라 DAO는 해당 국가에 정착하거나 아니면, 규제가 덜하거나 아예 없는 다른 국가로 법적 근거지를 옮길 가능성이 크다. 기술의 발전과 연계한 산업의 성장 측면을 고려하면, DAO에 관한 법적 쟁점의 논의는 그것을 조직법적으로 어떻게 규제할 것인지뿐만 아니라, 기술의 발전을 제한하지 않으면서 참여자를 보호하는 형태로 그 법적 지위를 어떻게 인정할지에 관한 진지한 고민도 함께 이루어져야 한다.

　본 연구는 DAO가 출현한 배경과 과정을 설명하는 것부터 시작하여 그 법률관계에 관한 입법적 제언을 하는 것으로 결론을 맺는다. 그 사이를 연결하는 과정은 상당히 넓은 범위의 쟁점을 확인하고 검증하는 작업이다. DAO는 블록체인기술, 가상자산, 스마트계약이라는 기술적 구성요소들과 함께 등장할 수 있었다. 이러한 기술적 요소들은 DAO의 개념요소로 '탈중앙화·자율·조직'의 기초를 이룬다. 이는 DAO를 법적으로 정의함에 있어 설명하여야 하는 요소가 되기도 한다. DAO의 법적 정의는 이 논문의 핵심 쟁점인 DAO의 법률관계를 확인하는 과정의 초석 역할을 한다. 한편, DAO가 추구하는 탈중앙화 정신은 이를 완벽하게 실현하기 어렵다. 이러한 이상적 개념에 얽매여 DAO를 연구한다면, 그 결과물은 현실의 법적 규율과 동떨어질 것이다. 이러한 한계를 확인하고 보정하는 것 역시 이 연구를 통하여 실현하고자 하는 목표이다. 이를 위해서는 DAO 이상의 일부를 양보할 수밖에 없다. 그 양보의 과정은 DAO를 규율하기 위한 방향의 설정 즉, DAO가 추구하는 이상과 현실의 절충으로 이어진다. DAO와 대리문제, 그 조직법적 형태는 현재 DAO가 직면한 법적 문제인데, 이를 검토하는 과정에서 DAO의 법적 실체를 구체적으로 규명할 수 있을 것이다.

제2절 연구의 범위

이 글에서는 DAO를 둘러싼 법률관계에 관한 구체적 법적 쟁점을 중심으로 논의하고자 한다. DAO는 이미 현실에서 활동하고 있다. DAO에 관한 법적 논의를 시작하기 전에 DAO의 일반적인 개념과 존재의 방식, 그 현황 등을 확인하여 실상을 파악할 필요가 있다. 그리고 조직체로서 DAO가 현재 어떠한 성격을 가지는지에 관하여 그 법률관계를 중심으로 검토할 필요가 있다. 이후에 DAO는 새롭게 등장한 조직으로서 이것을 법적인 조직으로 인정할 것인지, 인정한다면 어떠한 법적 조직체로서 인정할 것인지에 관하여 논의하여야 한다. 그 논의는 사회적 현상으로서 DAO의 등장, 그 구체적인 정의, 특징, 구성요소 등과 같이 DAO 자체에 관한 것부터 DAO의 법적 인식 가능성, 필요성, 조직으로서의 법적 성격, DAO의 행위로 인한 권한의 귀속과 의무의 부담 문제, DAO의 참여자들과 DAO의 관계, 참여자 사이의 관계, 또 이를 구체적으로 어떻게 법적으로 규율할 것인지 등 DAO를 둘러싼 법적 쟁점들에 관하여 종합적으로 이루어져야 한다.

DAO는 매우 다양한 형태를 띠고 있으므로 그 법률관계 역시 다양하게 펼쳐질 개연성이 있다. 이때 만약 모든 유형의 DAO에 관한 법률관계를 규명하고 그 법적 성격을 검토한다면, 굳이 법으로 규율할 필요가 없는 조직체까지 그 논의의 범위에 포함하는 것이어서 이 논문의 연구 목적에서 벗어나게 된다. 따라서 DAO의 법적 쟁점에 관한 연구는 그 범위를 좁혀 논의할 필요가 있다. 영리 목적 DAO는 보통 참여자로부터 가상자산을 받고 그를 사원으로 받아들인다. DAO는 사원들이 결정한 의사를 기초로 가상자산을 이용하여 목적 사업을 수행한다. 그 목적 사업을 통하여 얻은 수익의 일부는 사원에게 다시 배분한다. DAO의 이러한 사업수행 과정은 일반 회사의 사업수행 방식과 크게 다르지 않다. 따라서 DAO의 법률관계에 관한 연구는 영리를 추구하는 DAO를 기업조직으로 인정할 수 있는지, 기업조직으로 인정한다면 그에 따른 법률관계는 어떻게 구성하는지를 중심으로 검토하는 것이 그 핵심이다.

사단체는 영리 목적을 가지는 회사와 영리 아닌 목적으로 조직된 사단으로 나눌 수 있는데, 전자의 경우 보통 법인격을 가지나, 후자의 경우 권리능력이 있는 것도 있고 권리능력이 없는 것도 있다. 회사나 사단의 정도에 이르지 못한 조합은 구성원 간의 공동사업을 위한 계약관계에 불과하나 대외적으로는 단체의 모습을 띠고 있다.[4] 초창기에 DAO의 구성, 운영 등에 관한 여러 아이디어를 제시한 이더리움(Ethereum)의 창시자 비탈릭 부테린(Vitalik Buterin)이 "Decentralized Autonomous Corporation"이라는 표현을 사용한 것을 생각하면,[5] DAO는 기본적으로 기업형태의 하나를 예상하고 창조된 것으로 보인다. 그러나 현재 넓은 의미의 DAO는 영리의 추구나 기업의 형태와 무관하게 블록체인기술에 기반하여 조직된 탈중앙화된 자율조직으로서의 단체를 모두 지칭하고 있다. 이처럼 초기의 의도와 다르게 DAO는 새로운 기업형태의 하나가 아닌 디지털세계의 단체 또는 조직체를 의미하는 것으로 그 개념이 확장되었다. 그러므로 DAO에 관한 논의는 사실상 블록체인기술에 기초한 단체를 모두 대상으로 한다고 생각할 수 있으나, 본 연구에서는 단체성을 가진 모든 유형의 DAO가 아닌 그 초기의 제안 형태인 '영리 목적'을 가진 DAO에 관하여 회사법적 관점을 중심으로 검토하고자 한다. '영리'의 목적을 가진 DAO의 법률관계는 최초 특정한 공동의 목적을 가진 구성원들이 참여하여 만들어진 모임으로부터 시작하는 것이 일반적이다. 이때 그 모임의 규모나 구성원 사이의 연결 정도에 따라 조직체의 법적 성격이 달라

---

[4] 편집대표 김용덕, 「주석민법」[총칙1] [2019], 542면.
[5] Vitalik Buterin, Bootstrapping A Decentralized Autonomous Corporation, Part III: Identity corp, BITCOIN MAGAZINE, 2013. 〈https://bitcoinmagazine.com/technical/bootstrapping-a-decentralized-autonomous-corporation-part-3-identity-corp-1380073003〉

질 것이나, 일단 이 시점에서의 DAO는 아직 그 구성원으로부터 독립하여 그 자체가 권리의 주체가 될 수는 없으므로 법인격을 가지는 사단 또는 회사로 볼 수 없다. 일반 법인과 유사한 목적·조직을 가진 단체라도 법인격을 취득하기 위한 형식적 요건(허가나 등기)을 갖추지 못하였다면 법인이 될 수 없다. DAO가 법인격을 가진 사단 또는 회사로 인정될 수 있는지는 본 연구의 대상인 주요 쟁점 중의 하나이다. 그러므로 그 구체적인 결과에 관해서는 본 연구를 계속 진행하는 과정에서 확인할 수 있다.

　DAO의 조직법적 형태를 모색하는 과정의 연구에 관한 묘미 중의 하나는 주식회사가 아닌 기업형태 또는 회사의 법률관계를 상세하게 검토할 수 있는 것이다. 우리나라에서 설립되는 회사의 대부분이 주식회사인 만큼, 회사법학계는 그동안 기업형태에 관하여 주식회사를 중심으로 논의해왔고, 다른 유형의 회사에 관해서는 상대적으로 덜 관심을 가졌다. 주식회사가 절대적 위치를 차지하는 상황에서 굳이 인위적으로 다른 유형의 회사에 관한 논의를 전개할 실익은 많지 않다. 그러나 만약 주식회사가 아닌 다른 유형의 회사형태를 적용할 수 있는 조직체가 실제로 형성된다면 상황은 달라진다. DAO의 조직법적 형태는 일반적으로 조합, 합명회사 등에 해당할 수 있고, 또 그 설립 취지에 맞는 조직법적 지위를 검토하면 유한책임회사가 적절한 것으로 평가할 수 있다. 이처럼 DAO를 법적으로 연구하면, 인위적인 노력 없이 자연스럽게 그동안 학계에서 관심을 가지지 않았던 주식회사 이외의 회사형태를 살필 기회를 가지는 장점도 있다.

제3절 연구의 방법

　DAO에 관하여 법적 지위를 부여하거나 인정한 국가는 극소수에 불과하다. DAO의 발생이라는 새로운 현상이 온라인상에서 활발하게 일어나고 있음에도,[6] 대부분 국가에서 법령을 통한 DAO의 인식은 거의 이루어지지 않고 있다. 여기서 주목할 점은, DAO가 단순한 사건으로서의 현상이 아닌 온라인 조직체로서의 모습을 보이는 점이다. 조직체로서의 DAO는 단순히 사람들의 모임 정도의 수준을 넘어 특정한 공동의 목적을 달성하기 위하여 일정한 사업을 영위하는 단체로서의 성격을 가진다. 만약 이러한 조직체가 영리를 추구한다면, 이는 공동기업의 하나로 인식될 수 있다. 이러한 인식은 DAO가 상사법의 영역으로 진입하는 시작점이다. 본 연구에서는 DAO에 관한 법적 규율이 가능하도록 DAO를 정밀하게 분석하여 법적으로 인식할 방법을 현재의 법체제 하에서 탐색해 보고, 그것에 한계가 있을 때는 DAO를 정확하게 규율할 수 있는 새로운 입법적 수단도 함께 검토할 예정이다. 그 과정에서 DAO의 발생과 그 구체적 현상에 관한 사례를 실증적으로 분석하고, 그 결과를 DAO에 관한 규율에 적용함으로써 현실 적합성을 충분히 갖춘 DAO의 규율체계를 설정하고자 한다.

　DAO는 탈중앙화되고 자율적이라는 점에서, 이전에는 볼 수 없었던 유형의 조직이다. 다만 DAO가 최초의 현대적 회사가 등장힐 때와 깊은 정도의 파급력을 가질지는 아직 미지수이다. 새로운 조직체로서 DAO는 이미 등장하였고, 그중 상당수는 사람들이 모여 영리 목적을 달성하기 위하여 일정한 사업을 영위하는 모습을 취하고 있다. 이미 현상은 존재하는 것이므로, 이에 관해서는 실증적 연구를 통하여 이를 법적으로 인

---

[6] DAO의 설립과 활동은 계속적으로 증가하는 경향을 보이는데, 2022년 3월 기준 현재 4,832개의 DAO가 존재하고, 그 참여자는 약 180만 명에 달하는 것으로 나타났다[하온누리 (2022), 2면].

식하는 작업을 수행할 필요가 있다. 이러한 작업에는 여러 분야의 법적 인식을 적용하여 검토할 수 있으나, 그 현상의 외형적 모습은 기업의 개념을 기초로 하는 회사법적 인식을 중심으로 살펴보는 것이 적절하다고 생각한다.

회사법을 인식하는 방법에는 법리 그 자체를 목적으로 보거나 특정의 목적을 위한 수단으로 보는 기능적 접근 등이 있다.[7] DAO를 법적으로 인식하기 위해서는 전자의 방법보다는 후자의 방법이 더 효율적이다. 이러한 기능적 접근의 출발점은 우선 문제를 더 정확하게 파악할 필요가 있다. 이러한 기능적 접근에는 기본적으로 3가지의 요소가 필요하다. ① 우리가 DAO와 관련하여 지향하는 바람직한 상황(Y)이 어떠한 것인지를 명확히 하여야 하고, ② DAO가 현실에서 어떻게 조직·운영되는지 또 그 과정에서 무엇이 문제인지와 같은 현재 상황(X)을 객관적으로 인식하여야 하며, ③ X에서 Y에 도달하기 위하여 구체적으로 어떠한 법적 수단을 취할 것인지 등에 관하여 생각하여야 한다.

①은 결과에 있어 목적론적인 요소를 포함하므로 정치성이 상당히 가미될 수밖에 없다. 따라서 단순히 법학적인 관점에서 접근하여 완벽한 해답을 얻는 것에 한계가 있다. 그럼에도 ①의 내용은 이 연구에서 가장 중요한 목적 사항 중의 하나로 연구 결과물의 핵심을 구성한다. 법적 연구 영역에서 설득력과 현실 적합성을 강화하기 위해서는 ①에 관한 논의를 반드시 포함하여야 한다. ②는 전형적인 실증연구의 대상이다. DAO는 아직 조직법적으로나 거래법적으로 우리 법의 직접적인 규율 대상으로 포섭되지 아니하였고, 외국 입법례를 살펴보더라도 미국의 일부 주(州)에서만 법의 규율 대상에 포함되었을 뿐이다. DAO에 관한 법적 연구를 체계적으로 하기 위해서 이미 존재하는 DAO의 실체와 그 현상을

---

[7] 김건식 (2006), 248면; 연구의 방법에 관해서는 이 주제발표의 내용에서 많은 아이디어를 얻었다. 이를 기초로 DAO라는 사회적 현상에 관한 실증적 연구에 기반하여 쟁점을 도출하고 이를 중심으로 법적 검토를 하고자 한다.

정밀하게 분석·검토하고자 한다. 이는 DAO가 등장한 배경부터 DAO를 둘러싼 현재 상황에 관한 사실적 분석을 포함한다. 어떠한 현상이나 결과를 해결하기 위한 법적 도구가 현실에서 구체적으로 어떠한 효과를 발휘하는지를 파악하는 것은, 그 현상 등에 대한 올바른 정책적 대응을 위한 초석이다. 이러한 측면에서 위의 예시 중 ③은 현실에 있어 가장 중요한 실증연구의 대상이라 할 수 있다. 실증연구는 연구의 결과에 현실 적합성을 부여하기 위한 수단이 될 수 있기 때문이다. 연구의 결과물에 현실 적합성이 부여되었다는 것은 현실에서의 그 집행 가능성을 높이는 결과를 가져온다는 것을 의미하는 것이기도 하다.

우리가 DAO와 관련하여 지향하여야 하는 바람직한 결과는 무엇인가? 이에 관해서는 여러 관점에서 생각할 수 있다. 기본적으로 DAO에 법인격을 부여하고 독립적인 거래의 주체로서 활동할 수 있게 하는 것을 생각할 수 있다. 이를 위해서는 DAO를 새로운 기업형태로 인정하고, 이를 기존 법체계 내에 편입시키는 작업을 수행하여야 하고, 그 과정에서 DAO의 특성을 적극적으로 반영하는 조치를 하여야 한다. 그러나 이러한 조치는 현재 발생한 현상에 대응하기 위한 수단이라기보다는 앞으로 발생할 수 있는 DAO에 관한 예측가능성을 부여하고, 그것이 설립되는 국가 내에서 거래의 주체로서 안정적으로 적응하는 데 이바지하는 역할을 주로 할 것이다. 다른 한편으로 현재 DAO를 둘러싼 문제들을 해결하는 방안에 관하여 고민하는 것이다. 이것은 DAO이 실패에 관한 책임과도 연결하여 생각할 수 있다. DAO에 관한 현재의 법적 공백 상태를 해결하고, 그 활동에 있어 예측가능성을 부여하고자 선결적으로 DAO 법률관계에 관한 법적 쟁점을 검토하고자 한다. 그리고 그 검토의 최종적인 결과를 두고 DAO에 관한 입법 방향을 제안하려 한다. 이것이 DAO에 관한 법적 연구를 하는 궁극적인 목적이다.

제4절 본서의 구성

본서는 일반론으로 DAO의 실체를 확인하는 것에서 시작하여 그 논의의 범위를 좁혀 구체적인 법적 쟁점을 검토하고, 그 결과를 기초로 DAO의 제도화 방안을 제시하는 것을 목적으로 한다. 본서는 총 9장으로 구성되어 있다. 제1장(서론)에서는 현재의 시점에 DAO를 법적으로 연구할 필요가 있다는 점을 포함한 연구의 목적을 밝히고, 그 범위와 방법을 함께 제시한다. 제2장(DAO의 의의)에서는 DAO가 출현한 배경과 과정을 설명한다. DAO는 블록체인기술, 스마트계약, 가상자산 등과 같은 기술적 구성요소와 함께 등장할 수 있었다. 이 세 가지의 기술적 요소들은 DAO를 존재하게 하는 핵심 요소들로, 그중 하나라도 빠지면 DAO는 온전히 존재할 수 없다. 블록체인기술, 스마트계약, 가상자산은 DAO의 탈중앙화, 자율화를 실현하는 도구인데, 제3장(DAO의 구성요소와 규율 방향)에서는 이들을 기술적으로 설명하는 것을 넘어 그것들이 DAO를 어떻게 법적으로 탈중앙화 및 자율화를 가능하게 하는지 검토한다. 또한 이러한 기술적 요소들은 DAO의 존재 의의와 그 일반적 개념을 도출하는 데 중요한 기능을 하기도 한다. 본 연구에서는 DAO의 일반적 개념을 통하여 문언적 개념 요소를 추출하였다. DAO의 문언적 개념 요소는 '탈중앙화·자율·조직'인데, 이는 DAO를 법적으로 정의함에 있어 확인하여야 하는 내용들이기도 하다. DAO의 법적 정의는 이 논문에서의 핵심 쟁점인 DAO의 법률관계를 확인하는 과정의 초석 역할을 한다. DAO의 법적 개념을 파악하는 과정에서 구성원이 직접 단체의 의사를 결정할 수 있는 부분, 즉 탈중앙화가 DAO의 핵심임을 확인하였다. 나아가 이러한 핵심 요소를 법적으로 구현하는 것이 DAO 제도화의 열쇠인 점도 확인하였다. 그러나 DAO가 추구하는 탈중앙화 정신은 현실의 문제로 인하여 완벽하게 실현하기 어렵다. 만약 DAO의 이상적 개념에 얽매여 그것을 법적으로 연구한다면, 그 결과물은 현실의 법적 규율과 동떨어질 것이다. 이는 DAO를 실질적으로 제도화하는 데 걸림돌이 된다. 따라서 DAO를 법적 조직체로서 인정하고, 그 대내외적 관계를 효율적으로 규율하기 위해서는 위와 같은 이상(理想)과 현실의 괴리를 좁혀야만 한다. 이는 본 연구의 주제와 직접 연결된다. 요약하면 DAO를 바라보는 이상과 그것이 처한 현실의 간극을 메우기 위해서는 DAO의 이상 일부를 양보하여야 한다. 그 양보의 과정은 DAO를 규율하기 위한 방향의 설정 즉, DAO가 추구하는 이상과 현실의 절충으로 이어진다. 이러한 문제의 제기와 논의의 방향에 관해서는 DAO의 구성요소와 함께 제3장에서 설명하였다.

　DAO는 특정 국가의 법 형식에 맞게 존재하는 조직체가 아니라 세계적으로 서로 유사한 형식으로 조직·운영되는 단체이다. 이는 다른 나라의 사례이든 입법례이든 그 법적 검토의 결과가 우리의 DAO에 대한 법적 평가에 의미 있는 역할을 할 수 있다는 것을 의미하기도 한다. 이러한 관점에서 DAO에 관한 사례와 비교법적 연구를 제4장에서 검토하였다. 구체적으로 'The DAO', 'bZxDAO', '국보DAO' 등에 관한 사례를 검토하였는데, 이를 통하여 DAO 자체와 그 구성원의 법적 지위가 불명확하다는 점을 확인하였다. 나아가 모든 구성원이 그 의사결정에 참여할 수 있는 DAO의 특성상 의사결정과정의 비효율을 초래할 수 있고, 다른 한편으로 소수의 구성원이나 특정 집단에 의한 의사결정구조의 왜곡이 발생할 수 있다는 점도 확인하였다. 이때 전자는 DAO의 조직법적 성격의 문제로, 후자는 그 지배구조의 문제로 연결할 수 있는데, 이는 DAO에 관한 법적 쟁점으로서 이 논문의 주요 연구 대상으로 귀결된다. 이에 관한 구체적인 논의는 제5장과 제6장에서 다루었다. 한편, 제4장에서는 DAO에 관한 비교법적 검토도 하였는데, 미국의 일부 주를 제외한 다른 국가에서는 DAO에 관한 법적 성격을 분석·검토하면서 그 활용의 필요성을 제기하는 정도의 논의에 머물러 있음을 확인하였다. 반면에, 미국의 와이오밍주, 유타주, 테네시주 등은 DAO를 유한책임회사로 인정하는 구체적인 입법을 하였다. 이러한 입법례는 DAO의 회사법적 법률관계를 우리의 상황에 적용하여 그 법적 성격을 모색할 수 있는 중요한 비교법적 연구 대상이다.

  제5장에서는 DAO 지배구조의 이상과 그와 대비된 현실의 한계를 확인하고, 그 절충으로서 이상의 양보를 통하여 한계의 보완방법을 검토하였다. DAO는 자본을 신속하게 조달·배치할 수 있고, 통상적으로 저비용의 간소화된 전자투표체계를 구현하며, 구성원의 자산을 보호하고 내부자의 사기적 행위, 권한의 남용 등을 감지하는 데 필요한 비용 등을 줄이는 방향으로 내부통제시스템을 구축할 수 있는 것으로 알려져 있다. 그러나 이는 이상적인 주장에 불과하고, 현재 DAO를 법적으로 완벽한 조직체라고 평가하기에는 여러 가지의 사유를 들어 주저하게 된다. 이는 DAO의 의사결정체계의 완결성, 기존 대리비용의 제거 가능성 등의 주장에 관한 근본적인 의문으로 연결된다. 회사의 경우 일반적으로 ① 회사의 소유자와 그가 채용한 경영자 사이의 이익충돌에 관한 것, ② 과반수나 지배적 지분을 가진 소유자와 소수주주 사이의 이익충돌에 관한 것, ③ 회사 자체와 채권자, 근로자, 소비자와 같은 회사가 거래하는 상대방 사이의 이익충돌에 관한 것 등을 들 수 있다. DAO가 현재의 기업과 같은 역할을 하기 위하여 탄생한 배경을 생각하면, 그 대리문제 역시 회사의 그것과 비슷한 모습으로 발생할 가능성이 높다. DAO에 대리문제가 발생할 수 있는 것만으로 그 효용성이 없어졌다고 평가하는 것은 이르다. DAO의 의사결정과정을 살펴보면, 기존의 기업형태와 비교하여 그 사원들이 DAO의 의사결정에 직접 참여할 가능성이 더 큰데, 만약 이러한 가능성의 상당 부분을 현실에서 실현할 수 있다면 DAO의 대리비용을 상당한 정도로 줄일 수 있다. 이러한 결론을 구체적으로 실현하기 위해서는 이를 제도적으로 어떻게 설계할 것인지가 중요한데, 이는 결국 DAO를 법적으로 어떻게 구성할 것인지, 구체적으로 DAO의 조직법적 형태를 무엇으로 보고 그 내용을 채울지의 문제로 귀결된다.

제6장에서는 DAO의 조직법적 형태를 검토하였다. 현존하는 DAO는 미국의 일부 주를 제외하고는 대부분 국가에서 조합으로 간주할 가능성이 크다. DAO를 조합으로 보면, DAO에 참여하는 모든 구성원이 무한책임을 질 위험을 부담한다. DAO의 현실적 등장에도 불구하고, 그 법적 지위는 여전히 불확실하다. 새로운 조직체가 등장함에 따라 여러 가지 이유로 그 법적 지위를 명확히 하는 것이 중요하다. 회사법적 관점에서는 DAO를 조합과 유한책임회사 등과 같은 여러 법적 형태 중 어느 것으로 인정하여야 하는가의 문제이기도 한데, 그중 하나를 무조건 선택하여야 하는 모순관계의 문제는 아니다. 조합의 인정 여부는 DAO의 법률관계를 현재의 법과 제도에 적용하여 검토하는 것이고, 유한책임회사의 인정 여부는 DAO의 구성 취지에 부합하는 기업형태를 새롭게 만들어 법적으로 제도화하는 취지의 논의이다. DAO의 구성원이 디지털 방식으로 경영에 참여하는 것은 기존의 회사법체계에서는 보기 어려운 새로운 방식이다. DAO가 법적 조직체로서 갖추고자 하는 지향점은 유한책임을 기본으로 하는 회사임에는 의문이 없다. 유한책임회사는 모든 사원이 회사채권자에 대하여 출자액의 한도 내에서 책임을 부담하면서(유한책임), 경영에 참여할 수 있는데, 이는 DAO의 특성과 잘 어울리는 것으로 평가된다. 다만, 디지털세계를 중심으로 활동하는 DAO는 현행 상법상 유한책임회사의 설립요건을 충족하기 어려운 근본적인 한계가 있다. 그러므로 DAO를 우리 법상 제도화하기 위해서는 현행법상 기업의 형태나 회사 종류의 내용 중 일부를 DAO의 특성에 맞게 수정하거나 그에 맞는 내용을 추가하여 규정할 필요가 있다.

DAO와 대리문제, 그 조직법적 형태는 현재 DAO가 직면한 법적 문제인데, 전자의 해결 과정에서 DAO 전체를 관통하는 규율의 이념으로서 사적자치원칙, 후자를 검토하는 과정에서 DAO와 상법의 관계 등을 설정하였다. DAO의 법률관계에 관한 검토는, DAO가 현재 마주하고 있는 한계를 보완하기 위한 논의와 아직 제대로 법적 규명을 하지 아니하여 법적 불안정성을 내포하고 있는 문제들을 중심으로 다루어야 한다. 제7장(DAO에 관한 단계별 구체적 쟁점)에서는 그러한 문제들을 DAO의 설립, 운영, 해산 등의 각 단계를 중심으로 검토하였다. 기본적인 논의 방향은 회사의 일반적인 법률관계를 참고하였으나, 이에 더하여 내용별로 DAO의 특성을 반영한 새로운 논의를 추가하였다. 스마트계약을 활용한 DAO 규칙의 설정, 가상자산 발행을 통한 사원의 확정, 사원총회와 업무집행자 회의의 인정 여부 등에 관한 논의가 그것이다. 제8장(입법론적 제언)에서는 이러한 논의의 결과를 더 구체화하여 입법론적 방향을 제시하였다. DAO는 이제 막 그 현상을 확인하고, 그 법적 성격, 지위, 내용 등의 논의를 시작하는 단계에 있다. 현 단계에서는 DAO를 직접적으로 규율할 수 있는 규정이 존재하지 아니하여 DAO를 둘러싼 많은 법적 문제에 효과적으로 대응하기 어려운 부분이 있다. DAO를 현재의 법 테두리 내에서 인식하고 인정하기 위해서 아직 해결해야 할 문제들이 많은 것이다. DAO가 새로운 형태의 위험을 수반할 수 있으므로 거래당사자와 제3자 보호를 위한 법적 장치의 제도적 고안도 필요하다. 이 글에서는 DAO에 기업형태를 씌워 법적 조직체로 만든다는 전제하에 그 설립부터 해산까지의 법률관계에 포함하여야 할 입법 사항을 검토하였다. DAO는 오랜 기간 엄격한 법적 논의를 거쳐 만든 결과물이 아니고, 법의 영역 밖에서 조직체의 이상을 실현해 보려는 동기에서 만들어졌다. 그러므로 DAO를 법적 조직체로 인정하는 과정은 완벽한 논의의 결과물을 제도화하는 것이 아니라 이상향에서 논의를 시작하여 그 한계를 확인하고, 이를 기초로 그 이상을 수정·보완하는 작업이다. DAO에 관하여 보다 단단한 법적 논의를 진행하기 위해서는 이처럼 확인한 한계를 극복해야 한다. 이것이 현재의 시점에서 DAO에 관한 입법 사항을 검토하는 가장 큰 실익이다.

제2장 DAO의 의의

제1절 DAO의 연혁

Ⅰ. DAO의 출현 배경

기업은 현대사회에서 가장 강력한 법적 조직체 중의 하나이다. 그러나 Enron,[1] WorldCom,[2] Parmalat[3] 등과 같은 다국적 기업들이 붕괴하는 결과를 가져온 각종의 기업 스캔들은, 한편으로는 기업이 법적 조직체로서 완전성을 갖추지 못한 것이 아닌가 하는 의구심을 불러일으켰다.[4]

---

[1] Enron 사태는 기업지배와 의무공시제도 같은 근본원칙의 타락 현상을 잘 설명하는 사례로 꼽힌다. Enron은 천연가스, 전기, 그리고 통신제품 및 서비스업에 종사하며, 회사의 총자산액이 1996년 약 160억 달러에서 2000년 약 660억 달러로 무려 4배나 증가하는 등 최근 급성장세를 나타낸 회사이다. Enron은 2001년의 포춘(Fortune)지(誌) 500목록에서 7위를 차지하였고, 그 근거가 되는 2000년도 회계수입은 무려 1천억 달러를 웃돌았다. Enron은 아무런 사전징후조차 없이 갑자기 붕괴하였다. 2001년 말, Enron의 부실한 재정상태가 일상적이며 체계적이고도 치밀하게 계획된 방식의 회계부정으로 은폐되어 왔다는 사실이 밝혀졌으며, 이것이 잘 알려진 Enron 사태이다[조엘 셀리그만 저/김광록 역 (2002), 314면].

[2] WorldCom은 미시시피주에서 장거리전화 서비스를 제공하는 회사로 출발하였다. WorldCom은 1990년대 다른 통신회사들을 합병하여 회사의 규모를 급속하게 키운 결과, 수익이 1990년에 1억 5,400만 달러에서 2001년에 392억 달러로 증가하였다. WorldCom은 당시 미국 상장회사 중 42번째로 큰 회사로 성장하였다. 많은 관계자들이 불공정거래 등 위법행위에 가담한 Enron 사태와는 달리, WorldCom 사건은 회사의 대표이사, 감사부서, 회계법인 등에 의한 회계부정으로 인하여 발생하였다. 2002년 6월 26일 증권거래위원회는 WorldCom의 회계부정에 관하여 조사를 개시하였고, 2003년 말 기준 회사의 총자산이 약 110억 달러 과대평가 된 것으로 확인되어 당시까지 미국에서 적발된 가장 큰 회계부정 사건으로 기록되었다[남도현 (2022), 20-21면].

[3] 이탈리아 최대의 유가공업체인 Parmalat는 2003년 약 143억 유로(한화 약 21조 원)에 이르는 회계부정을 저질러 '유럽판 Enron 사태'로 불리고 있다[최정희·정현식 (2017), 306면].

법률과 기업의 정관에 명시한 강력한 내부 절차에도 불구하고, 우리가 기업의 스캔들을 통하여 인식한 사회적·법적 조직에 관한 경험적 문제5)는 현대의 기업이 법적으로 완결성을 갖춘 조직체가 아닐 수 있다는 가능성을 시사하기도 한다.6) 우리는 이러한 기업 문제의 원인과 그 해결책을 주로 기업의 구조적 측면에서 찾으려 하고, 그 논의의 결론은 종국적으로 기업의 지배구조에 관한 논의로 이어지는 것이 일반적이다.7) 기업지배구조에 관한 문헌은 일반적으로 주주, 경영진 및 외부 이해관계자 등 사이의 다양한 이해관계 문제를 극복하기 위한 동기 부여 체제와 구조적 보호장치 등의 필요성을 강조한다.8)

회사제도는 시장경제의 발전에 커다란 기여를 하였으나 그로 인하여 야기되는 폐해 또한 존재한다.9) 회사는 영리의 추구를 목적으로 하므로 자연인의 숭고한 도덕률이나 철학적·종교적 이념은 회사의 의사와 행동을 결정하는 가치 기준이 되기 어렵다.10) 회사는 타인과 사회에 유해한 행위라도 자기의 영리 실현에 필요하면, 그것을 감행하도록 스스로 설득하는 논리를 가지고 있다.11) 이는 회사조직의 속성을 이루어 그 종사자들마저 조직의 틀에 가두어 도구화한다.12) 이처럼 반가치적인 원리가 회사를 지배하므로, 회사는 이익을 극대화하기 위하여 자연, 사회의 자원, 시장을 독점하는 등의 방법으로 사회의 분배구조를 왜곡시키고, 극단적으로 이기심에 의하여 환경을 파괴하며 공공의 자원을 고갈시킬 위

---

4) Nathan (2020), 314면.
5) 조엘 셀리그만 저/김광록 역 (2002), 315면.
6) Nathan (2020), 314면.
7) 김정애 (2007), 319면; 박종찬 (2009), 101면; 배한수·배병한 (2014), 64면; 손영화 (2008), 148-149면.
8) Nathan (2020), 314면.
9) 편집대표 권순일, 「주석 상법」[2021], 5면.
10) 이철송 [2022], 3-4면.
11) 위의 책, 4면.
12) 위의 책.

험을 내재하는 단계에 이르렀다.13) 회사 내에서 야기되는 모순 역시 심각한데, 대규모 공개회사의 경우 주식이 광범위하게 분산되는 동시에 일부가 소수의 지배주주에 의해 집중되어 회사의 소유와 지배의 괴리를 낳고 회사 권력의 남용을 쉽게 하여 대주주·경영자·소수주주들 사이의 갈등을 초래하기도 한다.14)

이러한 문제들의 본질에 관해서는 다양한 측면에서 분석할 수 있다. 가장 기초적인 수준의 원인은, 기업이 사람으로 구성된 조직인 것에 기반한다. 우리 사회의 구성원인 기업을 둘러싼 심각한 문제의 핵심에는 인간의 이익에 대한 탐욕이 밑바닥에 깔려 있다. 문제의 시작과 끝에 항상 인간의 이기심이 자리하고 있다. 이때 기업을 조직하고 운영하는 데 인간이 꼭 필요한 것인지에 관한 의문이 생긴다. 기업의 경영은 크게 의사결정과 그것의 집행으로 구분할 수 있다. 그중 법률의 규정과 회사의 정관, 그 밖의 계약이나 합의 등을 기계적으로 집행해야 하는 것들이 있다면, 적어도 이 부분에 관해서는 자동화를 시도할 수 있다. 해당 부분에 관해서는 인간의 직접적인 업무수행 또는 이를 위한 하향식 지시가 없어도 정해진 조건이 충족되면 자동으로 특정 기능을 수행하도록 할 수 있는 내용의 합의를 프로그램화하는 것이다. 이러한 상황에서 블록체인기술은, 기존의 공동체가 가진 위와 같은 문제들을 해결할 수 있는 새로운 형태의 조직을 구성할 수 있는 토대를 제공하였다.15) 바로 DAO가 그 대표적인 사례이다.16)

---

13) 위의 책.
14) 위의 책.
15) Asma et al. (2024), 1면; Brummer·Seira (2022), 4면.
16) 위의 글.

II. DAO의 출현 과정

1. 블록체인기술의 등장

2008년 말 '사토시 나카모토(Satoshi Nakamoto)'라는 익명의 개인 또는 집단에 의하여 비트코인(Bitcoin)이라 불리는 탈중앙화된 개인 간의 전자 지불시스템에 관한 글이 암호학 관련 학자들에게 메일로 전송되었다.[17] 사토시 나카모토가 2009년 1월 3일 최초로 비트코인 블록을 채굴(암호화 문제를 풀어 비트코인을 생성하는 작업)하면서 첫 비트코인이 탄생하였다.[18)19] 그러나 블록체인기술은 완전히 새로운 기술은 아니었다.[20] 블록체인기술에 관한 아이디어는 1991년 초 스튜어트 하버(Stuart Haber)와 스캇 스토네타(W. Scott Stornetta)에 의해 제시되었는데, 이들이 실용적인 수학적 해결책에 관한 특정한 시각을 나타내는 타임스탬프를 도입해 디지털 문서의 날짜가 변경되거나 위조될 수 없게 한 것이 블록체인기술의 시초이다.[21] 그로부터 약 14년이라는 비교적 짧은 시간 후에 등장한 비트코인은 기존 논의와 비교할 수 없을 정도로 사회적·경제적으로 엄청난 논쟁거리들을 만들어 냈다.[22] 블록체인기술은 수많은 수학자와 암호학자, 컴퓨터 과학자 등에 의하여 빠르게 진화하기 시작하였고, 그 과정에서 새로운 방식의 채굴개념을 적용한 다양한 블록체인 네트워크가 만들어졌으며 이와 더불어 새로운 가상자산(virtual asset)[23]들도 함께 탄

---

17) 이준호 외 5명 (2021), 4면.
18) 비트코인 최초의 블록 현황 〈https://www.blockchain.com/btc/block/00000000839a8e6886ab5951d76f411475428afc90947ee320161bbf18eb6048〉
19) 이준호 외 5명 (2021), 4면.
20) Biyan (2022), 11면.
21) 이준호 외 5명 (2021), 4면.
22) 위의 글.
23) 가상자산은 전 세계적으로 통일된 용어 없이 가상화폐, 가상통화, 암호화폐, 암호자산, 디지털자산, 코인, 토큰 등의 다양한 용어로 사용되고 있다[정순섭

생하였다.[24]

　블록체인은 네트워크의 여러 컴퓨터에서 업데이트되고 공유되는 트랜잭션 데이터베이스(database of transactions)[25]이다.[26] 블록체인은 블록에 데이터를 담아 체인 형태로 연결, 수많은 컴퓨터에 동시에 이를 저장하는 분산형 데이터 저장 기술이다.[27] 블록체인기술은 기본적으로 데이터 거래에 관한 새로운 인증 방식으로 이해할 수 있다.[28] 새로운 트랜잭션 세트가 추가될 때마다 이를 '블록'이라고 칭하는 점에 착안하여 블록체인이라는 이름이 붙었다.[29] 블록체인은 대부분이 공개형(public)이고 데이터를 추가할 수 있을 뿐 삭제할 수는 없다.[30] 누군가 정보를 변경하거나 시스템을 속이려면 네트워크에 있는 컴퓨터의 상당수에서 같은 작업을 해야 하는데, 그 수가 막대하므로 사실상 위·변조가 불가능하다.[31] 예를 들어 블록 중 하나를 조작하여 거짓 장부를 보내면, 다른 사용자의

(2021), 13면]. 이에 따라 「가상자산 이용자 등 보호에 관한 법률」을 제정하는 과정에서 암호자산, 디지털자산 등을 포함하여 가상자산의 명칭을 정함에 있어 다양한 논의를 하였으나 상대적으로 넓은 개념을 이용하여 규제에 있어 유연성을 발휘하기 위하여 '가상자산'이라는 용어를 사용하기로 한 것으로 보인다[이정수 (2023), 100면]. 2023년 7월 18일 법률 제19563호로 제정되어 2024. 7. 19. 시행되는 「가상자산 이용자 보호 등에 관한 법률」은 공식적으로 '가상자산'이라는 용어를 사용하고 있다. 이하에서는 가상자산을 원칙적으로 사용하되, 필요한 경우 토큰이라는 용어를 함께 사용하기로 한다.

24) 이준호 외 5명 (2021), 4면.
25) 트랜잭션(transaction)은 하나의 작업을 수행하는 데 필요한 데이터베이스의 연산을 모아놓은 것으로, 데이터베이스에서 논리적인 작업의 단위가 된다. 트랜잭션은 장애가 발생했을 때 데이터를 복구하는 작업의 단위도 된다(네이버 지식백과, 트랜잭션의 개념).
26) 이더리움(Ethereum), Decentralized autonomous organizations (DAOs). 〈https://ethereum.org/en/what-is-ethereum/〉
27) 윤태영 (2019), 72면.
28) Biyan (2022), 11면.
29) 이더리움(Ethereum), 앞의 자료; 김동민 (2021), 81면; 윤태영 (2019), 72면.
30) 이더리움(Ethereum), 위의 자료.
31) 위의 자료; 윤태영 (2019), 72면.

블록들과는 정보값에서 차이가 나므로 거짓 장부는 탈락하고 제대로 된 장부만이 배달된다.32) 정보의 교환에 혁명을 일으킨 월드와이드웹과 프로그래밍을 가능하게 하여 소셜미디어와 공유경제의 길을 연 Web2.0에 이어 블록체인기술은 중앙화된 기관 없이 P2P 거래를 가능하게 하여 가치 교환에 파괴적인 변화를 불러온 Web3.0으로 분류할 수 있다.33)

2. 가상자산의 발행·유통시장의 형성과 성장

블록체인기술이 대중으로부터 관심을 받은 것은 스마트계약이나 DAO 그 자체보다는 블록체인기술에 기반한 가상자산으로부터 기대되는 막대한 투자수익 때문이라고 말할 수 있다.34) 가상자산은 그 법적 성격이 매우 불확실했던 만큼, 제한된 범위에서 자본조달 수단으로 활용되었다.35) 그럼에도 우리나라의 가상자산시장의 규모는 2022년 상반기를 기준으로 약 23조 원36)에 달하는데, 이는 우리나라에서 가상자산거래에 관한 관심이 매우 뜨거운 것을 방증한다.37)

가상자산에 관한 본격적인 논의는 비트코인의 등장으로 시작하였는데, 일반적으로 비트코인은 법화(flat money)를 대체하는 결제 목적을 가지고 있었으나 가격변동성과 거래 속도의 한계로 인하여 다른 가상자산과 함께 투자성 가상자산으로서의 성격이 더 강하게 되었다.38) 스마트계약은 계약의 체결은 물론 이행이 자동화되는데, 이것이 가능한 이유는

---

32) 윤태영 (2019), 72면.
33) Biyan (2022), 11면.
34) 김제완 (2021), 2면.
35) 정순섭 (2021), 6면.
36) 23조 원이란 규모가 2022년 상반기를 기준으로 2021년 말보다 약 58% 하락한 수치라는 점을 고려하면, 가상자산에 관한 열풍이 대단하였음을 짐작할 수 있다.
37) 금융위원회 보도자료, '22년 상반기 가상자산사업자 실태조사 결과(2022. 9. 26.)
38) 이정수 (2022), 59면.

계약에서 대가의 지급수단과 반대급부가 암호화되어 자동으로 상대방에게 전달될 수 있기 때문이다.39) 이는 스마트계약에 의하여 실현되는데, 이러한 스마트계약의 부흥은 비트코인과 이더리움 등과 같은 암호화된 가상자산이 등장하면서 본격적으로 시작되었다.

DAO가 발행하는 가상자산은 해당 조직체의 자금조달 수단이자 구성원들이 의사결정권한을 부여받고 행사하는 데 필요한 수단이다. 나아가 앞서 살펴본 것처럼 DAO가 발행한 가상자산은 유통시장에서의 거래를 통하여 시세차익을 얻을 수 있는 투자의 수단이 될 수도 있다. 이를 고려하면, 가상자산은 DAO 외부의 당사자가 DAO를 조직하고 운영하는 데 적극적으로 참여할 동기를 부여하는 중요한 기능을 수행한다고 볼 수 있다.40)

3. 스마트계약 기술의 실현과 진화

DAO는 범용성을 가지는 블록체인기술을 '단체'의 조직 수단으로 활용한 사례이다.41) DAO의 기초가 되는 '법적 절차의 자동화' 개념 자체는 2005년에 이미 문헌에서 언급되었다.42) 그러나 이는 초기의 구상에 불과하였고, 구체적인 기술적 구현의 시도는 2010년대 초반부터 이루어지기 시작하였다.43) 먼저 EOS44)의 CTO(Chief Technology Officer)이었던 다니엘 라리머(Daniel Larimer)45)는 2013년에 가상자산의 설명을 위한 발표를 하였는데, 이것이 탈중앙화된 조직(Decentralized Organizations)에 관한 실

---

39) 김제완 (2018), 153면.
40) 같은 취지 김종호 (2024), 266면.
41) 노혁준 (2022), 84면.
42) Wulf (2021), 8면.
43) 위의 글.
44) EOS는 프로그래밍할 수 있는 가상자산의 하나로 오픈 소스 블록체인 플랫폼이다.
45) Daniel Larimer의 블로그. 〈https://www.linkedin.com/in/daniel-larimer-0a367089〉

질적인 첫 번째 제안이었다.46) 다니엘 라리머의 제안에 이어 이더리움(Ethereum)을 창시한 비탈릭 부테린은 더욱 구체적으로 DAO의 기본적인 운영이 어떠한 모습으로 실현되는지, 그것이 효과를 발생하는 데 필요한 기술적인 부분은 무엇인지, 또 어떠한 종류의 문제를 처리해야 하는지 등에 관하여 여러 아이디어를 제시하였다.47)48) 비탈릭 부테린은, 참여자가 스마트계약을 기반으로 조직체의 지배구조와 가상자산에 관하여 종합적으로 영향력을 미칠 수 있는 방법을 소개하기도 하였다.49)

스마트계약의 개념은 1994년 닉 자보(Nick Szabo)가 처음 사용한 것으로 알려져 있다.50) 닉 자보는 블록체인기술이 개발되기 전인 1990년대에 이미 자동화 프로그램을 통한 법적 절차의 집행 가능성을 인식하고 있었다. 닉 자보는 스마트계약을 "당사자가 약속을 이행하는 프로토콜을 포함하여 디지털 형식으로 지정된 일련의 약속"이라고 정의하였다.51) 닉 자보가 생각한 스마트계약은 일단 어떠한 약정이 이루어지면, 컴퓨터 등 디지털 기기에 적용된 프로그램을 통하여 그 이행에 관한 당사자의 행위 없이도 자동으로 이행이 완료될 수 있는 것을 의미하였다.52) 닉 자보의 개념은 합의의 자기집행성에 방점을 두는 것이 특징이다.53) 이에 의하면, 스마트계약은 개념적으로는 그 구현을 위하여 블록체인기술을 필수적 요소로 하는 것은 아님을 알 수 있다.54) 그러나 2009년 비트코인을 필두로 한 블록체인기술이 등장하기 전까지는 완전한 신뢰에 기반하여

---

46) Alexandra (2019), 10-11면; Biyan (2022), 33면.
47) Vitalik Buterin, 앞의 글.
48) Biyan (2022), 33면.
49) 권단, "혁신적 조직 운영 시스템 확산과 와이오밍주 DAO 법안", IT조선, 2022. 1. 17. 〈https://it.chosun.com/site/data/html_dir/2022/01/14/2022011401883.html〉
50) William (2016), 41면.
51) Nick (1996), 50면.
52) 신지혜 (2022b), 204면.
53) 정경영 (2019), 63면.
54) 신지혜 (2022b), 204면; Biyan (2022), 34면.

스마트계약을 구현할 수 있는 온라인 플랫폼이 없었으므로, 실제로는 스마트계약의 개념을 오랫동안 실제 법적 절차에 적용할 수 없었다.55) 사람들은 2015년부터 본격적으로 스마트계약의 기능에 주목하기 시작하였는데, 특히 이더리움이 스마트계약 프로그래밍을 블록체인의 핵심 기능으로 내세운 것이 대중화의 계기가 되었다.56)

4. DAO의 출현

DAO는 블록체인기술의 개발과 발전의 토대 위에서 가상자산을 양분으로 삼아 스마트계약이라는 도구를 실제로 손에 넣을 수 있었을 때 비로소 등장할 수 있었다. 기술의 발전이라는 관점에서 보면, DAO의 등장은 필연적이었다고 볼 수도 있으나, 사회 현상의 관점에서 보면, 혜성처럼 등장한 비트코인의 엄청난 파급력57)이라는 우연한 사건으로부터 시작되었다. 이처럼 블록체인과 스마트계약 기반 기술의 급격한 발전으로 새로운 조직체로서 DAO가 화려하게 등장하였다.58)

---

55) William (2016), 41면; 윤태영 (2019), 71면.
56) William (2016), 41면.
57) 이정수 (2023), 93면.
58) S. Wang et al. (2019), 870면; Timothy (2019), 1106면; 김제완 (2021), 2면.

제2절 DAO의 개념

Ⅰ. 기존 논의

DAO라는 용어의 연원은 분명하지 아니하다.[59] DAO가 구체적으로 무엇을 의미하는지에 관하여 국내외에서 객관적으로 확립된 정의는 존재하지 아니한다.[60] 다양한 목적·기능을 가진 조직이 DAO와 유사한 형태로 운영되고 있으며, 세계적으로 조직체에 대한 규제의 적용을 피하면서 대규모의 가상자산을 모으는 수단으로 사용되는 사례도 존재한다.[61] DAO는 그 유형에 따라 다양한 방식으로 정의될 수 있다.[62] 가령 공동의 과업을 위하여 운영하는 공동 소유의 블록체인 기반 조직,[63] 사람들이 퍼블릭 블록체인에 배치된 일련의 자체 실행규칙을 매개로 하여 스스로 조정하고 지배할 수 있는 탈중앙화된 블록체인 기반 시스템,[64] 스마트계약 프로그램을 허용하는 플랫폼인 이더리움 등을 활용하여 모집된 투자자의 조직,[65] 개인이 회사에 투자하고 제안된 조치에 대해 투표할 권리를 보유하는 온라인 커뮤니티,[66] 특정 주체가 책임지는 것이 아니기에

---

[59] 노혁준 (2022), 85면.
[60] S. Wang et al. (2019), 871면; Nathan (2020), 316면; Biyan (2022), 52면; 하온누리 (2022), 2면; Web3.0研究会 (2022), 21면.
[61] Web3.0研究会 (2022), 21면.
[62] 노혁준 (2022), 85면; Biyan (2022), 52면.
[63] 이더리움(Ethereum), 앞의 자료.
[64] Hassan (2021), 2면.
[65] 정경영 (2019), 72면.
[66] COINTELEGRAPH, What is a Decentralized Autonomous Organization, and how Does a DAO Work? 〈https://cointelegraph.com/ethereum-for-beginners/what-is-dao〉 박제정, "자율·공정 깃발 든 탈중앙화 조직 혁신의 중심으로 한 발 한 발", 동아비즈니스리뷰 348호, 2022. 〈https://dbr.donga.com/article/view/1206/article_no/10504/is_free/Y〉

대표할 수 없고(탈중앙화), 별도의 명령이나 관리가 필요 없는(자율) 조직으로, 블록체인의 탄생과 더불어 등장한 새로운 조직(또는 공동체)의 한 형태,[67] 블록체인을 기반으로 조직·운영되는 탈중앙화, 분권화된 자율적 조직,[68] 이사회와 같은 일부 경영진이 아닌 구성원들이 직접 블록체인 네트워크에서 실행되는 자동화된 의사결정시스템을 이용하여 그 단체의 운영을 결정하고 여기서 결정된 단체의 의사에 따라 운영되는 인적 단체,[69] 일반적으로 블록체인기술, 스마트계약, 기타 소프트웨어 기반 시스템을 활용하여 탈중앙화와 자율성을 높이기 위한 목적을 가진 조직,[70] 운영 프로세스를 자동화할 수 있는 블록체인의 스마트계약을 사용하여 운영되는 일종의 디지털 조직[71] 등으로 정의되고 있다.

II. 문언적 개념 요소: 탈중앙화·자율·조직

DAO의 영문 단어에서 추출되는 문언적 요소(탈중앙화, 자율, 조직)[72]를 검토하면 다음과 같다.[73]

---

67) 업비트 투자보호센터, DAO란 무엇인가? 〈https://upbitcare.com/academy/education/blockchain/246〉
68) 이석민 (2022), 65면.
69) 유영운 (2023), 242면.
70) Web3.0研究会 (2022), 22면.
71) Baptiste·Jean-Yves (2023), 3면.
72) Boss (2023), 9면.
73) 이 부분의 내용은, 필자가 작성한 "'탈중앙화 자율조직(DAO)의 법적 정의에 관한 연구-DAO의 기술적 구성요소에 관한 검토를 중심으로-', 상사법연구 제42권 제2호, 한국상사법학회, 2023"의 내용에 의존하여 작성한 것임을 밝힌다.

1. 탈중앙화(Decentralization)

DAO는 이를 운영하는 중앙화된 주체나 기관이 없다고 주장되기도 한다.[74] 블록체인은 탈중앙화를 핵심적인 개념 요소로 한다.[75] 블록체인은 기술적으로는 중앙서버 없이 peer들 사이의 자율적 협의를 통하여 탈중앙화를 가능하게 한다.[76] DAO는 일반적으로 이더리움 블록체인과 같이 참여자 사이의 인적 신뢰가 필요 없는 비허가형 인프라 위에 구축되는 특징이 있다.[77] 따라서 DAO의 탈중앙화는 이더리움의 인프라와 같이 전 세계에 퍼져 있는 분산화된 컴퓨터 네트워크에 의해 유지 관리되는 것을 의미한다고 볼 수 있다.[78] 다만, 탈중앙화의 요소는 블록체인 기술에 의해서만 실현되는 것은 아니다. DAO는 중앙집중적 기관에 의한 수직적 의존에서 벗어나 구성원 사이의 합의에 따른 수평적 의사결정구조를 가지는데 이러한 구조 역시 탈중앙화를 설명할 때 필요한 요소이므로, 이 또한 탈중앙화에 포함하여 설명하는 것이 타당하다. 이때 DAO 특유의 구성원 사이의 합의에 따른 의사결정구조는 '가상자산의 보유'와 '사전에 정해진 의사결정의 기준'을 통하여 실현할 수 있는데, 전자는 DAO의 거버넌스 가상자산[79]의 발행, 후자는 스마트계약의 설정과 각각 연결될 수 있다. 따라서 DAO를 정의함에 있어 탈중앙화는 앞서 확인한 3개의 기술적 요소를 모두 포함하여만 합리적으로 설명할 수 있는 개념이다. 결국 이러한 내용을 DAO에 대입하면, 중앙의 집중화된 관리자 또는 관리기관이 아닌 DAO에 참여한 구성원들이 스스로 조직을 지

---

74) Aragon, What is a DAO?, 2021. 〈https://blog.aragon.org/what-is-a-dao/〉
75) 노혁준 (2022), 88면; 유영운 (2023), 239면.
76) 노혁준 (2022), 92면.
77) Aragon, 앞의 자료.
78) Aragon, 앞의 자료.
79) 거버넌스토큰이라 부르는 것이 일반적이나, 이 논문에서는 토큰 대신 가상자산법상의 용어인 가상자산을 대신 사용하여 거버넌스 가상자산이라 칭한다.

배하고, 운영하는 것으로 설명할 수 있다. 참고로 유타주의 DAO법은 '탈중앙화(Decentralized)'의 의미를 정의하고 있는데, '의사결정이 여러 사람에게 분산되어 있는 것을 의미한다'라고 정하고 있다.[80]

2. 자율(Autonomy)

'자율(自律, Autonomy)'의 사전상의 의미는 "남의 지배나 구속을 받지 아니하고 자기 스스로의 원칙에 따라 어떤 일을 하는 것"을 말한다.[81] DAO는 일반적으로 핵심적인 개념 요소로 '자율'을 제시하고 있는데, DAO의 어떠한 내용이 이를 의미하는 것인지 확인하고자 한다.

미국의 SEC(Securities and Exchange Commission, 이하 'SEC'라 함)는 DAO에서 자율성의 구체적 내용을 '조직의 운영에 관하여 의사의 결정이 블록체인에 프로그래밍된 스마트계약의 형태로 이루어지고 의사결정을 위한 투표가 코드에 의해 관리된다는 점'으로 파악하였다.[82] 그 밖에 문헌상 DAO의 정의에 따르면, '별도의 명령이나 관리가 필요 없'거나,[83] '자체 실행규칙을 매개로 하여 스스로 조정하고 지배할 수 있는',[84] '인간의 행위가 아닌 스마트계약에 신뢰를 두고 권리를 실행하며 그에 따른 집행이 자동적으로 이루어지는'[85] 등으로 설명하기도 한다.

조직의 운영 과정은 크게 그 구성 목적을 달성하기 위한 업무를 수행

---

80) Utah Code §48-5-101(5).
 (5) "Decentralized" means that decision-making is distributed among multiple persons.
81) 국립국어원 인터넷 표준국어대사전, '자율' 검색 결과. ⟨https://stdict.korean.go.kr/search/searchResult.do⟩
82) Securities and Exchange Commission, SEC Release No. 81207 "Report of Investigation Pursuant to Section 21(a) of the Securities Exchange Act of 1934: The DAO", 2017, 이하 'The DAO 보고서'라 함), 4면.
83) 업비트 투자보호센터, 앞의 자료.
84) Hassan (2021), 2면.
85) Aragon, 앞의 자료.

하는 과정에서 ① 의사를 결정하고, ② 그것을 집행하는 것으로 나누어 볼 수 있는데, DAO의 자율성에 관한 위의 설명은 의사의 결정과 결정된 의사를 집행하는 것 중 하나 또는 모두를 포함하는 것으로 보인다. 여기서 생각할 것은, 그렇다면 일반적인 회사는 의사의 결정이나 그 집행 과정에서 DAO에서 말하는 '자율화'라는 특성을 적용할 수 없는지의 문제이다. 보통의 주식회사는 이사회에서 경영사항에 관한 의사를 결정하고, 대표이사 등이 그 회사의 정해진 업무 프로세스에 따라 결정 사항을 집행하는 것이 일반적이다. 그 과정에서 전산시스템을 활용하기도 하나 실질적인 집행은 인간에 의하여 이루어진다. 따라서 조직 내의 정해진 규칙과 절차에 의하여 집행이 이루어진다는 점 자체는 DAO나 주식회사나 큰 차이가 없다고 볼 여지도 있다. 이에 관하여 기존 회사조직에서 의사의 집행은 중앙에서 제어하는 방식의 자동화가 이루어지고, 그 과정에서 조작이 발생하기 쉽다고 설명하면서 DAO와 회사의 차이를 설명하기도 한다.[86]

생각건대 DAO의 개념에 있어서 '자율성'은 조직의 의사결정이 특정한 기관의 개별적인 명령이나 지배에 의하지 아니하고 '이미 정해진 스마트계약의 코드'가 정한 바에 따라 구성원들이 그 조건을 성취하는 방식으로 이루어지는 것을 의미하는 것으로 파악할 수 있다. 즉, 특정한 개인이나 단체의 지배에서 벗어나 구성원들이 자율적으로 의사를 결정하는 것을 의미하는 것으로 볼 수 있는데, 그 내용만 놓고 보면, 위에서 살펴본 '탈중앙화'의 개념과 중첩되는 부분도 존재한다. 구성원의 관점에서 검토하면, 중앙집중적인 기관이 정한 의사를 수동적으로 따르는 것에서 벗어나 구성원들이 직접 조직의 운영에 관한 의사를 결정하는 것이 '자율성'의 이념이므로, 이 역시도 실질적으로는 '탈중앙화'의 설명과 중복되는 면이 없지 아니하다. 그러나 탈중앙화가 의사결정의 '주체' 면에

---

[86] 이더리움(Ethereum), 앞의 자료.

서 검토한 것이라면, 자율성은 의사의 '결정' 자체에 관하여 검토한다는 점에서 차이는 있다.

　결정된 의사를 '집행'하는 측면에서는 DAO만의 특색이 잘 드러난다. 주식회사는 이사회 또는 대표이사 등 경영진이 결정한 의사를 집행하는 과정에서 임직원 등과 같은 인간의 개입이 필요한데, 그 집행 과정에서 특정한 개인이나 집단의 개입으로 그 의사의 왜곡이 발생할 수 있다. 반면 DAO의 구성원들은 스마트계약에 정해진 내용에 따라 자율적으로 의사를 결정하는데, 이때 그 의사결정의 조건이 충족되면, 그 결정의 집행은 스마트계약이 정한 바에 따라 제3자의 개입 없이 자동으로 이루어진다. 이에 의하면, DAO에서 '자율화'란 인간의 활동에 있어서 타인의 지배나 구속을 받지 아니한다는 의미와 함께 인간의 의사가 개입되지 아니하고 스마트계약에 정해진 내용에 따라 그 의사의 결정과 집행이 자동으로 이루어진다는 점에서, 기술적 의미의 '자동화'의 개념 역시 포함하는 것으로 이해하는 것이 합리적이다.

3. 조직(Organization)

　'조직(組織, Organization)'의 사전상의 의미는 "특정한 목적을 달성하기 위하여 여러 개체나 요소를 모아서 체계 있는 집단을 이룸 또는 그 집단"을 말한다.[87] 조직의 의미에 관해서는 구성원 사이의 관계, 구체적인 내용 등에 따라 법적으로 다양한 해석이 가능하다. 탈중앙화와 자율성의 개념이 조직을 구성하는 것에 있어 기존의 법개념에서 쉽게 볼 수 없었던 새로운 내용이라면, 조직은 그것들과는 다르게 권리의 주체 측면에서 비교적 법과 친하게 활용할 수 있는 개념이다. 물론 이 세상의 모든 조직을 법적 개념에 포섭할 수도 또 그렇게 할 실익도 없는바, DAO의 조

---

87) 국립국어원 인터넷 표준국어대사전, '조직' 검색 결과. 〈https://ko.dict.naver.com/#/entry/koko/753632c0c8eb40b28093f45b00055c62〉

직성 역시 디지털세계에서의 모든 조직에 법적 요소를 적용할 필요는 없을 것이다. '조직'이라는 개념 요소는 DAO를 법적으로 인식하는 데 있어 가장 기본적인 요소로 작용한다. 가령 현재의 법제도 하에서도 DAO에 법인격을 인정할 것인지, 법인이라면 사단법인인지 재단법인인지, 또 영리법인인지 비영리법인지, 영리법인이라면 그것이 회사인지, 법인이 아니라면 권리능력 없는 사단 또는 재단으로 보거나 조합으로 볼 수 있는지 등에 관한 판단을 할 수 있다. 결론적으로, 구성원들이 자율적으로 조직한 DAO는 별도의 입법을 통하여 법인격을 부여하지 아니하는 이상 법인격을 가질 수는 없다. DAO의 구성원은 공동의 목적을 가지고 스마트계약이 정한 바에 따라 DAO에 참여하여 그 활동에 관여하는데, 이는 기존의 공동기업 형태 중 조합과 유사한 측면이 있다.[88]

Ⅲ. 이 논문에서 DAO의 법적 정의

DAO의 개념 요소를 법적인 의미로 포섭하면, 탈중앙화는 행위의 주체, 자율성은 의사결정과 집행에 관한 지배구조, 조직은 법적인 의미의 단체로 치환할 수 있다. 이에 의하면, DAO의 법적인 개념은 위와 같이 행위의 주체, 지배구조, 단체성을 포함하여야 하는데, 이를 기초로 1단계 개념을 설정하면, '공동의 목적을 달성하기 위하여 2인 이상이 조직한 것으로서 구성원이 자율적으로 직접 조직을 위한 의사를 결정할 수 있는 단체' 정도로 정의할 수 있다. 다만 이러한 정의는 현실에 존재하는 모든 단체를 포함하는 개념이므로 그 법적 규율을 목적으로 하는 DAO의 법적 의미로는 부족하다. 이를 조금 더 구체화하기 위해서는 DAO가 가지는 특성을 반영하여야 하는데, 부득이하게 기술적 요소를 포함하여 정의

---

88) 노혁준 (2022), 95면.

할 필요가 생긴다. 결국 DAO의 지배구조와 관련하여 의사결정과 집행의 자율성은 블록체인기술에 기초한 스마트계약을 통해서 실현되고, 이는 DAO 지배구조의 핵심을 이룬다. 그렇다면, 이러한 내용을 반영하여 2단계 개념을 설정하면, '공동의 목적을 달성하기 위하여 2인 이상이 조직한 것으로서 구성원이 블록체인기술에 기반을 둔 스마트계약을 통하여 자율적으로 직접 조직의 의사를 결정할 수 있는 단체' 정도로 정의할 수 있다. 3단계로 스마트계약은 우리 법률에서 인정한 용어도 아니고 사회적으로도 일반화된 개념이라고 보기도 어려우므로 이를 조정하고 세부적인 문맥을 다듬을 필요가 있다. 이에 따르면, '공동의 목적을 달성하기 위하여 2인 이상의 구성원이 자동화된 컴퓨터 프로그램 코드를 이용하여 직접 단체의 설립·운영 등에 관한 의사를 결정할 수 있는 단체' 정도로 설명할 수 있다. 참고로 유타주 DAO법은 DAO의 의미를 법에서 정하고 있는데, "① 하나 이상의 스마트계약에 의하여 생성되었을 것, ② 개인이 조직의 탈중앙화된 거버넌스를 위해 조정할 수 있는 규칙을 실현할 수 있을 것, ③ 이 법에 따라 형성된 조직체일 것" 등의 요소를 포함하여야 한다는 취지로 정하고 있다.[89] 위와 같은 개념 설정을 바탕으로 만약 DAO를 회사로 인정하고자 한다면, 영리성을 반영하는 등 그 단체의 설립 목적이나 운영 취지에 맞게 법적 개념 요소를 추가하여 개별 개념을 구체화하면 될 것이다.

위와 같은 개념 요소에 기초한 법적 정의는 정책적인 측면에서 보완할 필요가 있다. DAO는 단체이므로 기본적으로 복수의 구성원을 전제로 한다. DAO는 거버넌스 가상자산의 확장성으로 인하여 사실상 1인

---

89) Utah Code §48-5-101(6).
   (6) "Decentralized autonomous organization" means an organization:
     (a) created by one or more smart contracts;
     (b) that implements rules enabling individuals to coordinate for decentralized governance of an organization; and
     (c) that is an entity formed under this chapter

DAO는 상정하기 어렵다. 그러나 DAO 스스로 사원의 지위를 별도로 설정함에 따라 사원과 투자자의 지위가 구분되어 존재할 가능성도 존재하는바, 이 경우 이론적으로 1인 사원이 존재할 여지도 있다. 따라서 이러한 1인 DAO를 DAO로서 인정해야 하는지의 문제가 제기될 수 있는데, 1인 DAO를 배제하면 합리적인 이유 없이 법적 규율 범위에서 1인 DAO를 배제하는 부당한 결과가 발생한다. 더욱이 사단성을 본질로 하는 것으로 인식되었던 주식회사에 관해서도 상법상 명문의 사단성을 삭제하고, 1인 회사를 인정한 점을 고려하면, 그보다 더 자유롭게 조직되는 DAO에 관하여 2인 이상으로 구성된 인적 단체라는 개념에 얽매일 필요는 없다고 생각한다.

위에서 설명한 모든 논의를 반영하여 최종적으로 DAO의 법적 정의를 내리면, '공동의 목적을 달성하기 위하여 1인 이상의 구성원이 블록체인기술에 기반을 둔 자동화된 컴퓨터 프로그램 코드를 이용하여 직접 단체의 설립·운영 등에 관한 의사를 결정할 수 있는 단체'라고 볼 수 있다.

제3절 DAO의 유형 및 현황

Ⅰ. 유형

1. 프로토콜 DAO

프로토콜(protocol) DAO는 서비스나 플랫폼을 기반으로 하는 DAO를 말한다.[90] 프로토콜 DAO는 주로 DeFi(탈중앙화된 금융, Decentralized Finance) 운영에 관하여 의사를 결정하고 조직을 구성하는 역할을 한다.[91] 대표적인 것으로는 Maker, Compound, Uniswap, Aave, Yearn 등을 들 수 있다.[92] 참고로 Uniswap은 탈중앙화된 방식으로 운영되는 가상자산거래소이다.[93] 구체적으로 두 종류의 가상자산이 1대1의 비율로 담겨 있는 유동성 풀을 만든 다음에 그 풀에서 사용자가 가상자산을 교환할 수 있도록 하는 교환소의 역할을 한다.[94]

2. 투자 DAO

DAO의 가장 일반적인 형태는 투자(investment) DAO이다. 사람들은 투자 DAO를 통하여 특정 자산에 투자할 목적으로 가상자산을 조달할 수 있다.[95] 투자 DAO의 목적은 모집한 가상자산을 관리·운용하여 이익을 창출하는 것이다. 투자 DAO는 기존의 펀드와 유사한 측면이 있으나

---

90) 노혁준 (2022), 95면; 이석민 (2022), 67면.
91) 안수현 (2022), 48면; 斎藤 創·浅野 真平 (2022).
92) https://uniswap.org/faq.
93) 이석민 (2022), 67면.
94) 위의 글.
95) 노혁준 (2022), 96면; Brummer·Seira (2022), 22면; 斎藤 創·浅野 真平 (2022).

투자종목, 수익분배 등의 의사결정을 구성원들의 투표로 결정하는 특징이 있다.[96] 투자 DAO는 참여자들이 블록체인에서 모든 거래를 확인할 수 있으므로 기존 벤처캐피털펀드보다 투명성이 높은 장점이 있다.[97] 대표적인 예로는 MetaCarter Ventures, The DAO, BitDAO, DigixDAO, Flamingo-DAO, Genesis DAO, The LAO 등을 들 수 있다.[98]

참고로 The LAO는 스타트업 육성을 사업의 목적으로 하고 있는데, 델라웨어주의 유한책임회사로 설립되었다.[99] NEPTUNE이란 DAO는 구성원들로부터 가상자산을 모아 투자하는데, 구성원들은 가상자산의 운용이나 투자전략, 대상 등에 관한 제안을 할 수 있다.[100] NEPTUNE 구성원들의 투표에 의하여 결정된 의사의 내용은 DAO에 참가하는 블록체인 엑셀러레이터(초기에 가상자산과 컨설팅 등을 제공하는 단체)가 실행한다.[101] NEPTUNE은 일반적인 벤처캐피털처럼 투자 심사를 하고 투자 여부를 결정하는 General Partner가 없는 것이 특징이다.[102] NEPTUNE은 델라웨어주의 유한책임회사이다.[103]

3. 수집 DAO

수집가들이 보물이나 고가의 예술품을 구매하기 위하여 수집(collector) DAO를 설립한다고 가정하자. 수집가들은 DAO를 통하여 보물이나 예술품을 구매하고, 이를 갤러리에 전시하는 목적을 가졌다. 이때 DAO가 보

---

96) 안수현 (2022), 48면; 이석민 (2022), 67면; Biyan (2022), 58면.
97) Biyan Mienert, 위의 글.
98) 안수현 (2022), 48면; Biyan Mienert, 위의 글; 斎藤 創·浅野 真平 (2022).
99) 안수현 (2022), 48면.
100) 이석민 (2022), 67면.
101) 위의 글.
102) 위의 글.
103) 위의 글, 68면.

물이나 예술품을 구매하는 데 필요한 가상자산을 제공하는 참여자들은 DAO로부터 자체 가상자산을 배정받는데, 참여자들은 이 가상자산에 기초하여 DAO의 사업 운영을 위한 의사결정에 관여할 수 있다. 즉, 해당 가상자산의 보유자들은 어떠한 예술품을 구매할 것인지, 그것을 어디에 전시할지, 또 언제 이러한 예술품을 누구에게 어떻게 재판매할지 등에 관한 의사결정에 참여하여 투표권을 행사할 수 있다.

수집 DAO는 우선 사람들이 모여 특정한 보물이나 예술품을 구매하여 집단적인 미적 즐거움의 성취를 추구하는 목적부터 거액의 자본을 모아 고가의 물품을 구매하려는 목적까지 다양한 목적으로 그 사업을 영위할 수 있다.104) 이러한 점에서 수집 DAO는 투자 DAO와 구조가 비슷하나 그 사업 목적의 대상이 비금융자산 또는 예술품의 수집 및 수집품의 가치 증대를 위한 커뮤니티 활동의 지원이라는 점에서 차이가 있다.105) 우리의 국보DAO, 미국의 ConstitutionDAO가 대표적이다. ConstitutionDAO에 약 17,000명이 참여하였고, 그 모금액만 약 4,000만 달러에 이른다.106)

4. 소셜 DAO

소셜(social) DAO는 일정한 가상자산을 구매하고 회원으로 가입한 다음 공통의 관심사를 공유하고 활동하는 형태로 구성되는 커뮤니티이다.107) 소셜 DAO는 공동의 관심에 관한 집단 활동을 위하여 온라인 또는 오프라인 모임을 개최한다.108) 소셜 DAO는 현실에서 특정한 목적의 이벤트를 주최하거나 수익화가 가능한 제품을 개발하기 위하여 가상자

---

104) Brummer·Seira (2022), 23면.
105) 노혁준 (2022), 96면.
106) 이석민 (2022), 67면.
107) 노혁준 (2022), 96면; Brummer·Seira (2022), 21면; 斎藤 創·浅野 真平 (2022).
108) Brummer·Seira (2022), 위의 글.

산을 모집할 수도 있다.109) 소셜 DAO로는 Friends with Benefits 등이 있다.

5. 서비스 DAO

서비스(service) DAO는 서비스, 제품 제작 등 별도 사업을 설정하여 수행하는 것을 목적으로 하는 DAO이다.110) 서비스 DAO가 목적으로 삼은 사업을 완수하면, 그 기여자들은 해당 DAO가 발행한 가상자산 등으로 보상을 받는다. Raid Guild,111) DXdao, PartyDAO 등이 대표적인 예이다.

6. 자선 DAO

자선(charity) DAO는 난민, 전쟁 피난민 구호, 문맹 퇴치 등의 비영리적 지원을 목적으로 하는 조직으로 우크라이나 전쟁 피해를 돕기 위한 우크라이나 DAO 등을 예로 들 수 있다.112) 자선 DAO는 그 활동에 필요한 비트코인이나 이더리움 등의 가상자산을 모으기 위하여 자체 가상자산을 발행한다.113) 대표적인 예로 ATX DAO,114) DAO Charity115) 등을 들 수 있다. ATX DAO는 미국 텍사스주 오스틴이 Web3.0 경제를 주도하는 도시가 되는 것을 목표로 가상자산 전문가와 애호가의 긴밀한 네트워크 구축을 목표로 하고 있다. ATX DAO는 현지 예술가와 비영리단체의 합의로 NFT를 발행하고 그 매출을 예술가, 비영리단체, 해당 DAO에 분배하는 등의 업무를 수행하고 있다. DAO Charity는 우크라이나 피난민 지

---

109) 위의 글, 22면.
110) 노혁준 (2022), 96면.
111) https://www.raidguild.org/.
112) 노혁준 (2022), 96면; Brummer·Seira (2022), 26면.
113) Brummer·Seira (2022), 위의 글.
114) https://www.atxdao.com/.
115) https://daocharity.io/en.

원을 목표로 하는 국제적인 커뮤니티를 만드는 것을 목적으로 하는데, 사람들로부터 기부금을 모아 분야별로 분배하고 있다.

II. 현황

DAO의 수와 그 보유의 자산은 급속도로 증가하고 있다. DAO 자산의 규모는 2023년 10월을 기준으로 17.1억 달러에 달하고 존재가 확인된 DAO의 개수만 19,838개이다.[116] 2022년 11월 당시 DAO의 자산 규모가 9.4억 달러이었던 것을 생각하면, 그 성장 속도가 매우 가파르다.[117] DAO는 기존의 회사와 비교하여 자금을 신속하게 조달할 수 있고, 또 낮은 비용의 간소화된 의사결정절차를 실현할 수 있는 장점을 가지고 있다. 현재 조직되어 있는 대부분의 DAO는 가상자산과 구성원을 모아 새로운 프로젝트에 투입하거나, 기존의 사업 분야를 탈중앙화하여 그 서비스를 조직의 구성원에게 제공하는 것에 집중하고 있다. DAO의 확장성은 그것을 법적으로 적절히 규율하여야 할 필요성의 근거를 제공하고, 이에 따라 규제 당국은 DAO의 활동을 예의 주시하며 이를 직접 규제하려는 의사를 계속하여 표명하기도 한다.[118]

DAO는 그 규모만 놓고 보더라도, DAO를 디지털세계 변방에 존재하는 조직체로 치부할 수는 없는 수준에 이르렀다(그림 1. 시가총액 기준 상위 DAO토큰). DAO의 개수와 그 참여자 수가 많다는 것은 그들 사이

---

116) DeepDAO는 DAO에 대한 다양한 양적, 질적 데이터를 수집하고 분석하는 플랫폼이다. DeepDAO는 100개 이상의 상위 DAO에 대한 재무 및 거버넌스 데이터를 다루고 있다. Compound, Snapshot, Gnosis Safe, Aragon, Moloch, DAOstack, OpenLaw, Colony, Kusama 및 독립 DAO와 같은 주요 플랫폼과 관련된 데이터를 취급한다(https://www.deepdao.io/organizations).
117) 하온누리 (2022), 2면.
118) Henrik et al. (2022), 51면.

에 맺어진 법적·경제적 이해관계도 무수히 많다는 것을 의미한다. DAO의 대다수는 그 조직 목적을 달성하기 위한 가상자산을 조달하고자 자체 가상자산을 발행하여 참여자에게 판매할 가능성이 큰데, 이 때는 DAO 참여자들과 더욱 직접적으로 법적 관계를 맺게 된다. DAO의 유형이 매우 다양한 점을 고려하면, 모든 DAO에 관하여 법적 인식이 필요하다고 할 수는 없다. 실무적, 법적, 이념적 이유 등으로 인하여 모든 DAO(특히 탈중앙화를 계속하여 유지하거나 그 정도의 증가를 원하는 DAO)에는 법적 인식이 오히려 달갑지 않을 수 있다.[119] 그러나 DAO가 적어도 영리를 목적으로 하거나 비영리의 목적을 가졌더라도 그 자체의 법적 지위를 가지고 목적 사업을 수행하며 그 과정에서 가상자산의 발행을 통하여 자본을 조달하고자 한다면, 이 때는 DAO에 대한 법적 규율의 필요성이 제기될 수밖에 없다.

이름	가격	1h %	24시간 %	7d %	시가총액	거래양 (24시간)	유통 공급량
Uniswap UNI	₩5,163.43	▲0.50%	▼13.67%	▼21.43%	₩2,981,886,286,536	₩217,007,435,734 / 42,032,158 UNI	577,501,036 UNI
Internet Computer ICP	₩4,844.67	▲0.34%	▼12.59%	▼22.37%	₩2,114,785,166,431	₩61,132,564,660 / 12,595,645 ICP	436,517,525 ICP
Lido DAO LDO	₩2,346.58	▲0.99%	▼17.52%	▼21.94%	₩2,063,474,995,500	₩154,590,584,104 / 65,801,946 LDO	879,354,188 LDO
Arbitrum ARB	₩1,265.12	▲1.05%	▼13.69%	▼20.97%	₩1,613,033,191,355	₩701,754,687,453 / 554,524,026 ARB	1,275,000,000 ARB
ApeCoin APE	₩2,913.30	▼2.71%	▼21.81%	▼28.34%	₩1,073,823,430,103	₩226,005,605,544 / 77,601,850 APE	368,593,750 APE
BitDAO BIT	₩557.18	▼0.61%	▼9.75%	▼13.21%	₩1,027,249,246,110	₩9,072,307,711 / 16,273,447 BIT	1,843,669,839 BIT
Aave AAVE	₩67,366.57	▼0.05%	▼13.33%	▼18.36%	₩971,755,968,373	₩102,149,244,661 / 1,517,556 AAVE	14,424,899 AAVE
Maker MKR	₩781...55.65	▲2.16%	▼3.84%	▼10.17%	₩763,682,010,576	₩49,156,977,494 / 62,860 MKR	977,631 MKR

[그림 1] 시가총액 기준 상위 DAO토큰[120]

---

119) Web3.0研究会 (2022), 25면.
120) https://coinmarketcap.com/view/dao/. (2023. 6. 14. 기준)

제3장 DAO의 구성요소와 규율방향

제1절 DAO의 구성요소

Ⅰ. 개관

　DAO의 일반 개념으로부터 DAO의 개념요소를 추출하면, 기본적으로 ① 블록체인, ② 스마트계약, ③ 구성원의 권리를 표창하는 가상자산 등을 제시할 수 있다.[1)2)] 이러한 요소는 DAO의 기술적 구성요소(블록체인, 스마트계약, 가상자산)와 일치한다. DAO의 조직과 운영은 블록체인, 스마트계약, 가상자산의 3가지 기술적 요소가 유기적으로 연결되어 이루어진다. DAO를 연구하기 위해서는 위 3가지의 요소들의 기술적 측면을 공부할 필요가 있다. DAO는 블록체인기술의 등장에 힘입어 현실적으로 발생할 수 있었다. DAO에 관한 내용을 제대로 이해하기 위해서는 블록체인기술을 이해하여야 한다. 블록체인이 종래의 데이터 저장·유통 방식과 무엇이 다른지 알아야 블록체인기술과 관련하여 발생하는 법적 문제의 본질을 제대로 파악할 수 있다.[3)] 그러나 이미 발생한 DAO를 둘러싼 문제에 관한 법적 쟁점을 연구하는 데 있어, DAO가 어떻게 발생할 수 있었는지에 관한 기술 사항을 A부터 Z까지 모두 완벽하게 이해할 필요는 없다. 본 연구에서는 DAO가 내포하고 있는 법적 쟁점에 관한 분석과 검토를 중심으로 논의하는 만큼, 그 기술적 요소가 이바지한 내용과 DAO를 둘러싼 법적 문제들의 쟁점을 파악하는 데 필요한 범위 내에서 기술적인 사항들을 살펴보되, 그 범위를 벗어나는 컴퓨터 프로그램에 관

---

1) 노혁준 (2022), 92면.
2) 이에 대하여 ① 중앙집권적인 관리 기관의 부존재, ② 커뮤니티 구성원에 의한 자율적인 조직의 운영, ③ 조직의 운영에 있어서 스마트계약의 활용이라는 3개의 요소를 채운 조직이 DAO로서 논의의 대상이 된다고 설명하기도 한다[殿村桂司·近藤正篤·丸田颯人 (2022)].
3) 신지혜 (2021), 35면.

한 전문 용어에 관한 설명은 제외하기로 한다.

Ⅱ. DAO 조직의 기술적 기초인 블록체인

1. 의의

　블록체인은 "암호화해쉬를 이용한 블록 간의 순차연결을 통하여 거래내역을 체인에 등록하는 분산원장기술(Distributed Ledger Technology, 'DLT')을 활용한 원장"이다.[4] 기술적으로는 "거래정보를 기록한 원장(ledger)을 특정 기관의 중앙서버가 아닌 P2P(peer-to-peer) 네트워크에 분산하여 참가자가 공동으로 기록하고 관리하는 기술"을 말한다.[5] 유럽연합(European Union, EU)은 2023년 5월 16일 「암호자산시장에 관한 법」(Regulation on Market in Crypt-Assets, 'MiCA')을 제정하였는데, MiCA법 제3조 제1항 (1)호는 분산원장기술을 분산원장의 운영과 사용을 가능하게 하는 기술이라고 정의하고, 이때 분산원장은 트랜잭션의 기록을 보관하고 합의 메커니즘을 사용하는 일련의 분산원장 네트워크 노드들에 걸쳐 공유되고 이들 사이의 동기화되는 정보의 저장소라 설명하고 있다.[6]

　블록체인은 사용자 사이의 거래를 기록하는 분산형 데이터베이스로, 이때 '분산'이란 블록체인에 참여하는 노드들이 같은 데이터를 중복하여 저장하는 것을 말한다.[7] 블록체인은 거래원장을 특정 중앙기관의 서버에서 관리하는 것이 아니라, 네트워크 참여자(node)들이 전체 거래내역

---

[4] 노혁준 (2022), 86면.
[5] 김동섭 (2016), 4면; 김우성 (2023), 157면; 김은수 (2018), 130면; 신지혜 (2021), 35면; 윤태영 (2019), 72면; 정진명 (2018), 935면; Henrik et al. (2022), 11면.
[6] 김홍기 (2022), 339면.
[7] 노혁준 (2022), 86면; 김동민 (2021), 80-81면; 김병필·전정현 (2019), 158-159면; 윤태영 (2019), 72면.

이 담긴 전자파일인 거래원장을 공동으로 저장하고, 합의 알고리즘에 따라 거래원장에 새로운 거래를 추가하는 것을 승인함으로써 전자파일의 단일성을 유지하는 것을 특징으로 한다.[8] 이때 거래기록은 네트워크 참여자들이 보유한 저장매체의 전자파일이 네트워크상에서 서로 연결되어 동일성을 검증하여 하나로 특정된다. 분산원장기술은 1990년대 말에 이미 등장하였고, 블록체인기술은 위 분산원장에 신뢰성을 부여하기 위한 합의시스템을 도입한 것이다.[9]

블록체인기술의 핵심은 거래기록을 삭제 걱정 없이 영구적으로 보존하고, 단계적으로 업데이트하면서 역사의 흔적을 남기는 것이다. 이는 사람들이 거래하고, 데이터를 저장하면서 자산을 이동하기 위하여 추구했던 기존의 방법을 다시 생각하게 하였다. 블록체인기술은 그것을 최초로 인식한 방식인 분산원장기능을 넘어 여러 분야에 걸쳐 다양한 용도로 활용할 수 있다. 우리는 블록체인으로부터 적지 않은 기간에 걸쳐 뿌리 내린 우리 사회의 지배구조, 생활방식, 전통 기업 모델, 국제 및 사회 기구들을 향하여 변화를 촉구하는 거대한 촉매제의 역할을 기대할 수 있다.

2. 기술적 특성

블록체인에서는 새로운 블록을 이전에 존재하던 블록들에 연결하고, 그 블록 이후에 생성된 블록도 같은 방식으로 연결한다.[10] P2P 시스템 내에서 블록을 하나 생성하여 그 안에 정보를 담는데, 그 과정 사이에 정보가 조작되는 것을 쉽게 파악하고 실제로도 조작되는 것을 방지하기 위해서 링크드 리스트(linked list) 기술과 해시함수 기법이 다시 한번 더

---

8) 김우성 (2023), 157면.
9) 윤태영 (2019), 72면.
10) 신지혜 (2021), 41면.

적용된다.11) 이러한 블록의 연결 과정을 보면, 새로운 블록을 생성하기 위해서는 채굴 과정에서 정확한 해답을 찾아야 하는데, 이때 기존 블록에 담긴 정보도 계산 과정에 넣어야 한다.12) 만약 기존의 정보를 조작하려는 사람이 있다면, 그 블록 이후에 연결된 모든 블록에 관해서도 그 해답에 관한 정보를 바꿔야만 조작에 성공할 수 있다.13) 예를 들면, 기존 장부와 새로운 장부 사이에 굵은 사슬로 연결되어 있고, 새로운 장부 안에는 기존 장부의 열쇠에 관한 정보도 담겨 있는데, 기존 장부의 내용이 바뀌면 그 뒤에 연결된 장부에 기재된 열쇠 정보도 연동하여 함께 변경되도록 설정된 것이다.14) 따라서 기존 장부의 정보를 변경하면 새로운 장부에 포함된 열쇠 정보도 함께 변경되므로, 그 조작이 성공하기 위해서는 다시 새로운 열쇠들을 찾는 데 비용을 투입해야 한다. 그러나 그 열쇠의 수가 계산하기 어려울 정도의 규모이므로 정보의 조작이 사실상 불가능한 것이다.15) 블록체인은 어떤 정보에 대량의 연산을 통해서만 풀 수 있는 해시값 암호를 붙여 하나의 블록으로 묶고, 이를 다른 정보들과 다시 대량의 연산을 통해서만 풀 수 있는 해시값 암호로 순서대로 연결해서, 만약 중간에 위변조가 일어나면 해시값 확인만으로 그 위변조 여부를 알 수 있게 하고, 해시값을 변경하려면 그 뒤로 생성되는 모든 블록의 암호를 다시 풀어야 하도록 함으로써, 위변조에 드는 비용을 기하급수적으로 높여 위변조를 막는 방법이다.16)

---

11) 신지혜, 위의 글; 윤태영 (2019), 72면.
12) 신지혜, 위의 글.
13) 노혁준 (2022), 89면; 김은수 (2018), 129면; 신지혜, 위의 글; 윤태영 (2019), 72면.
14) 신지혜, 위의 글.
15) 위의 글.
16) 위의 글.

3. 블록체인의 유형

블록체인은 공개성 여부에 따라 공개형 블록체인(public blockchain)과 비공개형 블록체인(private blockchain)으로 구분한다.[17] 우선 누구나 자유롭게 데이터베이스에 참여할 수 있는 공개형 블록체인은 그 참여에 있어 관리자의 허가를 받을 필요가 없는 점에서 비허가형(permissionless) 블록체인이라고도 한다.[18] 이와 다르게 관리자로부터 승인을 받은 자만이 데이터베이스에 참여할 수 있는 비공개형 블록체인은 그 참여에 관리자의 허가를 받아야 하는 점에서 허가형(permissioned) 블록체인이라고도 한다.[19]

4. DAO의 조직과 블록체인기술의 관계

DAO는 블록체인기술을 활용하여 경제적·사회적 목표를 공유하는 사람들을 연결한다.[20] 그 과정에서 DAO는 법이 정한 절차가 아닌 스마트계약을 이용하여 의사를 결정·집행하고 참여자 사이의 관계를 조정한다.[21] 비트코인은 블록체인기술에 기초한 P2P 가상자산의 일종으로 기존의 중앙집중형 시스템처럼 제3의 기관에 대한 신뢰에 기초하여 거래내역을 증명하는 것이 아니라 독자적인 암호로 거래내역을 증명한다.[22] 한편, 비트코인 시스템에서는 디지털 가치를 이전하기 위한 용도로 블록체인기술을 활용하였는데, 이더리움은 디지털 가치 이전의 구조에 더하여 프로그램을 코드화하여 실행할 수 있는 플랫폼 시스템을 접목하였

---

[17] 노혁준 (2022), 87면.
[18] 위의 글; 김병필·전정현 (2019), 159면.
[19] 위의 글; 김병필·전정현 (2019), 160면.
[20] Brummer·Seira (2022), 4면.
[21] 위의 글.
[22] 윤태영 (2019), 73면.

다.23)

　이더리움 덕분에 가치 이전을 전제로 한 금융거래 이외에 다양한 사업 분야에 블록체인기술을 활용할 수 있게 되었다. 이를 기점으로 블록체인기술에 접목되어 사전에 입력한 코드가 자동으로 실행되는 스마트계약을 본격적으로 활용할 수 있게 되었다.24) 이더리움은 2014년 ① 발행자 기능, ② 회원 측면의 두 가지 스마트계약을 생성하여 출시하였는데, 이는 가상자산 발행자와 회원 사이를 연결해 주는 기능이 있었다.25) 나아가 이더리움은 2015년경 스마트계약을 처리할 수 있는 이더리움 가상머신(Ethereum Virtual Machine, 'EVM')의 도움으로 스마트계약을 지원하는 최초의 퍼블릭 블록체인 플랫폼이 되었다.26) 사용자는 스마트계약을 통하여 블록체인상에서 다양한 탈중앙화 응용프로그램을 설계할 수 있게 되었다.27) 또한 해당 스마트계약에서 이더리움 외의 가상자산을 만들 수 있게 되었다. 이를 통하여 가상자산 생태계는 비트코인과 이더리움을 넘어 무한의 영역으로 확장될 수 있는 확장성을 가지게 되었다. 이에 고무된 사람들은 조직의 관리 및 운영 규칙이 스마트계약의 형태로 블록체인에 인코딩되어 제3자의 개입 없이 미리 정의된 방식에 따라 조직을 자율적으로 운영하는 것을 상상하였다.28) 사람들의 이러한 상상은 탈중앙화 자율조직, DAO의 등장으로 이어졌다.

---

23) 김우성 (2023), 160면; 윤태영 (2019), 73면.
24) 김우성, 위의 글; 윤태영, 위의 글.
25) Wulf (2021), 9면.
26) S. Wang et al. (2019), 871면; William (2016), 41면.
27) S. Wang et al., 위의 글.
28) 위의 글.

III. DAO의 설립과 운영의 기능적 중추인 스마트계약

1. 서언

가. 스마트계약의 개념

'Smart Contract'는 국내 법학계에서는 '스마트계약'과 '스마트컨트랙트'에 관하여 용어조차 통일이 되지 아니하고 혼용될 정도로 새로운 용어이다.[29] 이와 관련하여 'Smart Contract'를 법적인 의미에서 당사자 사이 의사의 합치를 전제로 한 계약을 지칭한다고 보기도 하나, 이와 다르게 'Smart Contract'는 거래를 자동으로 실행하기 위한 컴퓨터코드에 불과하여 그 자체를 계약이라고 표기하는 것에 관하여 의문을 제기하기도 있다.[30] 이처럼 스마트계약이 계약인지에 관하여 견해가 대립하는 상황이고, '스마트컨트랙트'라는 용어를 사용하는 문헌도 적지 아니하나,[31] 국내에서는 스마트계약을 더 많이 사용하는 것[32]으로 보인다.[33]

스마트계약의 정의나 지위 등에 관해서는 아직 법적으로 확립되지 아니하였다.[34] 따라서 그 개념에 관하여 다양한 견해가 존재하는데, 가령 스마트계약을 전통적인 계약과 구분하면서 스마트계약을 계약의 교섭과 이행이 코드에 의해서 자동으로 수행되거나 집행되는 약정이라고 보는 견해,[35] 소프트웨어를 이용하여 성립되고, 승낙과 이행이 동시에

---

29) 신지혜 (2021), 35면; 윤태영 (2019), 71면 각주 4).
30) 윤태영, 위의 글.
31) 신지혜 (2021), 35면.
32) 고형석 (2018); 김동민 (2021); 김제완 (2021); 김중길 (2021); 김진우 (2022); 김현수 (2021); 노혁준 (2022); 윤태영 (2019); 정경영 (2019); 정진명 (2018).
33) 윤태영 (2019), 71면 각주 4).
34) 고유강 (2020), 220면; 김제완 (2018), 152면; 김현수 (2021), 65면; 신지혜 (2022b), 206면; 윤태영 (2019), 77면.
35) 정진명 (2018), 930-931면.

이루어지는 형태로 이해하는 견해,36) 블록체인기술을 기반으로 조건 성취에 따른 계약의 자동실행이 보장된 컴퓨터 프로그램이라는 견해37) 등을 들 수 있다. 미국은 여러 주에서 스마트계약에 관한 법적 규율을 시도하고 있다.38) 참고로 와이오밍주는 DAO법에서 스마트계약을 "계약조건을 실행하는 코드, 스크립트 또는 프로그래밍 언어로 구성되고, 특정 조건의 발생 또는 미발생에 따라 자산의 보관 및 양도, 탈중앙화 자율조직에 대한 사원 지분 투표의 관리, 이러한 작업에 대한 실행지침을 포함할 수 있는 자동화된 거래" 등으로 정의한다.39)

나. 스마트계약의 기술적 이해

DAO의 중추는 조직의 규칙을 정의하고, 조직의 자금을 관리하는 스마트계약이다.40) DAO는 스마트계약이라고 불리는 컴퓨터 프로그램으로 인코딩된 규칙을 통해 실행되는 조직이다.41) 스마트계약은 이론적으로 계약 조건을 실행하는 전산화된 거래 프로토콜이다.42) 스마트계약의 가장 중요한 특징은 그것이 기본 코드에 의해 정의되고 실행되는 것이다.43) 스마트계약에 코드화된 계약의 매개변수가 실행되면, 계약은 재량 없이 자동으로 이행되는데, 이는 이론적으로 계약의 위반 상황에 직면하지 않는다는 것을 의미한다.44) 이때 스마트계약을 이용하는 다수의 이

---

36) 김제완 (2018), 164면.
37) 정경영 (2019), 67면.
38) 김현수 (2021), 67면.
39) State of Wyoming, Senate File No. Sf0038 Decentralized Autonomous Organizations supplement(이하 'Wyoming Code'라 한다) §17-31-102(a)(ix).
40) Web3.0研究会 (2022), 21면; 이더리움(Ethereum), 앞의 자료.
41) Soichiro (2017), 25면.
42) Nathan (2020), 318면.
43) 위의 글.
44) 위의 글.

용자가 높은 수준의 기술적 지식 없이도 사용하기 편리한 인터페이스를 제공하기 위해서는 분산화된 응용프로그램(Decentralized Applications, 'DApp')의 구축이 필요하다.[45]

공개형 블록체인의 스마트계약은 일반적으로 생성, 승인, 실행 및 결과 확인의 네 단계를 거친다.[46] 첫째, 사용자는 진정성을 보증하기 위해 디지털서명을 사용하여 계약의 내용을 정한다. 둘째, 스마트계약을 받는 사용자는 유효성을 확인하고 블록체인 전체에 브로드캐스팅될 새 블록에 포함하도록 마이닝을 한다. 셋째, 사용자는 스마트계약의 지침에 따라 스마트계약을 실행한다. 결과를 얻으면 사용자는 결과를 새로운 블록에 포함시키기 위해 마이닝을 해야 하고, 그런 다음 블록체인에 브로드캐스팅된다. 마지막으로 결과가 포함된 블록을 받은 사용자는 (종종 스마트계약을 다시 계산하고 결과를 수신된 것과 비교함으로써) 정확성을 확인하고 승인 여부를 결정한다.

2. 스마트계약의 법적 성격

가. 계약성

(1) 문제의 소재

스마트계약에서 기술적인 관점에서의 코드와 계약 상의 합의는 구별하여야 한다.[47] 스마트계약의 '계약'이라는 단어로 인하여 마치 코드가 계약인 것처럼 혼란을 초래하나 코드 그 자체를 곧바로 계약이라고 인식하는 것은 부당하다.[48] 스마트계약에서 코드를 작성하는 것(계약 조

---

45) 한정희 (2021), 288면.
46) Nathan (2020), 318면.
47) 윤태영 (2019), 76면.
48) 위의 글.

항을 컴퓨터코드로 기술하는 것)을 넘어 그 거래의 상대방이 코드의 조건을 충족시키는 행위 및 이행 등을 포함하여 계약성을 논할 필요가 있다. DAO 구성원 사이의 관계는 주로 스마트계약을 통하여 맺어지므로, 이러한 절차가 계약의 체결로 인정된다면, DAO 구성원 사이의 법률관계를 구체적으로 규명하는 데 큰 도움이 될 것이다. 스마트계약이 유효한 법적 구속력을 가진 계약인지에 관해서는 아직 확인된 법적 판단이나 견해는 없다. 그러므로 DAO의 조직과 운영에 있어서 그 틀을 제공하는 스마트계약을 그 용어처럼 기존의 '계약'의 개념에 포섭할 수 있는지부터 살펴볼 필요가 있다.

기술적으로 보면, DAO의 참여자는 스마트계약의 조건 충족에 따라 이미 정해진 프로그램의 내용을 따라야 한다는 점에서 일종의 구속력이 발생하는 것으로 보이고, 이미 이행까지 이루어진 단계이므로 다시 원래대로 되돌리는 것이 불가능하거나 매우 어렵다.[49] 스마트계약에서 이러한 기술적 구속력의 근거를 법적으로 어떻게 판단할 것인지에 관해서도 논의가 필요하다.[50] 스마트계약에 관하여 어떻게 법적 평가를 하는지에 따라 DAO의 법률관계에도 직접적인 영향을 줄 수 있다. 스마트계약의 코드를 작성하는 주체가 DAO이기 때문이다. 일부 학자들은 스마트계약이 법적 계약이 아니라 지불의무의 자동화를 위한 기술적 수단과 같이 단순히 계약의 이행을 위한 수단이라고 주장하기도 한다.[51]

계약이란 '2인 이상의 당사자가 청약과 승낙이라는 서로 대립하는 의사표시를 하고 그 합치로써 성립하는 법률행위'를 말한다.[52] 거래의 당사자는 각자의 자유로운 의사에 따라 타인과의 사이에 계약을 맺음으로써 그 타인에 대하여 의무를 부담하거나 권리를 취득한다.[53] 계약의 자

---

[49] 정경영 (2019), 63면.
[50] 위의 글; 고유강 (2020), 220면.
[51] Jenny·Simon (2017), 417면.
[52] 편집대표 김용덕, 「주석민법」[총칙2] [2019], 425면.
[53] 위의 책, 370면.

유는 자유방임과 경쟁을 가능하게 하여 사적 법률관계의 구성에 개인의 창의력을 충분히 발휘하게 하였다.[54] 계약의 이러한 법적 특성을 생각하면, 당사자들의 합의 대상이 될 수 있는 내용을 창의적으로 구성하여 컴퓨터 프로그래밍화 하는 것도 불가능한 것은 아니다. 물론 스마트계약의 기술적 특성상 당사자 사이의 합의를 전제로 하는 법적인 의미의 계약과 그 내용이 완전히 일치하기 어려운 한계는 있다.[55] 스마트계약이 모든 당사자의 합의를 필수적으로 요구하지 아니하는 점을 고려하면, 스마트계약은 법적인 의미의 계약보다 더 넓은 범위의 관계를 규율한다고 볼 여지도 있다.

(2) 전자상거래 관점에서의 검토

(가) 의의

스마트계약 프로그램 자체는 코드의 상태로 존재하므로, 그 자체를 계약이라고 보기는 어렵다.[56] DAO에서 자율화 실현의 핵심으로 스마트계약을 제시하다 보니 스마트계약 그리고 이를 활용하는 DAO가 완전하게 인간의 개입 없이 자율적인 것으로 오해할 소지가 있다.[57] 현재의 법적·기술적 인식으로는 DAO든 스마트계약이든 인간으로부터 완전하게 자유롭기는 어렵다고 보는 것이 합리적이다.[58] 계약의 내용이 자동으로 이행되는 스마트계약을 이용하더라도 결국 인간의 개입이 필요할 수밖에 없다.[59] 스마트계약을 이용하려는 자가 있어야 하고, 그 당사자가 별

---

54) 강태성 [2017], 457면.
55) 정경영 (2019), 63면.
56) 위의 글, 67면.
57) 김제완 (2018), 153면.
58) 물론 인공지능기술이 발전하여 AI 프로그램이 디지털세계에서 독립적으로 활동할 수 있게 된다면, 인간의 개입 없이 순수하게 컴퓨터 프로그램으로 작동하는 스마트계약이 존재할 가능성은 있다.
59) 신지혜 (2022b), 209면.

도의 행위를 통하여 스마트계약이 정한 조건들을 충족시켜야 비로소 거래가 시작될 수 있다. 이러한 구조를 생각하면, 언뜻 전자상거래와 비슷하다는 생각이 든다. 스마트계약에 전자상거래의 법리를 그대로 적용할 수 있다면, 스마트계약을 비롯한 DAO의 법적 지위에 관한 문제를 의외로 쉽게 해결할 수 있을 것이다.

(나) 전자상거래와 스마트계약의 관계

전자상거래의 구조를 보면, 소비자가 온라인 쇼핑몰에서 구매할 물건을 선택한 후 결제 수단과 이에 관한 정보를 입력하여 최종적으로 구매 승인을 한다. 그러면 이후 대금의 결제나 물건의 배송은 해당 쇼핑몰 웹사이트와 서버에 미리 입력된 프로그램 코드에 따라 자동으로 처리된다.[60] 이에 관하여 자율화의 방식이 스마트계약만의 독특한 기술적 결과가 아니라는 점에 착안하여, 스마트계약과 전자상거래의 구조를 실질적으로 같게 파악하면서 전자상거래에 관한 법리를 스마트계약에 적용할 수 있다고 설명하기도 한다.[61] 반면, 다른 견해는 당사자 사이의 계약은 구매자가 구매의 최종 승인을 하는 과정에서 동의한 약관이 주된 내용으로 되는 것이고, 프로그램 코드는 계약의 내용을 현실적으로 이행하는 부분만을 담당할 뿐이므로 스마트계약과는 차이가 있다고 설명하기도 한다.[62]

(다) 전자상거래 법리의 적용 가능성

이더리움 플랫폼의 스마트계약 프로그램을 이용하여 상품을 판매하는 것을 가정해 보자. 상품을 판매하는 자(공급자 갑)가 이더리움 플랫폼상의 애플리케이션을 통하여 코드를 설정하고, 설정한 코드에 서명한

---

60) 고유강 (2020), 222면.
61) 신지혜 (2022b), 209면.
62) 고유강 (2020), 222면.

다음 전자지갑을 통하여 블록체인에 기록하며, 공급자는 위 플랫폼에서 자신의 계약주소를 이용하여 "1이더를 지급하면 상품을 제공한다."라는 내용을 게시하고, 위 상품을 구매하려는 사람(수요자 을)은 가상자산거래소에서 정한 방식에 따라 원화를 입금하여 이더를 매수한 다음 공급자의 지갑주소로 1이더를 송금하면, 1이더가 공급자의 지갑주소에 도달할 때 상품을 이전하도록 설계된 프로그램 코드가 블록체인에 기록되고 수요자에게 상품이 자동으로 이전한다.[63] 위 거래의 과정을 살펴보면, 계약 자체는 전자적으로 성립할 수 있으나 실제 그 계약의 이행, 특히 갑이 을에게 상품을 전달하는 절차는 오프라인상에서 사람에 의하여 직접 이루어져야 하므로 계약의 체결과 이행의 모든 과정이 스마트계약에 의하여 자동으로 이루어졌다고 평가할 수는 없다.[64]

위 결과를 놓고 보면, 판매자 갑과 구매자 을 사이에 상품에 관한 매매계약은 체결되었다. 위의 예를 전자상거래법에서의 통신판매의 법률관계에 적용하면, 구매자가 상품 매수 청약의 의사표시를 한 것이고, 판매자가 그에 대한 승낙의 의사표시를 한 것이다.[65] 이에 의하면, "1이더를 지급하면 상품을 제공한다."라는 메시지의 게시는 청약의 유인에 해당한다고 볼 수 있다. 그러나 스마트계약의 체결을 곧바로 전자상거래상의 통신판매로 평가하기 어려운 측면이 있다. 왜냐하면, 현재 전자상거래법이 적용되는 통신판매의 경우 일반적으로 사업자가 제시한 약관에 이용자가 동의하여 합의하는 구조이므로, 만약 분쟁이 발생하면 해당 법률관계는 약관의 내용에 따라 처리할 수 있는데, 스마트계약 사례의 경우 약관으로 평가할 수 있는 합의의 근거가 존재하는지 불분명하고, 단순히 코드화된 조건의 충족으로 그 결과가 자동으로 실행되는 특징이 있기 때문이다.[66] 더욱이 위의 예에 스마트계약의 특성을 적용하여 검

---

63) 정경영·백명훈 (2017), 939면.
64) 신지혜 (2022b), 212면.
65) 전자상거래법 제2조 제2호.

토하면, "1이더를 지급하면 상품을 제공한다."라는 조건이 수요자에 의하여 충족될 경우, 공급자의 의사를 묻지 아니하고 곧바로 계약이 이행되는데, 이에 의하면 공급자가 위 메시지의 게시를 통하여 계약이 성립할 수 있을 정도로 그 내용이 구체적이고 확정적인 의사표시를 한 것으로 볼 수 있다.67) 즉, 전자상거래 법리에 따른 청약의 유인이 아니라 청약의 성격에 더 가깝다고 볼 수 있다. 그러므로 스마트계약에 관해서는 그 이행의 방식이나 내용을 고려할 때 전자상거래법상의 법리를 곧바로 적용하는 데는 한계가 있다.

(2) 법적 성질 측면에서의 검토
(가) 견해의 대립
1) 프로그램 코드에 불과하다는 견해

스마트계약을 기존의 계약과 달리 단순하게 거래를 자동으로 실행하기 위한 컴퓨터 프로그램 코드의 하나로 본다.68) 이 견해는 스마트계약을 전통적인 의미의 계약과 구분하여 청약과 승낙이 아닌 블록체인 알고리즘을 통하여 참여자 상호 간에 법률관계를 형성한다고 설명한다. 나아가 스마트계약이 자동으로 이행된다는 점에 집중하여 계약관계를 맺지 않고도 알고리즘을 통하여 거래할 수 있다고 주장하기도 한다.69)

2) 합동행위의 성질을 가진다는 견해

스마트계약의 참가자는 거래당사자의 의사표시가 같은 방향을 가지며 거래상대방이 존재하지 아니하므로 합동행위의 성질을 가진다는 견

---

66) 이러한 한계를 줄이기 위하여 약관의 사용을 제안하기도 한다. 스마트계약에서 작성되고 공개된 코드에 미리 마련한 계약의 내용이 있다면 약관의 내용이 될 수 있고, 그에 따라 약관법이 적용될 수 있다는 것이다[김중길 (2021), 256면.
67) 정경영·백명훈 (2017), 107-108면; 정진명 (2018), 939면.
68) 윤태영 (2019), 71면 각주 4).
69) 정진명 (2018), 943면.

해이다.70) 이 견해는 스마트계약의 대상이 되는 가상자산의 거래를 전제로 설명하면서, 해당 거래는 해당 플랫폼에서 지분권으로 인식되는 일정한 재화를 사들인 것이고, 이는 모든 당사자에게 같은 모습으로 나타나므로, 모든 가상자산 거래의 당사자는 그 조직상 구성원의 지위를 가지는 점에서 합동행위로 인식될 가능성이 있다고 설명한다.71)

3) 계약의 성질을 가진다는 견해

스마트계약은 코드 설계자의 코드 공개라는 청약의 의사표시와 거래상대방의 조건 성취라는 사실행위에 들어있는 포함적 의사표시에 의하여 체결된 계약으로 볼 수 있다는 견해이다.72) 스마트계약을 계약으로 볼 때 스마트계약은 승낙이 급부의 이행과 동시에 이루어지고 계약당사자에게 요물성이 인정되는 점에서 민법상의 전형계약과 구분되고, 별도의 이행행위를 요하지 않는 점에서 특수한 유형의 의사실현계약이라고 본다.73)

(나) 검토

스마트계약을 프로그램의 코드라고 보는 견해는 기술적 구조를 설명하는 것에 불과하고 거래의 당사자 사이에 법률관계를 어떻게 평가할 깃인지에 관해서는 아무런 내용도 설명하지 못한다. 스마트계약의 코드를 작성하는 주체는 인간 개발자 또는 인간이 설정한 인공지능 프로그램이고, 결국 이는 그 거래의 주체 중 일방 당사자가 인간 또는 단체임을 의미하는 것이므로 이를 무시하고 단순히 알고리즘의 작동 결과로 법적 평가를 하는 것은 부당하다.74) 한편 스마트계약이 합동행위의 성

---

70) 김제완 (2018), 168면; 정경영·백명훈 (2017), 112면.
71) 위의 보고서.
72) 김제완 (2018), 175면; 정진명 (2018), 944면.
73) 정진명, 위의 글.
74) 위의 글, 943면.

질을 가진다는 견해는 지분권을 포함하는 토큰의 거래에는 부합할 여지가 있으나, 일반 매매에 해당하는 상품의 거래는 양 당사자를 전제로 하여 합동행위로 평가되기 어렵다는 점에서 스마트계약의 법적 성격을 온전하게 설명한다고 보기는 어렵다.[75]

살피건대 스마트계약에 관한 대표적인 블록체인 플랫폼인 이더리움을 예로 들면, 이더리움 기반의 스마트계약은 계정 간의 계약으로 특정 조건이 충족되면 계약이 자동으로 이행된다.[76] 이러한 스마트계약의 거래 과정은 '① 코드 설계, ② 코드 공개, ③ 조건 성취, ④ 계약의 자동실행'으로 구분할 수 있다.[77] '코드 설계'는 개발자와 스마트계약 플랫폼의 관계에서 이루어지는 작업으로 스마트계약의 참여자와는 무관하다.[78] 스마트계약을 계약 자체가 아니라 '거래를 자동으로 실행하기 위한 컴퓨터코드'를 의미한다고 설명하기도 하나,[79] 스마트계약의 코드 설계 자체는 해당 단계에서는 일정한 법률효과의 발생을 원하는 의사로서 내심적 효과의사를 가지고 있는 것이고, 이를 외부에 알리는 행위[80] 즉, 일정한 법률효과에 향하여진 의사를 외부에서 인식할 수 있도록 표현하는 행위인 '코드의 공개'가 청약의 의사표시라고 보아야 한다.[81] 스마트계약상 거래의 상대방이 행하는 조건의 성취(의사표시 또는 행위로 가능하다)는 사실행위에 포함된 승낙의 의사표시로 볼 수 있다.[82] 따라서 스마트계약은 코드의 공개와 조건의 성취를 통하여 법적인 의미가 있는 계약으로 성립한다. 스마트계약에서도 일반 계약과 같이 거래 참여자 사이의

---

75) 같은 취지 위의 글.
76) 위의 글, 939면.
77) 정경영·백명훈 (2017), 108면.
78) 위의 보고서.
79) 윤태영 (2019), 71면 각주 4).
80) 편집대표 김용덕, 「주석민법」[총칙2] [2019], 400면.
81) 김중길 (2021), 251면; 정진명 (2018), 944면.
82) 김중길, 위의 글; 정진명, 위의 글.

합의를 본질로 한다.83)

스마트계약을 계약으로 볼 경우, 스마트계약은 승낙의 의사표시(조건의 성취)가 급부의 이행과 동시에 이루어지는 특징이 있다. 민법상 승낙과 급부의 이행이 동시에 이루어진 전형계약은 현상광고계약이 있으나, 스마트계약은 쌍방의 채무가 모두 요물성을 가지는 반면, 현상광고계약은 응모자의 승낙에만 요물성이 있고 광고자의 보수지급의무에는 요물성이 없다는 점에서,84) 스마트계약은 민법상의 전형계약과는 구분되는 특수한 유형의 의사실현계약이라고 봄이 타당하다.85) 스마트계약은 이행을 통하여 승낙이 이루어지고, 청약은 프로그램 코드가 분산화된 원장에 기록되어 불특정한 여러 사람에게 공개된 때에 존재한다.86) 다만 이는 스마트계약이 상대방의 존재를 전제로 서로 대립하는 의사표시가 있을 것을 전제로 한 것이다. 그런데 스마트계약의 내용은 필요에 따라 DAO에 관하여 매우 다양한 내용으로 구성할 수 있다. 가령 스마트계약은 DAO의 경영사항에 관한 의사결정을 위하여 활용되기도 하는데, 그 제안의 내용이 한 개의 방향을 향한 의사표시이고, 구성원들의 의사가 그에 대한 찬반을 결정하는 것이라면 이때는 계약성이 부정되고 합동행위의 성질을 가질 수도 있을 것이다. 이러한 논의에 관해서는 항을 달리하여 설명하기로 한다.

(3) 스마트계약의 계약성에 관한 의문

(가) 문제의 제기: 회사법적 검토의 필요성

스마트'계약'을 그 문언에 정확하게 부합하게 계약으로만 인정하기 어려운 점은 앞서 살펴보았다. 현재 통용되는 기술적 용어인 스마트계약

---

83) 김제완 (2018), 166면.
84) 민법 제675호 참조.
85) 김제완 (2018), 167면; 정진명 (2018), 944면.
86) 정진명, 위의 글.

이라는 단어에 얽매어 법률관계를 풀어나간다면, 이에 관한 법적 평가는 본질적인 한계에 부딪힐 가능성이 크다. 특히 스마트계약을 계약이라고만 보면, DAO를 실제로 운용하는 과정에서 활용하는 스마트계약코드의 법적 성격을 설명할 수 없는 경우가 빈번하게 발생한다. 가령 스마트계약에 근거한 DAO의 운영 규칙, 의사결정절차 등은 DAO와 그 구성원 사이의 계약으로만 보면, 그 법률관계를 명확하게 설명하기 어렵다.

스마트'계약의 계약성에 집착하여 그 법적 유형 중의 하나로 합동행위형 또는 그와 유사한 별도의 법률관계를 인정하는 것이 부당하다는 결론을 내린다면, 이는 스마트계약의 기술적 내용을 법적으로 제대로 인식하고 평가하지 못한 것이어서 부당하다. 심지어 법률가들이 스마트계약의 '계약'이라는 용어를 오해하여 그것이 수정될 수 없는 서면 계약과 같이 이해함으로써 법률행위에서 발생할 수 있는 근본적인 문제를 부정하는 예도 있다.[87] 스마트계약은 컴퓨터 프로그램의 일부로 기술적 부분을 구성하는 것이고, 그것이 작동하여 외부에서 인식할 수 있는 결과를 내었을 때 비로소 이에 관한 법률관계를 분석·검토할 수 있다.

이러한 문제의 시작은 근본적으로 스마트계약의 법적 성격을 제대로 파악하지 아니하고, 법적인 의미를 부여하는 용어인 '계약(contract)'이란 단어를 붙인 데에서 기인한 것으로 볼 수 있다. 스마트계약의 코드는 그 자체와 이것이 외부로 공개되었을 때를 구분하여야 하는데, 스마트계약의 코드는 그것이 어떠한 목적을 가지고 작성되었는지에 따라 계약이나 합동행위의 내용이 될 수 있다. 따라서 스마트계약 자체를 양 당사자의 의사표시의 합치라는 계약의 성립 단계 이전의 코드를 가리키는 목적으로 사용하는 것이라면, 스마트계약보다는 스마트코드 또는 스마트계약코드라고 표시하는 것이 더 적절하다.[88][89]

---

87) Blemus (2017), 13면.
88) 같은 취지 Blemus, 위의 글; 고형석 (2018), 201면.
89) 다만, 현재 '스마트계약'이라는 용어를 사용하는 것이 일반적으로, 이 글에서는

(나) 스마트계약의 회사법적 실체

스마트계약에 관해서는 실제로 여러 의미가 혼재되어 사용되는 것으로 보인다.[90] 그중 하나로 계약을 보존하고 유효성을 담보하기 위한 프로그램 또는 코드의 관점에서의 스마트계약을 들 수 있다.[91] 이에 의하면, 스마트계약은 반드시 법적인 의미에서의 계약(여러 당사자 사이 의사의 합치에 따른 계약)에 그치지 아니하고 여러 분야에서의 다양한 목적을 실현하기 위한 관계의 설정에 관한 것(코드에 의하여 규정되는 관계)도 포함될 수 있다.[92][93] 이때 그 관계는 계약상의 권리·의무와 연결되지 아니하고 오로지 코드에 의하여 정의되고 자동으로 이행되는 것을 말한다.[94]

스마트계약의 구체적인 적용례를 DAO에 대입하면, DAO는 두 가지 주요 유형의 스마트계약을 사용하는 것을 확인할 수 있다.[95] 첫 번째 유형의 스마트계약은 가상자산 보유자가 다른 사람에게 DAO가 발행한 가상자산을 보내는 것과 같은 거래를 위한 것이다. 또 다른 하나는 DAO의 자체 규칙을 설정하거나 그 의사를 결정하는 데 스마트계약을 활용하는 것이다. 전자의 스마트계약은 당사자의 간섭 없이 실행될 수 있도록 설계되었으나, 후자의 스마트계약은 시간이 지나면서 구성원의 합의로 그 내용을 변경할 수 있다. 후자의 스마트계약은 회사 정관의 설정이나 주주총회의 기능과 유사한 것으로 평가할 수 있다.

이해의 편의를 위해서 '스마트계약'이라는 용어를 계속 사용하기로 한다.
90) 김제완 (2018), 164면; 윤태영 (2019), 75면.
91) 윤태영, 위의 글, 76면.
92) 김제완 (2018), 164면; 윤태영, 위의 글.
93) 이에 의하면, 회사의 설립과 같은 일종의 합동행위에도 스마트계약이 적용될 수 있는 것이다(김제완, 위의 글, 168면).
94) 위의 글, 153면.
95) Alexandra Sims (2019), 8면.

나. 문서성

스마트계약이 법적 문서성을 가지는지와 관련하여 전자문서와 전자거래의 법률관계를 규율하는 전자문서법을 적용할 수 있는지 검토할 필요가 있다. 전자문서법상 '전자문서'란 정보처리시스템에 의하여 전자적 형태로 작성·변환되거나 송신·수신 또는 저장된 정보를 말하고, 이때 '정보처리시스템'이란 전자문서의 작성·변환, 송신·수신 또는 저장을 위하여 이용되는 정보처리능력을 가진 전자적 장치 또는 체계를 말한다.[96] 또한 '전자거래'란 재화나 용역을 거래할 때 그 전부 또는 일부가 전자문서 등 전자적 방식으로 처리되는 거래를 말한다.[97]

스마트계약은 블록체인에 기초하여 운용되므로, 그 문서성 역시 블록체인과 연결하여 검토할 필요가 있다. 블록체인상에 기록된 정보는 전자적 장치에 해당하는 노드[98]에 의하여 저장된 전자적 형태의 정보로서 전자문서법상 전자문서인 전자적 형태의 정보에 해당한다고 볼 수 있다.[99] 이때 스마트계약코드는 블록체인상에 기록된 정보의 한 유형으로 볼 수 있다. 스마트계약에 의한 거래는 재화나 용역을 거래할 때 전자적 방식으로 처리하므로 '전자거래'로서 전자문서법의 적용을 받는다고 볼 수 있다. 이때 스마트계약과 그 거래의 기초가 되는 스마트계약코드는 구별해야 한다. 스마트계약은 코드에 사전 정의된 조건을 충족하면 프로그램상 사전에 정해진 내용의 자동적 실행을 의미한다. 한편, 스마트계

---

[96] 전자문서법 제2조 제1호·제2호 참조.
[97] 전자문서법 제2조 제5호 참조.
[98] 이때 블록체인상의 기록이 전자문서에 해당하는지 판단하기 위해서는 우선 블록체인을 구성하는 노드가 전자문서법상의 정보처리시스템에 해당하는지 검토할 필요가 있다. 블록체인의 노드는 그 네트워크에서 전송할 정보를 생성하고 이를 송·수신하는 전자적 장치에 해당하므로 전자문서법상 정보처리시스템에 해당한다고 봄이 타당하다[정규 (2021), 326면].
[99] 윤주호 (2018), 69면; 정규, 위의 글, 326면.

약은 정보의 전자적 처리 '과정'이 포함된다는 점에서 '정보'를 의미하는 문서에 해당한다고 보기 어려운 측면이 있다. 따라서 엄밀히 말하면, 스마트계약에서 문서성의 검토 대상은 그 코드 자체 또는 그 코드가 스마트계약을 통하여 실행된 이후의 결과물을 의미한다고 보는 것이 합리적이다.

스마트계약코드는 거래의 과정이 아닌 정보처리시스템에 의하여 전자적 형태로 작성된 정보이다.[100] 그 코드는 일정한 법률효과의 발생을 의욕하면서 작성한 것이고, 이는 스마트계약에 따른 거래 과정을 거쳐 법률효과를 발생시킨다. 스마트계약코드는 상대방에 대한 송신 또는 수신은 없으나 전자적 의사표시가 전자적 정보의 형태로 작성되어 블록체인에 작성·저장되므로 전자문서성을 인정할 수 있다.[101] 또한 이러한 코드가 스마트계약의 실행 과정을 거쳐 법률효과가 부여된다면, 그 결과물은 정보처리시스템에 의하여 전자적 형태로 블록체인에서 작성·변환되거나 그에 저장된 정보에 해당한다고 볼 수 있으므로 이 역시도 전자문서법상의 전자문서에 해당한다고 봄이 타당하다.[102]

참고로 미국의 애리조나주는 블록체인기술을 통하여 확보된 서명은 전자적 형태로서 서명의 효력을 인정하고 있고, 또 블록체인기술을 통하여 확보된 기록이나 계약을 전자적 형태인 것으로 전자기록의 효력을 인정하고 있다.[103] 이에 의하면, 스마트계약코드 또는 그 실행의 결과물

---

100) 이와 관련하여 스마트계약코드를 협의의 스마트계약, 스마트계약코드가 상대방의 의사표시와 합치한 경우 이를 청약과 승낙의 구조를 가진 계약과 비슷하므로, 코드에 따라 상대방의 의사표시가 행하여진 것을 광의의 스마트계약이라고 설명하는 견해도 있다[정경영·백명훈 (2017), 32면].
101) 앞의 보고 서, 135면.
102) 가령 DAO가 먼저 스마트계약코드의 형식으로 정관을 작성하고, 해당 코드에 설정된 조건이 성취되었을 때 그 코드의 구성 내용의 구속력을 부여한다고 하면, 조건이 성취되어 효력이 발생한 스마트계약코드는 정관의 지위를 가지고, 이는 정보처리시스템에 의하여 전자적 형태로 작성·저장된 정보로 볼 수 있으므로 전자문서에 해당한다.

은 블록체인 기술을 통하여 확보된 기록이나 계약으로 보아 전자기록으로 인정할 수 있을 것이다.

한편, '블록체인기술을 활용하여 전자적 형태로 작성·변환, 송신·수신 또는 저장된 정보'는 그것이 여러 노드에 분산되어 저장되는 특징과 관련하여, 전자문서법상 전자문서의 작성자와 수신자의 관계가 블록체인상에서 구현되는 방법에 관해서도 생각해 볼 필요가 있다.[104] 블록체인을 이용하여 정보를 저장하거나 보관하는 경우 전자적 내용들이 포함된 블록들은 노드에 저장하고, 노드 간 송·수신을 통하여 분산 저장한다. 이때 노드 간의 송·수신이라는 표현을 사용하였으나 실질적으로 정보의 분산 또는 공유에 해당하는 관계이다. 전자문서법은 문서의 송신자와 수신자를 독립적인 관계로 파악하는데,[105] 이러한 내용에 블록체인상의 정보의 작성과 기록을 송신과 수신으로 평가할 수 있는지 논의가 필요하다. 해석론상 정보가 노드에 저장되는 순간 수신자가 해당 정보를 열람할 수 있으므로 그 시스템에 입력한 때에 송신한 것으로, 그 정보를 관리하는 노드에 저장되는 순간 수신한 것으로 해석하면, 전자문서법에 포섭할 수 있다는 견해도 있다.[106] 이 견해는 송신시기와 수신시기를 명확하게 구별할 수 있는 것처럼 설명하나, 실질적으로 정보를 입력하는 순간 양 시기가 모두 도래하는 것으로 볼 수 있어 그 구별이 쉽지는 아니하다는 문제가 있다. 결국 블록체인기술에 기초하여 작성한 문서나 거래도 전자문서법상 동일한 효력을 인정받을 수 있도록 그 내용을 정하는 것이 보다 합리적인 해결 방안이라고 생각한다.[107]

---

103) A.R.S. §44-7061a 참조.
104) 정순섭 (2020), 72면.
105) 정승화 (2016), 128면.
106) 윤주호 (2018), 72면.
107) 정승화 (2016), 128면.

3. 스마트계약의 유형

가. 법률행위의 종류에 따른 구분

스마트계약은 코드를 작성하는 행위, 그 거래의 상대방이 코드의 조건을 충족시키는 행위, 그 이행 등을 모두 포함한다. 스마트계약에 참여하는 당사자는 코드의 개발자를 포함한 스마트계약의 작성자 측과 그 코드의 조건을 충족시키는 참여자 등으로 구성된다. 따라서 작성자 측과 참여자 측의 관계에 따라 스마트계약의 법적 성격은 달라진다. 양 당사자가 모두 법인격을 가지고 있고 그들이 스마트계약의 코드를 기초로 행하는 행위가 법적 의미가 있다는 전제하에, 양 당사자의 각 의사표시가 상호 대립적인지 아니면 공동목적을 위해서 평행적인지 등에 따라 유형이 달라지는 것이다.[108]

스마트계약의 코드는 그것이 당사자에 의하여 의사표시의 내용으로 구성되기 전까지는 기술적 수단에 불과하다. 이러한 코드는 법적인 의미의 의사표시로서 인정될 수 있을 때 비로소 법적 의미가 있는데, 개발자가 단순히 코드를 설정한 결과만을 놓고 보면, 법률행위의 측면에서 일방 당사자의 내심적 효과의사를 가지고 있는 것으로만 평가할 수 있을 뿐이다.[109] 스마트계약을 활용하여 물품을 판매하거나 용역을 제공하는 것은 일반적으로 둘 이상의 당사자가 코드의 공개와 조건의 성취라는 서로 대립하는 의사표시를 하고, 그 합치로써 계약이 성립한다고 평가할 수 있다. 이러한 유형의 스마트계약은 법적 의미의 계약으로 볼 수 있다.

구체적으로 계약형 스마트계약은 계약 성립의 모습에 따라 ① 청약에 대한 승낙 방식, ② 의사실현계약 방식으로 구분할 수 있다.[110] '①'은 일

---

108) 편집대표 김용덕, 「주석민법」[총칙2] [2019], 425-427면.
109) 정진명 (2018), 944면.
110) 김중길 (2021), 249면.

방 당사자가 코드를 작성하여 스마트계약 플랫폼 네트워크의 일부가 되도록 한 후 해당 시스템에서 사용할 수 있게 하여 온체인 스마트계약의 형태로 특정한 계약의 제안을 하면,[111] 상대방이 조건을 충족시켜 제안된 계약을 승낙하는 방식으로 계약을 체결한다.[112] 이러한 방식은 각 당사자가 서로 대립하는 의사표시의 합치로써 계약을 체결하므로 원칙적으로 스마트계약의 법적 구속력을 인정하는 데 큰 문제는 없다.[113] '②'에서 스마트계약 프로그램상의 알고리즘은 둘 또는 그 이상의 당사자들 사이의 계약 성립의 맥락에서 일종의 인공지능형 전자대리인 역할을 한다.[114] 여기서 특정한 조건이 성취되어 계약이 체결되면 자동으로 이행되는데, 이는 의사실현에 의한 계약의 성립으로 볼 수 있다.[115] 이러한 계약형 스마트계약은 스마트계약 자체를 법적 계약으로 평가하는 것인데, 이에 더하여 이행 수단으로써의 스마트계약도 인정할 수 있다. '이행 수단으로써의 스마트계약'은 계약의 체결 자체는 프로그램 외부에서 이루어지고, 스마트계약은 'if/then' 알고리즘에 의하여 실행할 수 있는 계약의 일부를 코딩하는데, 보통은 계약 내용의 자동 이행에 초점을 맞출 가능성이 크다.[116]

합동행위는 이해관계의 방향을 같이 하는 2개 이상의 의사표시의 합치로 성립하는 법률행위를 말한다.[117] 계약과 합동행위는 복수의 의사표시가 필요하다는 점에 있어서는 유사하나, 그 의사표시의 방향에 있어서 구조적인 차이가 있다.[118] 만약 스마트계약이 DAO의 설립처럼 복수

---

111) Alex (2023), 985면.
112) 김중길 (2021), 249면.
113) 위의 글.
114) 위의 글.
115) 위의 글; 정경영·백명훈 (2017), 109면; 정진명 (2018), 940면.
116) 김진우(2022), 앞의 글, 208면.
117) 편집대표 김용덕, 「주석민법」[총칙2] [2019], 426면.
118) 위의 책, 427면.

참여자의 같은 방향의 의사표시가 내용이 된다면, 이러한 유형의 스마트계약은 법적인 의미의 합동행위로 평가할 수 있다.[119]

나. 이행까지 자동으로 이루어지는지에 따른 구분

스마트계약에 의한 거래는 기본적으로 정보를 대상으로 한다.[120] 이론적으로 스마트계약은 계약의 체결뿐만 아니라 그 이행까지도 코드에 의하여 자동화될 수 있는 것을 의미하는데, 실물자산은 그 이전을 위하여 추가적인 인간의 행위가 필요하므로 그것까지 포함하는 것은 본질적인 의미의 스마트계약의 이념에 부합하기 어렵다.[121][122] 부동산거래를 예로 들면, 부동산계약의 체결 자체는 스마트계약으로 실행할 수 있을 것으로 보이고, 대금의 지급 역시 조건이 성취를 한다면 매수인이 가상자산을 통하여 스마트계약으로 이행할 수 있을 것이다. 문제는 매도인이 그 채무인 부동산 소유권의 이전을 코드화하여 자동화하는 것이 현재의 법령하에서는 쉽지 아니하다는 점이다.[123] 우리나라가 등기의 전산화를 통하여 등기권리증 대신에 등기필정보만으로 등기를 할 수 있게 되었다는 점에서 부동산거래에서 스마트계약의 실현가능성이 조금 더 높아진 측면은 있다.[124] 그러나 부동산 매매계약은 부동산 그 자체를 거래의 대상으로 하는 것이지 등기필정보를 그 대상으로 하는 것은 아니다.[125] 실물자산을 스마트계약의 대상으로 삼기 위해서는 그 구조에 인간의 개입

---

119) 김제완 (2021), 24면.
120) 위의 글, 7면.
121) 위의 글.
122) 물론 스마트계약과 인간의 행위를 결합하여 실물자산에 대한 전자거래를 행하는 것은 당연히 가능할 것이고, 또 그러한 거래가 스마트계약의 목적에 반한다고 보기는 어려울 것이다.
123) 김제완 (2021), 9면.
124) 위의 글.
125) 위의 글.

이 가능하도록 일부 변형을 가하는 것이 불가피하다.

실물자산을 전자적으로 증권화하여 거래의 대상으로 활용하면, 부동산보다는 스마트계약에 더 적합하다.[126] 스마트계약의 이념을 완벽하게 실현하고자 한다면, 전자적으로 이전할 수 있는 대상, 가령 가상자산을 그 대상으로 하는 것은 가능할 것이다. 나아가 위임, 고용, 도급 등 이른바 '하는 채무'를 목적으로 하는 계약의 구성도 생각해 볼 수 있다. 스마트계약의 거래 목적으로 노무의 제공이나 위임 사무의 수행 등을 정한다면, 계약체결에 이은 자동적인 이행 부분에서 한계에 부딪힐 가능성이 크다.[127] 결론적으로 스마트계약이 원래 의미하던 계약의 이행까지 모두 자동으로 완료되는 '완전이행형 스마트계약'과 계약의 체결은 자동으로 이루어지나, 그 이행은 인간이나 별도의 단계로서 외부 시스템의 도움이 필요한 '불완전이행형 스마트계약'으로 구분할 수 있다.

4. DAO에서 스마트계약의 기능

가. 거버넌스 스마트계약

스마트계약은 그 법적 성격에 관한 논의와는 별개로 기술적으로는 소프트웨어코드이다.[128] 스마트계약을 구성하는 코드는 법적으로 법률행위의 내용을 구성할 것이고, 나아가 참여자의 참여 방식과 절차 등에 관해서도 규정할 것이다. 그러므로 스마트계약의 코드가 어떠한 목적을 가지고, 어떠한 내용으로 설계되는지에 따라 그 법적 성격은 달라질 수

---

126) 위의 글, 10면.
127) 위의 글, 8면.
128) DAO법을 직접 도입한 유타주는 해당 법에서 스마트계약을 정의하고 있는데, 스마트계약이 소프트웨어코드임을 명시적으로 밝히고 있다[Utah Code §48-5-101(29)].

있다. 개발자는 프로토콜상 스마트계약의 기반이 되는 코드를 생성한다. 이 코드는 오픈소스로 인터넷에 공개되고, 사용자가 이를 이더리움과 같은 블록체인에 배포하면 스마트계약이 작동한다. 개발자는 처음 배포할 때 일반적으로 프로토콜이 초기 사용자 기반을 확보하고 시간이 지남에 따라 새로운 기능을 추가하는 동안 프로토콜의 운영을 감독하기 위해 스마트계약 자체에 대한 통제권을 보유한다. 이때 통제 수단으로 기능하는 스마트계약은 거버넌스 스마트계약으로 칭할 수 있다. 이러한 스마트계약이 활성화되면 스마트계약에 관한 통제권이 개발자로부터 거버넌스 가상자산 보유자에게 넘어간다. 거버넌스 가상자산은 DAO 구성원이 거버넌스 프로토콜과 상호 작용하고 프로토콜의 기반이 되는 스마트계약을 제어할 수 있는 탈중앙화된 의사결정메커니즘을 제공한다. 거버넌스 스마트계약은 기본 프로토콜의 스마트계약을 수정하고 DAO를 운영할 수 있는 수단을 제공한다(그림2. 거버넌스 스마트계약).

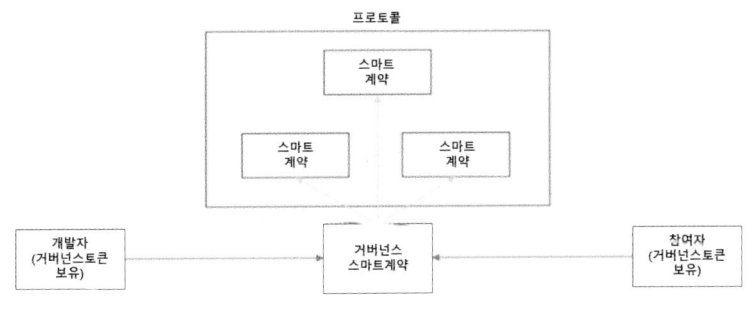

[그림 2] 거버넌스 스마트계약

거버넌스 스마트계약은 DAO를 운영·관리할 수 있도록 해주는 기능을 수행한다. 거버넌스 스마트계약의 운용은 DAO의 거버넌스 가상자산을 보유한 구성원들의 참여로 이루어진다. 이때 구성원들의 모임은 의사결정기관의 역할을 담당한다.

나. 개별 스마트계약

DAO는 스마트계약을 통하여 그 운영에 필요한 사항을 정할 것인데, 그중에는 정관과 같은 자치규범 역시 포함될 것이다. 이때 정관은 실질적으로는 DAO의 조직과 운영에 관한 근본규범을 의미하고, 형식적으로는 규범을 기재한 코드 자체를 의미한다. DAO의 정관은 그것을 작성한 개발자나 초기 참여자뿐 아니라 그 이후에 DAO에 참여한 구성원들까지 구속하므로 자치법규로서의 성질을 가진다. DAO의 정관은 참여자들과 개발자들이 조직체의 운영을 위하여 정하는 기본 규칙이고, 이때 참여자들이 복수인 경우가 대부분이므로 그 법률관계는 프로그램 코드를 구성하는 내용에 관한 복수 당사자의 합의를 통하여 구성되는 계약적 성격을 가진다. 그러나 정관에 해당하는 스마트계약은 참여자의 동의와 상관없이 장래의 참여자들까지 구속한다는 점에서 순수한 의미의 계약이라고 보기는 어렵다. 특히 스마트계약의 변경과 관련하여 그 변경에 반대 의사를 표시한 참여자들까지 변경된 스마트계약에 구속되는 점은 계약성으로 설명하기 어렵다.[129] DAO를 구성하는 스마트계약임에도 계약이 아닌 자치법규로 인정될 수 있는 내용이 존재하므로, DAO에서의 스마트계약을 '계약'으로 단정 짓는 것은 지양하여야 한다. 오히려 DAO가 법적 조직체, 특히 영리를 목적으로 하는 조직체의 성격을 가진다면, 회사법적 측면에서 조직법적·거래법적 시각을 가지고 스마트계약의 법적 성격을 검토하는 것이 타당하다.

다. 소결

DAO는 거버넌스 또는 개별 스마트계약을 통하여 자본조달, 투표, 자

---

[129] 이러한 취지의 설명은 회사법에서 정관의 법적 성격에서의 논의와 유사한 측면이 있다(김건식·노혁준·천경훈 [2024], 99면; 이철송 [2022], 102면).

금 분배 등을 자동화하고, 그 결과를 블록체인에 기록할 수 있다.[130] DAO는 스마트계약을 활용하여 그 운영 및 의사결정에 대한 투명성과 신뢰성을 높임과 동시에 투표나 자금의 분배와 같은 프로세스를 자동화하여 그 효율성을 높인다. DAO는 스마트계약을 기초로 블록체인 네트워크에서 그 운영을 자동화하므로 중앙집중화된 회사와 달리 개인 또는 기관의 개입 없이 자율적으로 운영할 수 있다.[131] 이러한 특징은 DAO가 탈중앙화와 자율성을 강조하는 분산화된 조직 형태의 임무를 수행할 수 있게 한다.

5. 소결

스마트계약은 거래의 상대방이 코드 개발자가 설정한 조건을 충족시키면 다른 당사자의 개입 없이 최초 설정한 코드의 내용대로 계약이 이행된다.[132] 이론적으로 스마트계약에는 법적인 의미가 있는 계약상의 의무가 존재하지 아니한다고 오해할 수가 있다.[133] 그러나 계약의 내용이 자동으로 이행되는 스마트계약을 이용하더라도 결국 인간의 개입이 필요할 수밖에 없다. 특히 스마트계약이 재화의 매매나 용역의 제공에 관한 것이라면, 계약의 성립에 더하여 재화의 교부나 용역의 수행과 같은 추가적인 이행을 하여야 한다. 스마트계약은 '만약 A가 충족되면, B를 실행한다'라는 것과 같은 조건과 결과가 로직으로 있고, 그 로직을 컴퓨터코드로써 설계하는 것이다.[134] 코드를 작성하는 데에는 'true/false'(진위)의 판단이 기계적·논리적으로 가능하게 하는 로직을 구축하여야 하고 모호한 내용은 허용되지 아니한다.[135] 그러나 실제 사회의 계약에

---

130) Henrik et al. (2022), 53면.
131) 위의 글.
132) 정경영 (2018), 135면; 정진명 (2018), 958면.
133) 윤태영 (2019), 78면; 정진명 (2018), 958면.
134) 윤태영, 위의 글.

서는 해석을 수반하는 조항이 많이 존재하는데, 이 경우에는 스마트계약을 설정하는 데 한계가 있다.136) 가령 '선의·무과실'이나 '상당한'이라는 요건을 포함한 내용 등은 코드화가 어렵다.137) 또한 스마트계약이 자동으로 실행되더라도 그 과정에서 다양한 법률문제가 발생할 수 있다. 코드에 의한 자동적인 실행임에도 불구하고 코드에 버그가 있어 거래가 자동으로 실행되지 아니한 경우, 반대로 코드의 버그를 이용하여 부당이득을 얻은 경우 등이 발생했을 때 그 법적 효과를 어떻게 평가할 것인지가 일반적으로 제기될 수 있는 문제이다.138)

스마트계약은 체결과 동시에 이행까지 이루어지므로 분쟁이 발생할 수 없다는 관념적인 사고에 사로잡혀 아무런 대응방안도 마련하지 아니하는 것보다는 프로그램의 오류, 코드의 내용적 한계 등으로 인하여 발생할 수 있는 문제의 해결을 위하여 별도의 스마트계약을 통하여 분쟁해결장치를 마련하는 것도 고려하여야 한다. 스마트계약으로 체결되었다는 이유만으로 일반 사법(私法)상의 규정을 배제해야 할 합리적인 이유는 없다. 그러나 스마트계약의 특성을 고려하지 아니한 채 전통적인 사법상의 법리를 그대로 적용하는 것은 스마트계약으로 인한 법률관계를 제대로 규율하지 못할 가능성도 있다. 그러므로 사법상의 법리를 적용하는 것과 함께 스마트계약의 특성을 적절히 반영한 새로운 법리를 발전시켜 적용하는 것도 필요하다.139)

---

135) 위의 글.
136) 위의 글.
137) 위의 글.
138) 김제완 (2018), 176면; 윤태영, 위의 글, 81면.
139) 김제완 (2018), 178면.

Ⅳ. DAO와 가상자산

1. 의의

DAO는 구성원들의 목적을 실현하기 위한 도구이고, DAO에 있어서 도구는 가상자산이다. 가상자산법[140][141] 제2조 제1호와 특정금융정보법 제3호는 가상자산에 관하여 "경제적 가치를 지닌 것으로서 전자적으로 거래 또는 이전될 수 있는 전자적 증표(그에 관한 일체의 권리를 포함한다)"라고 정의한다.[142][143] 참고로 대법원은 비트코인에 관하여 "경제적

---

140) 가상자산법은 정부의 가상자산의 규율에 관한 2단계 접근 중 1단계 입법으로 불공정 거래와 이용자 자산의 보호를 위한 내용을 담고 있다. 참고로 2단계 입법은 가상자산시장과 그 업에 관한 기본법으로서 추진하고 있다.
141) 가상자산법은 우리나라에서 이루어진 가상자산에 관한 본격적인 금융규제 입법이다[이정수 (2023), 96면].
142) 가상자산법은 다음 중 어느 하나에 해당하는 것은 가상자산에서 제외하고 있다(제2조 제1호 단서).
   가. 화폐·재화·용역 등으로 교환될 수 없는 전자적 증표 또는 그 증표에 관한 정보로서 발행인이 사용처와 그 용도를 제한한 것
   나. 「게임산업진흥에 관한 법률」 제32조제1항제7호에 따른 게임물의 이용을 통하여 획득한 유·무형의 결과물
   다. 「전자금융거래법」 제2조제14호에 따른 선불전자지급수단 및 같은 조 제15호에 따른 전자화폐
   라. 「주식·사채 등의 전자등록에 관한 법률」 제2조세4호에 따른 전자등록주식등
   마. 「전자어음의 발행 및 유통에 관한 법률」 제2조제2호에 따른 전자어음
   바. 「상법」 제862조에 따른 전자선하증권
   사. 「한국은행법」에 따른 한국은행(이하 "한국은행"이라 한다)이 발행하는 전자적 형태의 화폐 및 그와 관련된 서비스
   아. 거래의 형태와 특성을 고려하여 대통령령으로 정하는 것
143) 다만, 특정금융정보법은 다음 중 어느 하나에 해당하는 것은 가상자산에서 제외하고 있다(제2조 제3호 단서).
   가. 화폐·재화·용역 등으로 교환될 수 없는 전자적 증표 또는 그 증표에 관한 정보로서 발행인이 사용처와 그 용도를 제한한 것
   나. 「게임산업진흥에 관한 법률」 제32조제1항제7호에 따른 게임물의 이용을 통하여 획득한 유·무형의 결과물

인 가치를 디지털로 표상하여 전자적으로 이전, 저장과 거래가 가능한 가상자산의 일종으로 사기죄의 객체인 재산상의 이익"에 해당한다고 판단하였다.[144]

가상자산은 블록체인 플랫폼에서 내부 결제, 권한 증명 등의 수단으로 기능한다.[145] 가상자산은 경제적 기능별로 ① 결제성 가상자산, ② 투자성 가상자산, ③ 기능성 가상자산 등으로 분류할 수 있다.[146] 비트코인은 원래 결제성 가상자산의 성격을 가지는 것으로 알려졌으나 가격변동성으로 인하여 투자성 가상자산으로서의 성격을 더 강하게 지닌 것으로 변모하였다.[147] 기능성 가상자산은 신분이나 자격증명을 통하여 그 자체로 이용할 수 있는 형태로서, 그 기술적인 측면을 중심으로 기능을 활용하는 것이 본질이다.[148] 다만 거버넌스 가상자산처럼 조직체의 의사결정에 참여할 수 있는 기능을 가진 가상자산은 기능성 가상자산의 성격을 가지면서 가치의 변동에 따라 거래에 활용할 수 있는 투자성 가상자산으로도 기능할 수 있다.[149] DAO가 발행하는 가상자산은 기능성 가상자산으로서 거버넌스의 기능을 수행하는 근거가 되고, 다른 한편으로는 시세차익을 위한 목적으로 활용할 수도 있다는 점에서 투자성 가상자산의 성격도 가지는 것이 일반적이다.

  다. 「전자금융거래법」 제2조제14호에 따른 선불전자지급수단 및 같은 조 제15호에 따른 전자화폐
  라. 「주식·사채 등의 전자등록에 관한 법률」 제2조제4호에 따른 전자등록주식등
  마. 「전자어음의 발행 및 유통에 관한 법률」 제2조제2호에 따른 전자어음
  바. 「상법」 제862조에 따른 전자선하증권
  사. 거래의 형태와 특성을 고려하여 대통령령으로 정하는 것
144) 대법원 2021. 11. 11. 선고 2021도9855 판결.
145) 이정수 (2022), 58면; 이규옥 (2019), 43면.
146) 이규옥, 위의 글, 43면.
147) 이정수 (2022), 59면.
148) 위의 글.
149) 위의 글.

2. DAO에서 가상자산의 기능

DAO에서 구성원은 DAO가 발행하는 가상자산을 보유하는 것이 일반적이다.[150] DAO가 발행하는 가상자산을 외부에 최초 발행하는 초기 공개절차인 Initial Coin Offering(이하 'ICO'라 함)과 가상자산의 투자성 측면이 DAO보다 더 부각된 것도 부인할 수 없다.[151] DAO에서 가상자산의 가장 중요한 기능은, 가상자산의 발행을 통한 자본조달 기능[152]과 구성원이 가상자산을 가지고 조직의 운영에 관한 의사결정에 참여하거나 DAO가 얻은 수익을 배분받을 권리를 행사하는 기능 등을 들 수 있다. 이에 따라 DAO가 발행하는 가상자산을 거버넌스 가상자산이라고 칭하기도 한다.[153][154]

3. DAO가 발행하는 가상자산의 법적 의미

가. 가상자산에 관한 규율 체계

DAO는 스마트계약에 기초하여 가상자산을 발행하고, 그 가상자산과 연계하여 탈중앙화된 애플리케이션을 만들 수 있다.[155] 이때 DAO에서 실질적으로 애플리케이션을 만들고 가상자산을 발행하는 주체는 다수의 개인과 단체인 네트워크 참여자이다.[156] 이 경우 가상자산을 발행하는

---

150) 이석민 (2022), 63면.
151) 김제완 (2021), 2면; 柳明昌 (2022), 25면.
152) 정순섭 (2020), 103면.
153) 齋藤 創·浅野 真平 (2022).
154) DAO가 발행하는 모든 가상자산이 거버넌스 가상자산에 해당하는 것은 아니다. DAO는 다양한 용도로 여러 종류의 가상자산을 발행할 수 있는데, 그중에서 DAO의 의사를 결정하는 데 참여할 수 있는 권리가 부여된 가상자산을 거버넌스 가상자산이라 칭할 수 있을 것이다.
155) 김우성 (2023), 161면.

독립적인 발행인이 없고, 설령 형식적인 발행인이 존재하더라도 지급책임은 없다.157) DAO는 현재 그 법적 실체가 불명확하므로 자본을 조달하기 위하여 전통적인 자금조달 수단(벤처캐피털금융, 크라우드펀딩, 은행대출)을 활용하기 어렵다. DAO는 ICO를 통하여 자본을 조달할 수 있다. DAO의 가상자산 발행 과정은 크라우드펀딩과 유사하나, 일반적으로 그 절차를 점검하고 설계하는 중앙의 기관이 없다는 점에서 차이가 있다.158) 크라우드펀딩을 통하여 자금을 조달하는 기업은 보통 중앙의 기관이 그 최종 의사를 결정한다.159) 반면에 DAO는 중앙기관이 아닌 가상자산을 취득한 사원들이 직접 그 의사를 결정한다.

국가마다 가상자산을 그 목적과 기능에 따라 다르게 분류한다. 스위스 금융시장감독청(Financial Market Supervisory Authority, 'FINMA')의 ICO 가이드라인160)은 지급결제형(payment), 서비스이용형 (utility), 자산형 (assets) 그리고 이후 2019년 9월 11일 스테이블코인에 대한 가이드라인으로 화폐형(monetary)의 네 가지로 가상자산을 유형화하였다.161) EU의 MiCA법은 제3조에서 용어에 관한 정의를 하고 있는데, 제1항에서 자산준거 토큰(asset-referenced token)은 "이머니토큰(e-money token)이 아니면서 하나 이상의 공식 통화를 비롯하여, 다른 가치나 권리 또는 그 조합물을 준거함으로써 안정적인 가치를 유지하려는 유형의 암호자산"(제6호), 전자화폐 토큰(electronic money token) 또는 이머니토큰(e-money token)은 "한 가지 공식 통화의 가치를 준거함으로써 안정적인 가치를 유

---

156) 위의 글.
157) 정순섭 (2020), 104면.
158) Naudts (2023)
159) 위의 글.
160) FINMA, Guidelines for Enquiries Regarding the Regulatory Framework for Initial Coin Offerings(ICOs), 2018; 국제증권감독기구(International Organization of Securities Commissions, IOSCO) 역시 가산자산의 유형을 FINMA와 동일한 취지로 분류하고 있다(IOSCO, Investor Education on Crypto-Asset FR12/2020, 9-12면).
161) 천창민 (2022), 52면.

지하려는 유형의 암호자산"(제7호), 유틸리티 토큰(utility token)은 "그 토큰의 발행자가 공급하는 어떠한 제품이나 서비스에 대한 접근권만을 제공하려는 유형의 암호자산"(제9호) 등으로 정의하고 있다.

DAO는 그 법적 성격과 구체적인 내용에 따라 다양한 모습으로 나타날 수 있는데, 이에 의하면 DAO가 발행하는 가상자산 역시 여러 유형으로 나눠질 수 있다. DAO가 발행하는 가상자산은 일반적으로 그 보유자에게 일정한 의결권과 소유권을 부여하는 기능을 하고, 때에 따라서는 해당 DAO가 만든 플랫폼 생태계에서 현재 또는 장래의 제품을 구매 또는 특정 서비스를 이용하는 데 필요한 기능을 한다. 이러한 측면에서 DAO가 발행하는 가상자산은 거버넌스 가상자산으로서 가상자산의 유형 중 서비스이용형 또는 기능형 가상자산의 유형으로 분류될 수 있다. 순수한 의미의 기능성 가상자산은 금융규제의 대상으로 보기 어렵다.[162] 그러나 DAO의 운영 목적에 따라서는 가상자산을 단순히 해당 플랫폼 내에서의 기능형 가상자산으로만 활용하는 것이 아니라 외부의 가상자산거래소에서 거래할 수 있는 구조를 만들어 전매차익을 얻도록 하는 등의 방법으로 투자형 기능을 부가하는 동시에 자산 가치를 부여할 수도 있다. 이에 의하면 해당 DAO의 가상자산은 기능성과 투자성을 모두 가지고, 후자의 성격에 의하여 금융규제의 대상으로 포섭할 수 있다. 이하에서는 DAO의 법률관계를 중심으로 가상자산의 증권성을 검토한다.

나. DAO 발행 가상자산의 증권성 검토

(1) 증권의 개념

가상자산의 투자자가 얻는 권리의 증권성을 판단하기 위해서는 자본시장법이 정한 6가지 유형의 증권(채무증권, 지분증권, 수익증권, 파생결

---

[162] 이정수 (2022), 68면.

합증권, 증권예탁증권, 투자계약증권)에 해당하는지를 개별적으로 검토하여야 한다.163) 자본시장법상 '증권'은 내국인 또는 외국인이 발행한 금융투자상품으로서 투자자가 취득과 동시에 지급한 금전 등 외에 어떠한 명목으로든지 추가로 지급의무를 부담하지 아니하는 것(투자원금 이상의 손실이 발생하지 않는 것)을 의미한다(자본시장법 제4조 제1항). 이때 증권의 전제가 되는 금융투자상품은 이익을 얻거나 손실을 회피할 목적으로 현재 또는 장래의 특정 시점에 금전, 그 밖에 재산적 가치가 있는 것을 지급하기로 약정함으로써 취득하는 권리로서 그 권리를 취득하기 위하여 지급하였거나 지급하여야 할 금전 등의 총액이 그 권리로부터 회수하였거나 회수할 수 있는 금전 등의 총액을 초과하게 될 위험(투자성)이 있는 것을 의미한다(자본시장법 제3조 제1항). 투자계약증권을 제외한 증권들은 정형화된 증권으로 그 발행 당시부터 증권성이 명확하지만, 투자계약증권은 자본시장법의 포괄주의 규제 원칙에 근거하여 다른 증권 유형에 해당하지 아니할 때 보충적으로 적용되는 특징이 있다.

증권에 해당하는지는 권리를 표시하는 방법과 형식(가령 실물증서 발행, 전자등록 등), 특정의 기술 채택 여부(가령 분산원장기술 활용), 명칭 등에 관계없이 그 권리의 실질적 내용을 기준으로 판단한다.164) DAO의 가상자산은 자본조달 수단으로 활용되므로 그 법적 성질은 거래구조와 형태, 특히 가상자산 보유자의 권리에 따라 달라진다.165) 가상자산이 증권인지를 판단할 때는 명시적 계약·약관·백서의 내용 외에도 묵시적 계약, 스마트계약에 구현된 계약의 체결 및 집행, 수익배분 내용, 투자를 받기 위해서 제시한 광고·권유의 내용, 기타 약정 등 해당 가상자산 관

---

163) DAO가 발행한 가상자산이 자본시장법상 증권에 해당한다면, 자본시장법이 정한 업 규제, 공시규제, 불공정거래규제 등이 적용될 것이다.
164) 금융위원회 보도자료, 토큰 증권(Security Token) 발행·유통 규율체계 정비방안(2023. 2. 6.) 관련 붙임 자료 '토큰 증권 가이드라인', 15면.
165) 정순섭 (2020), 114면.

련 제반사정을 종합적으로 고려하여 사안별로 검토하여야 있다.[166) 한편, 가상자산이 자본시장법상 증권에 해당하는지는 투자계약증권을 중심으로 논의가 이루어지고 있다.[167) 그런데 DAO의 가상자산은 DAO의 운영 또는 의사결정에 관한 직접적인 권리를 포함하므로, 그것이 DAO에 대한 출자지분을 표시하는 것으로서 지분증권에 해당하는지도 문제가 될 수 있다.

한편, 자본시장법상 투자계약증권은 집합투자와 구별할 필요가 있다. 자본시장법상 투자계약증권과 집합투자의 도입 경위의 취지를 고려할 때 집합투자의 성격을 가지는 투자계약증권도 존재할 수 있다.[168) 그러나 이 경우에는 집합투자의 규정이 우선 적용되므로,[169) 투자계약증권이 적용되는 것은 주로 자본시장법에 규정된 집합투자기구를 이용하지 아니하는 투자구조이다.[170) 이때 증권 발행 관련자는 진입규제 및 운용규제(운용자의 금융투자업 인가취득, 운용보고서의 작성, 운용제한 등)의 적용 대상이므로, 원칙적으로 집합투자업 인가를 받고 집합투자기구를 구성하여 집합투자증권을 발행하여야 하며, 자본시장법상 집합투자기구를 이용하지 않고 따라서 해당 증권이 집합투자증권에 해당하지 않는 경우에만 투자계약증권으로 분류한다.[171) 그런데 자본시장법은 집합투자기구에는 상법상 유한회사, 합자회사, 유한책임회사, 익명조합, 합자조합 등을 포함하고 있으므로, 집합투자적 성격을 가지는 투자계약증권이 인정될 여지는 크지 않다.[172) DAO가 투자자들로부터 가상자산을 모아

---

166) 금융위원회 보도자료, 앞의 자료(2023. 2. 6.), 15면.
167) 민기호 (2023); 이정수 (2023); 전우정 (2023).
168) 김건식·정순섭 [2023], 56면, 66면; 임재연 [자 2024], 66면.
169) 이러한 견해를 투자계약증권 보충성설이라 하고, 투자계약증권과 집합투자증권을 선택적으로 적용할 수 있다는 것을 전제로 이를 투자계약증권 독자성설이라 칭하기도 한다(임재연 [자 2024], 67면).
170) 김건식·정순섭 [2023], 56면, 66면.
171) 임재연 [자 2024], 67면.
172) 김건식·정순섭 [2023], 56면, 66면.

사업을 영위하는 것이 아니고 자산의 운용을 목적으로 한다면, 법인이 아닌 DAO는 투자합자조합과 같은 집합투자기구에 해당하고 그 출자지분은 지분증권으로 집합투자증권에 해당할 수 있다. 이 경우 집합투자증권의 판매 단계, 집합투자기구의 설정·설립, 집합투자재산의 운용 단계에도 자본시장법상 규제가 적용될 것이다.

(2) 지분증권에 해당하는지 여부

DAO의 법적 구조와 관련하여, 만약 DAO가 2인 이상의 자가 공동사업을 경영하면서 상법상의 회사나 조합 또는 신탁법상의 신탁에 해당하지 아니하면, DAO는 민법상의 조합이라고 볼 수밖에 없다.[173] 민법상 조합원 지분은 조합채무에 대한 무한책임을 부담하는 한 자본시장법상 증권이 될 수 없다.[174] 자본시장법이 민법상 조합원의 지분을 지분증권의 정의에 포함하지 아니한 것은 조합원이 부담하는 무한책임을 고려한 것이다.[175] 만약 DAO가 운영약정으로 그 구성원의 무한책임이 발생하지 아니하는 투자구조를 설정한다면, 이때는 투자조합의 출자지분과 유사한 것으로 자본시장법의 지분증권에 해당할 수 있다.[176] 구체적으로 DAO가 운영약정을 통하여 그 조합원 중 설립자, 개발자 등의 지위를 가지는 자에 대하여 무한책임을 부담하는 업무집행조합원으로, 투자자인 일반 조합원에 대해서는 유한책임을 부담[177]하는 조합원으로 각각 구성한다면, 해당 DAO는 상법상의 합자조합으로 평가할 수 있다. 한발 더 나아가 살펴보면, DAO는 보통 블록체인에 기반하여 운영됨에 따라 그

---

173) 위의 책, 63면.
174) 위의 책, 55면.
175) 위의 책, 56면.
176) 위의 책.
177) 실질적으로 그 일반 조합원을 특정하여 책임을 추궁하는 것이 어려우므로, 그 법적 성격을 조합으로 보더라도 위 조합원은 사실상 유한책임을 부담할 가능성이 크다.

구성원의 익명성을 유지할 수 있다. 따라서 그 설립자, 개발자 등이 DAO의 조직과 자본조달 과정에 핵심적인 영향력을 가져 부득이하게 그 존재를 외부에 공개하는 경우를 제외하고는, 상당수의 투자자는 그 존재나 인적사항을 확인하기 어렵다. 그렇다면 DAO의 일반 투자자에 대해서는 그 익명성으로 인하여 추가 집행을 하기가 어려워 사실상 유한책임을 부담할 가능성이 크다. 이 경우 DAO는 사실상 무한책임을 지는 구성원과 그렇지 아니한 구성원으로 구성이 된다. 이러한 사실상의 결과에 의해서도 DAO를 상법상 합자조합으로 평가할 수 있다. 이때 DAO에 관한 조합원의 출자지분을 표시하는 가상자산은 자본시장법상의 지분증권에 해당할 것이다. 이와는 별개로 만약 DAO를 뒤에서 보는 것처럼 조직법적으로 회사로 인정한다면, DAO가 발행하는 거버넌스 가상자산은 자본시장법상 증권에 해당할 것이다.

참고로 미국의 bZxDAO 사례[178]에서 피고 측은 DAO는 미국의 법률 준수에 관한 규제와 책임에서 벗어날 수 있다는 취지로 주장을 하였으나, 법원은 책임의 부담 없이 조합의 장점을 취하려는 시도는 인정할 수 없고 이러한 경우에 조합으로 취급한다는 취지의 판단을 하였다. 이는 DAO 구성원의 유한책임이 아니라 미국의 법률 자체가 적용되지 아니한다는 취지로 주장한 것이어서 위 논의의 취지에 완벽하게 부합하는 내용은 아니나, DAO를 조직하면서 운영약정을 통하여 그 책임의 내용을 스스로 제한하거나 그 적용의 방식 등을 정하고 외부에 주장할 가능성은 보여줬다는 점에서는 참고할 만하다.

(3) 투자계약증권에 해당하는지 여부
(가) 성립요건의 검토
투자계약증권은 특정 투자자가 그 투자자와 타인(다른 투자자를 포

---

178) Sarcuni v. bZx Dao, 22-cv-618-LAB-DEB (S.D. Cal. Mar. 27, 2023).

함) 간의 공동사업에 금전 등을 투자하고, 주로 타인이 수행한 공동사업의 결과에 따른 손익을 귀속 받는 계약상의 권리가 표시된 것을 말한다(자본시장법 제4조 제6항). 이때 그 내용에 '수익의 기대'는 포함되어 있지 아니하나 금융투자상품의 정의에서 '이익획득의 목적'을 요구하므로(자본시장법 제3조 제1항), '수익의 기대' 역시 투자계약증권의 요건에 해당한다고 봄이 타당하다.[179] 금융위원회는 투자계약증권의 요건을 ① 공동사업, ② 금전 등을 투자, ③ 주로 타인이 수행, ④ 공동사업의 결과에 따른 손익을 귀속 받는 계약상의 권리, ⑤ 이익획득 목적 등으로 설명하고 있다.[180]

자본시장법상 투자계약증권은 미국 연방증권법상 투자계약을 참조한 것이다. 미국 투자계약의 개념 요소에 관해서는 미국 연방대법원의 Howey 기준[181]이 선례로 인용되고 있다.[182] 미국의 1933년법 §2(a)(1)과 1934년법 §3(a)(10)은 증권의 한 종류로 투자계약을 규정하는데, Howey 판결에서 연방대법원은 투자계약에 관하여 투자자가, "공동사업에 금전을 투자해서 오로지 사업자 또는 제3자의 노력에 의하여 이익을 기대하는 경우의 계약, 거래 또는 계획(a contract, transaction or scheme whereby a person invests his money in a common enterprise and is led to expect profits solely from the efforts of the promoter or a third party)"이라고 정의하였다. 이때 Howey 기준의 4요소는 ① 공동사업, ② 금전의 투자, ③ 타

---

179) 김건식·정순섭 [2023], 62면.
180) 금융위원회 보도자료, 앞의 자료(2023. 2. 6.), 16-17면.
181) 1946년 연방대법원 사건인 'SEC v. W. J. Howey Co.'(이하 'Howey 판결'이라 한다)에서 파생된 기준으로, Howey 판결에서 연방대법원은 투자계약에 대하여 투자자가, "공동사업에 금전을 투자해서 오로지 사업자 또는 제3자의 노력에 의하여 이익을 기대하는 경우의 계약, 거래 또는 계획(a contract, transaction or scheme whereby a person invests his money in a common enterprise and is led to expect profits solely from the efforts of the promoter or a third party)"이라고 정의하였다.
182) SEC v. W. J. Howey Co., 328 U.S. 293 (1946).

인의 노력에 대한 의존, ④ 이익을 기대하는 계약·거래·계획 등 네 가지 요소 등을 말한다. 자본시장법상 투자계약증권의 개념 중 타인과의 '공동사업'은 위 기준 중 ①을, '금전 등을 투자'하는 부분은 위 기준 중 ②를, '주로 타인이 수행'하는 부분은 위 기준 중 ③에 대응한다. 그러나 Howey 기준 중 ④와 관련해서는 우리와 미국의 기준에 차이가 있다.[183] 구체적으로 Howey 기준 ④는 '계약·거래·계획'이란 포괄적인 표현을 사용하는 반면, 자본시장법은 '공동사업의 결과에 따라 손익을 귀속받는 계약상의 권리'를 사용한다. 자본시장법상의 표현이 Howey 기준의 표현보다 적용범위가 더 좁다.[184] 또한 Howey 기준 ④는 '이익에 대한 합리적 기대'만 있으면 되나, 자본시장법상 투자계약증권은 '손익을 귀속 받는 계약상의 권리가 표시'까지 되어 있어야 한다.[185]

자본시장법상 가상자산의 투자계약증권 성립과 관련하여 참고할 만한 하급심 판결을 소개한다. 하급심 사건 중에 가상자산의 보유자에게 가상자산거래소 수수료 수익 중 일정액을 지급하는 방법(수익금 배당)과 거래행위에 사용한 수수료에 따라 가상자산을 지급하기로 하는 방법(트레이드 마이닝) 등으로 이익을 취득할 수 있다는 이야기를 듣고 가상자산을 배정받은 원고가 그 가상자산의 가격이 하락하여 손해를 입자 그 판매자들을 상대로 자본시장법상 증권발행규제 위반 등을 근거로 손해배상을 구한 사례가 있다.[186] 하급심 법원은 이 사건에서 가상자산이 자본시장법상 투자계약증권에 해당하는 지에 관하여 "자본시장법상 투자계약증권은 특정 투자자가 그 투자자와 타인 간의 공동사업에 금전 등을 투자하고 주로 타인이 수행한 공동사업의 결과에 따른 손익을 귀속받는 계약상의 권리가 표시된 것을 말한다(자본시장법 제4조 제6항)"라

---

183) 김건식·정순섭 [2023], 62면; 이정수 (2023), 148면.
184) 김건식·정순섭, 위의 책.
185) 이정수 (2023), 148면.
186) 서울남부지방법원 2020. 3. 25. 선고 2019가단225099 판결.

고 전제한 다음, "가상자산을 보유함으로써 피고 회사가 운영하는 거래소의 수익을 분배받기는 하지만, 그러한 수익의 분배는 피고 회사가 가상자산의 거래를 활성화하기 위하여 가상자산 보유자에게 부수적으로 제공하는 이익일 뿐 가상자산에 내재된 구체적인 계약상 권리라거나 본질적 기능이라고 볼 수 없는 점, 가상자산 자체 거래로 발생하는 시세차익의 취득이 가상자산 매수의 가장 큰 동기이고, 이에 관하여 가상자산 보유자(투자자) 사이에 이해관계가 상충하는 점 등에 비추어 볼 때 가상자산을 자본시장법상 투자계약증권이라고 볼 수 없다."라고 하여 원고 청구를 기각하였다.[187]

(나) 투자계약증권의 성립 여부

1) 공동사업

자본시장법은 '공동사업'의 개념을 별도로 정의하고 있지 아니하다. 자본시장법은 '투자자와 타인 간의 공동사업이라 하는데, 그 문언상 2인 이상의 구성원이 필요함에는 의문이 없다.[188] 이때 2인 이상 구성원 관계에 관하여 '투자자와 타인 간'이라는 표현 중 '타인'에는 다른 투자자도 포함되므로 투자자와 사업자 사이 공동의 이해관계(수직적 공동관계)와 투자자 사이 공동의 이해관계(수평적 공동관계)를 모두 포함한다.[189] 이

---

[187] 한편, 증권선물위원회는 뮤직카우 사례에서 저작권료참여청구권을 자본시장법상 투자계약증권의 법령상 요건을 충족한다고 판단하였다(금융위원회 보도자료, 저작권료 참여청구권의 증권성 여부 판단 및 ㈜뮤직카우에 대한 조치, 2022. 4. 20.). 증권선물위원회는 위 '청구권'을 보유한 투자자들은 저작권료 수입, 청구권 가격변동 손익을 똑같이 향유하고, 저작권 투자·운용·관리, 발행가치 산정, 저작권료 정산·분배, 유통시장 운영 등 일체 업무를 ㈜뮤직카우(에셋)가 전적으로 수행하며, 투자자들은 특정 곡을 사용하기 위한 목적이 아닌 저작권료 수입 또는 매매차익을 목적으로 청구권을 매수하였으므로 투자계약증권에 해당한다고 보았다.

[188] 김건식·정순섭 [2023], 62면.

[189] 위의 책; 이정수 (2023), 143면.

와 관련하여 금융위원회는 '공동사업'은 "수평적 공동성 '또는' 수직적 공동성이 있는 경우"를 말한다고 발표하였다.[190)191)] 살피건대 DAO의 경우 투자자들이 DAO에 가상자산을 투입하여 모은 후 공동사업을 영위하기 위하여 그 가상자산을 관리·운용하므로 위 '공동사업'의 요건을 충족한다.

참고로 SEC는 The DAO 보고서에서 Howey 기준을 적용하여 DAO 토큰의 증권성을 판단하였다. SEC는 공동사업(common enterprise)과 관련하여, 투자계약의 개념 요소로 투자자들이 공동사업에 투자하여야 한다고 하면서도, DAO 토큰에 적용할 수 있는 개별적·구체적 기준을 제시하고 있지 아니하다. 다만, The DAO 보고서에서 DAO 토큰을 투자계약에 해당한다고 판단하고 있으므로, 당연히 공동사업의 요건도 충족하는 것을 전제로 그 논의를 전개하고 있다고 볼 수 있다.[192)]

2) 금전등의 투자

자본시장법 제3조 제1항은 금전등의 투자와 관련하여 "금전, 그 밖의 재산적 가치가 있는 것"이라 규정하고 있다. '금전등'에는 재산적 가치가 있는 것이 포함되므로 가상자산을 투자하는 것도 투자계약에 해당할 수 있다.[193)] DAO의 경우 투자자들이 비트코인이나 이더리움 같은 가상자산을 투자하고, DAO가 발행하는 거버넌스 가상자산을 배정받으므로 위 '금전등의 투자' 요건도 충족한다.

---

190) 금융위원회 보도자료, 앞의 자료(2023. 2. 6.), 16면.
191) 이에 의하면, 수평적 공동성 없이 수직적 공동성만 있어도 투자계약증권이 성립할 수 있다는 것인데, 수평적 공동성 요건을 요구하지 아니하는 입장에 관하여 의문을 제기하는 견해도 있다[이정수 (2023), 143면].
192) 심인숙 (2018), 14면.
193) 김건식·정순섭 [2023], 63면.

3) 주로 타인이 수행한 공동사업

자본시장법은 미국의 타인의 노력에 대한 완화된 해석을 반영하여 "주로 타인이 수행한 공동사업"이라고 규정하고 있다. 이는 수익이 주로 사업자나 제3자의 노력으로부터 발생하여야 한다는 것을 의미한다.[194] DAO는 구성원의 참여를 통해 운영되는데, 그 구성원의 자격이 가상자산의 소유권과 연동하여 이전하고, 그 지배구조는 탈중앙화되어 모든 구성원이 의사결정에 참여하는 것을 의도하며, 그 구체적인 운영은 스마트계약에 의하여 자동으로 수행되는 특징을 가지고 있다. 만약 DAO의 이러한 특징을 엄격하게 관철한다면, DAO의 거버넌스 가상자산은 주로 타인이 공동사업을 수행하는 것에 관한 요건을 충족하기 어려울 것이다. 이러한 결론은 소규모인 DAO에는 타당할 수 있으나, 구성원의 익명성, 탈국가성, 시스템 접근의 용이성 등을 기초로 상당한 확장성을 가진 DAO에까지 일률적으로 적용하기는 어렵다.

DAO 지배구조의 특징을 생각하면, 투자계약요건에 관한 규제당국과 DAO 사이의 다툼은 위 요건과 관련하여 집중적으로 이루어질 가능성이 크다. 대다수의 DAO는 지배구조에 관한 현실적인 한계 등을 보완하기 위하여 경영의 일부를 중앙화하거나 제3의 기관 등을 활용하는 경향을 보인다. 이때 일반 구성원이 DAO의 의사결정절차에 직접 참여하더라도, 실질적인 사업의 운영은 설립자와 개발자 등을 중심으로 이루어질 가능성이 크다. 이에 의하면 DAO는 '주로 타인이 수행한 공동사업'의 요건도 충족한다고 봄이 타당하다.

미국의 Howey 기준 중 '주로 타인 수행' 요건에 대응하는 '타인의 노력(efforts of others)' 요건과 관련하여, SEC는 The DAO 사건에서 기존 Howey 기준을 완화한 하급심 판결의 기준을 적용하여 타인의 노력이 부인할 수 없을 정도로 상당한 것이어서 기업의 성패를 결정하는 필수적

---

194) 이정수 (2023), 144면.

인 경영상의 노력 정도의 수준으로 위 요건을 완화하는 모습을 보였다.195) 특히 The DAO의 경우 조달한 가상자산을 투입할 목적 사업의 제안 및 결정의 절차와 관련하여, 투자 대상 사업에 관하여 컨트랙터가 제안하고, 그 제안이 큐레이터의 심사·승인 절차를 거쳐 최종적으로 DAO 토큰 보유자들의 의결에 의하므로 타인 수행의 요건을 충족하였다고 보기에 불분명한 부분이 있었다. SEC는 이 부분에서 DAO의 지배구조에 관한 논의와 직접 연결될 수 있는 의미 있는 판단을 하였는데, The DAO의 위와 같은 운영체계가 투자자들이 그 지배권을 실질적으로 행사하기 어려운 현실적 한계로 인하여 투자자들이 그 운영에 가지는 권한은 대체로 형식적인 것에 그칠 것이라고 보았다. 따라서 투자자 측이 형식적·제한적으로 DAO의 운영에 참여하는 때에는 '타인의 노력' 요건을 충족한다고 보았다.196)

4) 손익을 귀속 받을 계약상의 권리

손익을 귀속 받는 계약상의 권리는 손익의 귀속을 청구할 수 있는 권리를 의미한다. 손익은 '공동사업의 결과에 따른 손익'을 말하는데, 일반적으로 운영자가 공동사업을 영위하여 얻은 수익에서 비용을 공제하여 얻은 이익 또는 손실을 가리킨다.197) 이에 따르면 투자대상의 가격상승으로 인한 시세차익이나 전매차익은 손익의 범위에 포함되지 아니한다.198)199) 위 요건 중 계약상의 권리에 해당하는 요소는 그 권리를 '주장'

---

195) SEC v. Glenn W. Turner Enterprises, Inc., 474 F.2d 476, 482(9th Cir. 1973).
196) Securities and Exchange Commission Press Release, "SEC Issues Investigative Report Concluding DAO Tokens, a Digital Asset, Were Securities.", 2017. 〈https://www.sec.gov/news/press-release/2017-131〉
197) 김건식·정순섭 [2023], 64면.
198) 위의 책.
199) 서울남부지방법원 2020. 3. 25. 선고 2019가단225099 판결의 의미와 관련하여 자본시장법상 투자계약증권의 의미 중 개념요건에 있어 일반적인 기대이익, 즉 거래이익만으로 투자계약증권으로 포섭될 수 없다는 점을 명확히 하였다

할 수 있는 상대방을 전제로 하고, 그 상대방에는 발행인은 물론 제3자도 포함될 수 있다.[200] 이처럼 계약상의 권리는 주장, 즉 청구를 전제로한 개념인데, DAO의 경우 스마트계약이 정한 조건이 충족되면 그 수익이 구성원에게 자동으로 분배되어 위 요건을 충족하지 못한 것이 아닌가 하는 의문이 들 수 있다. 그러나 이때 스마트계약은 그 수익의 배분 절차를 자동으로 이행하는 기능을 수행하는 것에 불과하고, 그 실질은 DAO에 일정한 수익 발생 시 그 수익을 구성원에게 배분한다는 약속과 이에 따라 구성원에게 그 수익의 청구할 수 있는 권리를 전제로 한 것이다.[201] 따라서 DAO의 거버넌스 가상자산 보유자들이 DAO의 수익배분, 매매차익을 목적으로 가상자산을 취득하였다면, 그 요건을 충족한다고 볼 수 있다.

참고로 SEC는 The DAO 보고서에서 이익은 배당이나 그 밖에 정기적 지급금, 투자의 가치 증가를 포함한다고 판단하였다. 그리고 SEC는 The DAO가 목적 사업의 수행으로 얻은 수익을 DAO 토큰 보유자들에게 분배하기로 하였음을 인정하면서 그 투자자들이 적어도 일부라도 The DAO에 대한 이더리움 투자로 인한 수익을 기대하면서 투자행위에 나아갔으리라 판단하였다.[202] 이에 의하면, DAO 토큰은 조직체의 목적 사업을 결정하는 의결권을 포함하면서 투자성도 포함하는 복합적인 성격의 가상자산에 해당한다고 평가할 수 있다.

5) 이익획득 목적

투자자는 투자 이익을 목적으로 금전등을 투자하였어야 한다. DAO의 가상자산을 취득하기 위하여 비트코인이나 이더리움을 해당 DAO에

는 것을 드는 견해도 있다[이정수 (2023), 144면].
200) 김건식·정순섭 [2023], 56면, 64면.
201) 금융위원회 보도자료, 앞의 자료(2023. 2. 6.), 17면.
202) SEC Press Release, 앞의 자료.

투자하는 투자자들은 일반적으로 DAO의 사업수행을 통하여 발생한 수익을 얻을 것을 목적으로 한다. 따라서 DAO의 투자자는 위의 요건을 충족한다.

(다) 검토

DAO의 거버넌스 가상자산이 투자계약증권의 요건을 충족할 수 있음은 앞서 본 바와 같다. DAO 거버넌스 가상자산의 증권성은 계약의 내용, 이용약관 등 투자·거래 관련 제반 사정을 종합적으로 고려하여 사안별로 판단하는 것이 합리적이다. DAO가 발행한 거버넌스 가상자산을 투자계약증권으로 인정하면, 현재의 상황에서 해당 가상자산은 증권신고서 제출, 부정거래 금지 등의 규제를 위반한 것으로 평가될 가능성이 크다. 자본시장법은 권리를 표시하는 방법·형식·기술과 관계없이 표시하는 권리의 실질적 내용을 기준으로 하되 증권 제도의 취지를 고려하여 해석·적용한다. 따라서 DAO의 구체적 내용에 따라 그 거버넌스 가상자산의 법적 성격은 지분증권, 채무증권 등뿐만 아니라 투자계약증권의 요건을 충족할 수 있을 것이다.[203]

V. 소결론

블록체인은 거래의 암호화된 기록을 허용하고 조건이 충족되면 자동으로 실행되는 스마트계약을 허용하는 분산화된 원장이다.[204] 개발자는 블록체인상에 합의의 조건을 구성하는 스마트계약의 내용을 코딩한다. DAO는 블록체인기술을 통하여 구성원 사이의 투명하고 신뢰성 있는 거래를 할 수 있게 한다. DAO는 투명성과 신뢰성을 보장하기 위하여 자동

---
203) 김건식·정순섭 [2023], 56면, 65면.
204) Usha (2019), 679면.

화된 규칙을 따르는데, 이는 컴퓨터코드인 스마트계약으로 작성한다. DAO는 스마트계약을 활용하여 조직에 관한 규칙의 적용과 운영방식 등을 자동화한다. 구성원들은 DAO가 발행한 가상자산을 구매하거나 기타의 방법으로 배정받으면서 DAO의 자본조달이나 운영에 기여하고, 이렇게 보유한 가상자산을 활용하여 자신의 의견을 직접 개진하고, 또 조직의 의사결정에 관해서도 권한을 행사한다.

 DAO의 구성요소로서 블록체인기술, 스마트계약, 가상자산은 탈중앙화와 자율성이라는 DAO의 이상(理想)을 기술적으로 실현하게 하는 것이기도 하다. 그 이상은 DAO를 새로운 조직체로서 현실에 도입하려는 가장 큰 동기이기도 하다. 그러므로 DAO가 그 이상을 현실에서도 그대로 구현할 수 있다면, DAO를 새로운 법적 조직체로서 인정하여야 필요성이 더욱 커진다. 만약 DAO가 그 이상을 현실적으로 구현하기 어렵다면, 그럼에도 DAO를 법적 조직체로서 인정할 필요성이 있는지 추가로 검토하여야 한다. 만약 그 필요성을 인정할 수 있다면, DAO의 이상은 그 필요성을 충족할 수 있는 범위 내에서 수정을 가하여야 한다. 이때 그 수정에 관한 논의는 DAO의 규율방향을 검토하는 데 주요한 단서로 활용할 수 있을 것이다. 이에 관해서는 절을 달리하여 설명한다.

제2절 DAO의 규율방향

Ⅰ. DAO가 추구하는 이상(理想)

　기업의 지배구조는 기업의 여러 맥락에서 다양한 의미로 사용되는 개념이나, 일반적으로 회사를 관리·감독하는 규칙, 관행, 절차 등의 운영 시스템을 가리킨다.205) DAO가 주식회사와 같은 일반적인 기업조직과 구별되는 가장 큰 특징은 중앙집중화된 경영기구 없이 조직을 운영하는 것을 기본 이념으로 삼는다는 것이다.206) 이러한 탈중앙화의 이념은 DAO의 지배구조체계를 설정하는 중요한 요소인데, 이를 기업의 일반적인 지배구조 개념에 대입하면, DAO의 지배구조는 '단체 운영에 관한 결정권이 이사회와 같은 일부 경영진이 아닌 전체 구성원들에게 분산되어 있어 구성원들의 의사에 따라 운영될 수 있는 구조'를 의미하는 것으로 설명할 수 있다.207) DAO가 완벽하게 작동하기 위해서는 그 작동의 기초가 되는 규칙이 필요하다. 이러한 규칙은 스마트계약의 형태로 인코딩된다.

　DAO를 법적으로 분석하기 위해서는 가장 먼저 DAO의 실체가 무엇인지 알아야 한다. DAO는 이미 디지털세계에서 독자적인 활동을 하고 있다. DAO의 내부관계는 인간 관리자가 아닌 인공지능형 알고리즘이 구성원들의 의사를 확인하고 실행하는 특징이 있다.208) DAO는 다양한 프로세스를 규율하고 실행하는 다수의 스마트계약을 서로 연결하여 그

---

205) 김건식·노혁준·천경훈 [2024], 31면; 남궁주현 (2022), 12면; 서완석·이영철 (2019), 31면; 류지민 (2020), 529면.
206) 김종호 (2024), 262면; 노혁준 (2022), 96면.
207) 김종호 (2024), 262면; 유영운 (2023), 240면.
208) Biyan (2022), 53면.

목적에 따라 새로운 가상 조직 구조를 창조한다.209) 조직으로서의 회사의 내부관계는 상당 부분 계약으로 규율된다. 경제학 문헌은 회사를 계약의 연결점(nexus of cortracts)으로 표현하기도 하는데, 이는 회사 내의 중요한 관계가 기본적으로 계약에 의한 것임을 강조하기 위한 것으로 이해할 수 있다.210) 회사법은 개인들이 공동의 영리를 목적으로 회사를 만들었을 때 대내외적 관계와 이해충돌을 조정하기 위한 조직법이다.211) DAO 역시 조직체의 하나라고 이해하면, 그 내부는 기본적으로 다양한 계약관계로 구성될 것으로 추측해 볼 수 있다. 이에 따르면, DAO는 기존의 법적 조직체와 유사한 특성을 가질 수도 있는 것이다. DAO가 디지털세계에서 다수의 참여자가 공동의 목적을 달성하기 위하여 모인 단체라는 점을 고려하면, 회사법적 시각에서 DAO의 대내외적 관계와 그 이해충돌을 조정하기 위한 법적 수단의 필요성이 충분히 제기될 수 있다.

회사의 구성원이 되려면 사원은 회사의 지분을 취득하여야 한다. 투자자는 투표 방법, 이사회 선출 방법 등을 결정하는 법령과 정관을 따른다. 직원과 같은 기업의 다른 구성원은 기업에 의하여 고용된다. 반면에 DAO는 일련의 참여자가 상호 작용하고, 스마트계약에 명시되고 블록체인에서 시행되는 프로토콜에 따라 결정을 내린다. DAO는 사람과 기계 또는 이 둘의 조합을 전통적인 기업형태에 통합할 필요 없이 스마트계약을 통하여 조율한다.212) DAO는 이론적으로 블록체인에 직접 거래를 기록하여 운영 비용을 줄일 수 있고, 동시에 모든 의사결정을 투명하게 할 수 있다는 장점이 있다.213) 기존 회사의 의사결정이 경영진에게 집중되는 것과 달리 DAO의 의사결정은 조직 전체에 권한을 분배할 필요 없이 직접 투표를 통하여 이루어진다. DAO는 이론적으로 프로그램의 알

---

209) 위의 글, 54면.
210) Reinier Kraakman et al. (2017), 5면.
211) 노혁준 (2022), 84면.
212) Wright (2015), 16면.
213) Biyan (2022), 54면.

고리즘에 의하여 그 의사결정을 빠르고 효율적으로 행하는 것이 가능하므로 구성원의 수와 관계없이 일관성을 유지할 수 있다. 이에 의하면 DAO는 그 자체로 완벽하고 이상적인 존재이다.

Ⅱ. 이상(理想)에 기초한 DAO의 특성

1. 소유자의 직접적인 경영 참여

DAO에서는 구성원 모두가 의사결정에 참여할 수 있으므로 직접민주주의적인 의사결정이 가능해진다.[214] DAO에는 공식적인 관리자가 없는 경우가 많다. 상당수의 DAO에서 구성원의 관계는 신탁과 같이 신임에 의한 간접적 관계가 아니라 구성원이 DAO의 운영 방식과 관련된 정보에 직접 접근하고 가입할 수 있는 관계이다.[215]

2. 자동·자율화된 의사결정체계

DAO는 이사회나 관리자에 의해 운영되는 것이 아니라 민주적이거나 참여도가 높은 프로세스 또는 알고리즘에 의해 관리된다.[216] DAO도 주식회사와 마찬가지로 조직의 운영에 필요한 여러 절차가 존재하고, 이러한 운영 규칙을 담은 정관이 필요하다. 그러므로 DAO의 정관도 조직의 목적은 무엇인지, 어떤 요건을 갖춘 자를 조직 구성원으로 인정할 것인지, 안건 상정과 의결은 어떠한 절차를 통해 이루어지는지, 자본은 어떤

---

214) 김선미, "웹 3.0 시대와 DAO", 전자신문, 2022. 11. 1. 〈https://www.etnews.com/20221101000210〉; 이석민 (2022), 65면.
215) 김종호 (2024), 265면; Aaron (2021), 5면.
216) 김종호 (2024), 265면.

과정을 통해 모으고 집행할 것인지 등을 규정하여야 한다. DAO는 블록체인기술과 이에 기초한 스마트계약을 적극적으로 그 구성과 운영에 활용한다는 점에서 기존의 조직과 근본적인 차이가 있다. DAO는 의결권이나 지분소유권을 표창하는 가상자산을 발행하고, 조직의 의사를 결정하기 위한 투표를 스마트계약으로 진행한다. DAO에서 스마트계약을 통해 의사결정을 하기로 한다면, 해당 스마트계약에는 많은 정보를 담아야 한다. '어떤 가상자산을 의결권으로 사용할 것인지, 정족수는 얼마인지, 투표의 통과 조건은 어떻게 되는지, 안건 상정부터 투표 종료까지 절차는 어떻게 되는지' 등 글로 설명하지 않더라도 조직 운영에 필요한 규칙이 모두 코드와 알고리즘 형태로 스마트계약에 담겨야 한다.

3. 초국가성과 익명성

특정한 설립지나 영업소에 근거를 두고 있는 주식회사와 달리 DAO는 특정 국가를 근거지로 두는 것보다는 전 세계에 걸쳐 물리적 장소나 문화적, 재정적 배경과 관계없이 수천 명, 수만 명의 회원을 모으는 것을 목표로 한다. DAO는 조직 및 운영상에 지리적 제약이 없으므로 전 세계 어디에서나 참여할 수 있다.[217] DAO의 참여자는 스마트폰을 이용하여 가상자산을 DAO에 투입하고 구성원으로 참여할 수 있다. DAO는 일반 회사와 비교하여 더 쉽게 자금을 조달할 수 있는 장점이 있다. 참여자가 DAO의 구성원이 되기 위하여 DAO의 가상자산을 취득하는데, 이때 가상자산은 블록체인에 기반하여 발행되는 것으로 익명성을 특징으로 한다.[218] 블록체인은 그 자체의 특성으로 사용 주체에 대한 익명성을 가지고 있다. 특정한 주소와 연결된 모든 거래는 블록체인상에 나타나서 공개적이나 특정 전자지갑주소를 현실의 개인이나 법인의 실체와 연결

---

217) 김종호 (2024), 266면; 이석민 (2022), 68면.
218) 정순섭 (2020), 104면.

하는 것은 매우 어렵다. 다만, 전자지갑주소가 개인의 인적사항과 연결되어 있다면, 거래의 기록 전부가 노출될 가능성이 있다.[219] 그렇더라도 DAO의 코드가 채권자에게 투자자의 자산에 접근하는 것을 허용하지 아니하는 한 적어도 투자자가 노출되기 전까지는 채권자의 책임 추궁이 어려운 것이 현실이다. 따라서 익명성을 전제로 DAO에 참여하는 투자자들은 유한책임과 유사한 법적 지위를 누릴 가능성이 있다고 보기도 한다.[220]

4. 구성원 간 신뢰의 불필요

DAO의 설립자들은 조직의 설립 목적과 규칙 등 조직을 운영하는 데 필요한 정관을 알고리즘 형태로 스마트계약에 담은 후, 블록체인상에 공표한다. DAO는 투표, 자금 운용 등 조직의 운영에 필요한 많은 의사결정이 스마트계약을 통해 이루어지고, 이 모든 행위가 블록체인에 기록되기에 등기, 공증 등의 절차는 별도로 필요하지 아니하다. DAO는 이론적으로 조직 내 업무처리의 투명성을 확보할 수 있다.[221] 구성원들이 직접 DAO의 운영에 관한 의사결정에 참여한다는 점을 고려할 때, 구성원들의 신뢰가 그 조직의 전제가 되는 것으로 오해할 수 있다. 그러나 DAO의 구성원들이 오프라인 세계에서의 인간관계처럼 현실적인 교류를 거치는 등의 신뢰관계를 맺고 DAO에 참여하는 것은 아니다.[222] 오히려 DAO의 주 활동 무대가 온라인상의 세계라는 점, 구성원의 참여가 특정한 국가 내에서 이루어지는 것이 아니라 전 세계를 배경으로 이루어지는 점 등을 고려하면, 구성원 사이의 신뢰관계는 그리 끈끈하지 못하다고 볼 수

---

219) 정경영 (2019), 87면.
220) 위의 글.
221) 노혁준 (2022), 98면; Alexandra (2019), 15면.
222) 이석민 (2022), 68면.

있다. 그럼에도 DAO에 많은 사람이 참여하고 또 이를 위해서 가상자산을 투자할 수 있는 이유는, 그 운영 시스템(구체적으로 DAO의 코드)에 관하여 기술적 신뢰를 하고 있기 때문이다.[223] 이는 DAO의 흥미로운 특성 중의 하나인데, 이러한 기술적 신뢰에 기반한 DAO의 의사결정체계는 구성원 사이에 신인의무조차 발생하지 아니할 수 있음을 시사하기도 한다.

III. 규율의 방향: 이상과 현실의 절충

DAO의 구축을 위해서는 프로그램 코드 설정 단계 이전에 인간의 개입이 필요하다. DAO는 컴퓨터 프로그램으로서 디지털세계에 자율적으로 존재하기는 하나, 완벽하게 독립적·자율적인 것은 아니고, DAO의 조직과 운영을 위하여 사람이 대신 수행해야 하는 영역도 존재한다. DAO의 구성원은 스마트계약이 정하는 바에 따라 각자 경영자의 임무를 수행한다.[224] DAO를 경영하기 위해서는 소유자 겸 경영자의 총의를 기초로 그 의사를 결정하여야 하는데, 이러한 절차는 블록체인기술과 스마트계약에 따른 투표시스템을 통하여 비교적 짧은 시간 안에 그 의사를 확인할 수 있다.[225] 물론 이러한 설명은 이론적인 수준의 논의로, 그 이상이 현실에서도 완벽하게 구현될지에 관해서는 확신하기 어렵다. DAO는 그 의사결정과정이 직접민주주의를 표방하는 장점도 있으나 현실적으로는 구성원의 총의를 확인하는 과정에 적지 않은 시간이 소요되는 단점도 있다.[226] DAO가 경영을 위한 의사를 결정하면서 모든 사항에 대하여

---

223) 이더리움(Ethereum), 앞의 자료; 최선미 (2023), 66면.
224) 노혁준 (2022), 96-97면; 유영운 (2023), 240면.
225) 노혁준 (2022), 97면.
226) 최선미 (2023), 74면.

구성원들의 투표를 거쳐야 한다면, 특정 개인이나 소수의 집단이 그 책임으로 의사를 결정하는 경우보다 절차적인 측면에서 시간이 오래 걸릴 수밖에 없는 것이다.[227]

이 부분에서 근본적인 의문이 든다. DAO는 정말로 완벽하게 '탈중앙화'되고 '자율적'인 조직인가? DAO에 대한 본질적인 접근을 위해서는 일단 이 물음에 답을 할 수 있어야 한다. DAO가 그 자체로 완벽하게 탈중앙화되고 자율적인 조직으로서 활동할 수 있다면, 법이 개입하여야 할 필요성은 현저히 줄어든다. 그러나 직관적으로는 이상적인 조직으로서 탈중앙화되고 자율적인 DAO는 현실적으로 존재하기 어려울 것 같다는 생각이 든다. 그 이유는 조직의 이념, 목적, 구조, 의사결정의 절차 등을 완벽하게 설계하였더라도 그 구성원으로 참여하는 것은 인간이므로, 결국 조직의 운영 과정에서 인간의 주관적 욕망이나 이기심 등이 직·간접적으로 영향을 줄 수밖에 없기 때문이다. 이러한 점을 생각하면, DAO는 태생부터 인간의 의식에 의존할 수밖에 없는 한계를 가지고 있다고 볼 수 있다. DAO가 현실 세계에서 자체적으로 물건을 만들거나 코드를 설계하고 하드웨어를 개발할 수 없는 점도 그 한계로 들 수 있다.[228]

비트코인의 출현을 시초로 다양한 가상자산이 등장하면서 한동안 투기꾼들은 '금융은 있지만 금융법은 없다'라는 환상적인 현실을 절호의 기회로 삼아, 실체를 알 수 없는 가상자산을 '혁신'이라는 두꺼운 포장 상자에 넣어 막대한 규모의 가상자산을 모으고 그 실체를 공중분해 시켜 버리는 행태들을 보여왔다. 현재 DAO를 둘러싼 실제적인 문제는 위의 상황과 크게 다르지 않다. 즉, DAO에 관하여 '기업은 있지만 기업법은 없다'라는 생각을 현실로 만들기 위해서 또다시 '혁신'이라는 포장 상자

---

[227] 개별 의사결정 자체는 투표시스템에 의하여 빠른 속도로 진행할 수 있어도, 모든 의사결정과정에서 항상 전체 구성원의 의견을 들어야 한다면, DAO를 운영하기 위한 전체 의사결정의 속도는 느려질 수밖에 없는 것이다.
[228] 안수현 (2022), 45면.

를 꺼낸 것이 아닌가 하는 의심이 드는 모습이 세계 곳곳에서 보인다. 다만, 두 상황이 다른 것은 후자는 DAO가 의도하든 의도하지 않든 이를 그대로 인정하면 기존의 법적 조직체를 대체할 가능성이 제기된다는 것이다. 이는 법적 조직체에 관한 기존의 규제체계의 본질을 심각하게 침해하는 차원의 문제이고, 궁극적으로 법적 조직체 관련 기존 규제체계의 수정을 가하는 문제이기도 하다. 법적인 측면에서 가상자산을 둘러싼 현상과 관련해서는 초창기에 그것이 어떠한 법적 성격인가를 모색하는 데 집중하고, 섣불리 제도권의 영역으로 가져오는 것을 망설였다면, DAO를 둘러싼 현상은 가상의 조직체가 직·간접적으로 가상자산을 조달하고, 그 가상자산을 가지고 대외적 거래를 하면서 곧바로 제도권 안에서의 행위를 한 결과, 학계와 실무계에서 DAO의 법적 성격을 제대로 규명하기도 전에 그 법률관계가 실제 사건화되어, 법원과 규제당국이 DAO에 관하여 어쩔 수 없이 법적 평가를 해야만 하는 상황을 지속해서 맞이하고 있다.

본 연구는 DAO가 추구하는 의사결정의 탈중앙화와 자율화라는 이념이 완벽하다고 주장·증명하는 것을 목표로 하지 아니한다. 그보다는 DAO의 한계점과 모순점을 지적한 후 DAO의 내용을 일부 수정·보완하여 그 문제를 극복하는 방법을 찾는 데 초점을 맞추고 있다. 그 극복 방법을 찾아가는 과정은 DAO에 관한 규율방향을 결정하는 데 주요한 역할을 할 것이다. DAO에 관한 사례는 DAO의 실제 운용 모습과 그 과정에서 법적 문제점을 비교적 명확하게 보여주는 좋은 예이다. 이에 관해서는 별도의 장에서 검토한다. 그 검토 과정에서 도출한 DAO에 관한 법적 쟁점을 활용하여 DAO의 법률관계에 관하여 더 세부적인 논의를 이어가기로 한다.

제4장 DAO에 관한 사례와 비교법적 연구

제1절 개관

　DAO는 유니콘처럼 전설 속의 존재가 아니라 현실에 존재하는 조직체이다. 이 조직체는 디지털세계에서 형성되었으나 그 활동 영역은 온라인 속에만 머무르지 않고 오프라인 세계까지 이르고 있다. DAO는 지금도 구성원 사이든 외부의 제3자이든 누군가와 계속하여 법률관계를 맺고 있다. 그런데도 DAO는 법적으로 짙은 안개 속에서 그 형상의 일부만 조금씩 보여주고 있을 뿐이다. DAO를 정확히 알기 위해서는 짙은 안개를 헤치고 나아가 바로 앞에서 눈으로 보고 또 손으로 만져봐야 한다. DAO가 법적으로 어떠한 지위를 가지는지를 검토하기 위해서는 그것의 실체를 정확히 확인하는 과정이 중요하다. 다만, 그 과정이 법이론적인 검토에 그친다면, 현실의 문제를 해결하는 데 큰 도움이 되지 아니할 것이다.

　DAO가 이미 현실에 존재하는 조직체라는 점을 고려하면, DAO를 둘러싼 법적 검토가 공인된 기관에 의하여 이루어졌을 개연성이 있다. 즉, DAO의 법률관계에 관한 구체적인 사례가 이미 존재할 수 있는 것이다. 이러한 사례를 검토하는 과정을 통하여 DAO의 법률관계에 관하여 정확한 법적 평가를 할 수 있다. DAO를 법적으로 평가하거나 정의한 사례가 있다면, 이는 짙은 안개 속에서 DAO의 위치를 알려주기 위하여 깜빡이는 표시등과 같은 역할을 할 수 있다. DAO는 특정 국가의 법 형식에 맞게 존재하는 조직체가 아니라 전 세계적으로 매우 유사한 형식으로 조직되고 운영되는 단체이다. 이는 다른 나라의 사례이든 입법례이든 그 법적 검토의 결과가 우리나라의 DAO에 대한 법적 평가에 주요한 역할을 할 수 있다는 것을 의미하는 것이기도 하다.

제2절 DAO 관련 사례의 검토

Ⅰ. The DAO 사례

1. 사안의 개요

가. The DAO의 조직

The DAO는 독일의 스타트업 'Slock.it'[1]과 그 설립자들이 만든 가상의 조직이다.[2] 사람들은 The DAO가 제공하는 'Smart lock'을 통하여 자동차, 아파트와 같은 자신의 소유물들을 탈중앙화 버전의 에어비앤비와 같은 플랫폼에서 공유할 수 있었다.[3] Slock.it은 2016년 4월 29일 사전에 프로그래밍한 일련의 지침으로 이더리움 블록체인에 The DAO 코드를 배포하였는데, 이 코드는 The DAO의 운영방식을 규정하는 것이었다.[4][5]

---

[1] Slock.it은 2015. 9. 독일에서 설립된 블록체인과 사물인터넷 관련 사업을 영위하는 스타트업이다. Slock.it의 최고기술책임자(Christoph Jentzsch)가 작성한 'DAO 토큰' ICO에 관한 백서에 의하면, "The DAO"는 조직의 지배구조와 의사결정을 자동화하는 컴퓨터코드를 실행한 최초의 사례로서 스마트계약을 이용하여 블록체인 소프트웨어에 의하여 계약조건이 전형화, 자동화되고 실행까지 이루어지게 됨으로써 전통적인 기업지배구조 문제를 해결하였다고 주장한다. 또한 DAO와 같은 가상조직의 법적 지위는 아직 확립되지 아니하고 여전히 논쟁이 진행 중인 상태이므로 이용자에게 리스크가 남아 있다는 점을 밝히고 있다(SEC, The DAO 보고서, 3면).

[2] SEC, The DAO 보고서, 3면.

[3] COINTELEGRAPH 코리아, 비탈릭 부테린은 누구인가? 〈https://kr.cointelegraph.com/learn/who-is-vitalik-buterin〉

[4] SEC, The DAO 보고서, 5면.

[5] Slock.it의 공동 창립자들은 The DAO를 홍보하기 위해 웹사이트를 개설하였는데, 해당 사이트에는 "회원들의 더 나은 삶을 위해 비즈니스의 새로운 길을 개척하

The DAO는 청약의 접수, 결제, 토큰의 발행 등뿐만 아니라 그 밖의 업무에 대해서도 스마트계약을 사용하였다. Slock.it의 창립자들은 'DAO 토큰'의 생성 및 획득 방법, 프로젝트 제안서 제출 프레임워크, 제안에 대한 투표방법 등 The DAO에 참여하는 방법을 대중에게 공개하였고, Slock.it은 The DAO 웹사이트에 온라인 포럼을 개설하고, 여기에 초대된 5,000명 이상의 참여자가 실시간으로 The DAO에 관해 토론하고 아이디어를 교환할 수 있는 온라인 플랫폼인 'The DAO 슬랙(Slack)' 채널을 운영하였다.[6]

나. DAO 토큰의 판매

The DAO는 2016년 4월 30일부터 같은 해 5월 28일까지 약 11억 5천만 개의 'DAO 토큰'을 판매하였고, 그 대가로 약 1억 5천만 달러(판매 당시 이더리움의 시가 기준) 상당의 이더리움을 모집하였다.[7] 누구든지 이더리움을 대가로 이더리움 블록체인상의 주소를 알리는 이외에는 익명으로 'DAO 토큰'을 매수할 수 있었다.[8] The DAO가 모은 가상자산은 The DAO와 관련된 이더리움 블록체인 '주소(address)'에 보관해야 했고, 'DAO 토큰' 보유자는 사업에 자금을 지원하고 그 사업에서 얻는 수익을 분배하는 등의 제안에 투표하여야 했다.[9] 토큰에는 투표권이 주어졌고 마치 주식처럼 이익 배당도 가능하였다.[10]

고, 어디에서나 동시에 존재하며, 오직 멈출 수 없는 코드의 확고한 의지로만 운영된다."는 설명이 있었고, 'DAO 토큰'을 구매할 수 있는 링크가 기재되어 있었다.
6) SEC, The DAO 보고서, 6면.
7) 위의 보고서, 2면.
8) 위의 보고서, 3면.
9) 위의 보고서, 4면.
10) 김은수 (2018), 136면.

다. 참여자에 대한 토큰 배정

The DAO는 이더리움과 교환하는 대가로 참여자가 지급한 이더리움의 양에 비례하는 DAO 토큰을 생성한 다음 개인 또는 단체의 이더리움 블록체인 주소에 배정하였다.[11] DAO 토큰 보유자는 토큰 공개를 통하여 취득한 DAO 토큰을 재판매하는 데 제한받지 아니하였고, 유통시장에서 다양한 방법으로 DAO 토큰을 판매할 수 있었다.[12] Slock.it은 적어도 하나의 미국 웹 기반 거래소에 DAO 토큰을 거래할 수 있도록 요청하였다.[13] DAO 토큰 보유자는 The DAO 조직체의 '분할(split)'이라는 약 46일이 소요되는 복잡한 절차를 통하여 자신의 DAO 토큰을 이더리움으로 교환할 수 있었다.[14]

라. The DAO의 운영

(1) 사업의 제안

The DAO는 이더리움 블록체인을 기반으로 하였고, 최고 경영자를 선출하거나 조직의 지배권을 이사회 등에 이전하지도 아니하였다.[15] The DAO의 백서(white paper)에 따르면 프로젝트가 이더리움을 조달하기 위해 "컨트랙터(contractor, 이하 '컨트랙터'라 함)"는 먼저 The DAO에 제안서를 제출하여야 한다.[16] The DAO에 제안서를 제출하려면, ① 스마트계약의 내용을 작성한 다음 그것을 이더리움 블록체인에 배포 및 게시하고, ② 배포된 계약의 이더리움 블록체인 주소와 소스코드 링크를 포함

---

[11] SEC, The DAO 보고서, 5면.
[12] 위의 보고서, 6면.
[13] 위의 보고서.
[14] 위의 보고서.
[15] Biyan (2022), 60면.
[16] SEC, The DAO 보고서, 6면; 안수현 (2022), 60면.

하여 제안에 대한 세부 정보를 The DAO 웹사이트에 게시하여야 했다.[17] 제안서를 제출하기 위해서는 두 가지 전제 조건이 있었다.[18] 개인 또는 법인은 반드시 ① 적어도 하나의 DAO 토큰을 소유하고 있어야 하고, ② The DAO에 이더리움 형태의 보증금을 내야 했다(컨트랙터의 제안이 투표에 부쳐졌는데, DAO 토큰 보유자 정족수를 채우지 못하면, The DAO는 보증금을 몰취할 수 있었다).[19]

(2) 의사의 결정

The DAO가 모은 이더리움은 DAO 토큰 보유자의 과반수 투표에 따라 컨트랙터의 제안에 자금을 지원하는 데 사용할 예정이었다.[20] DAO 토큰 보유자는 자신이 보유한 토큰수에 따라 가중치가 부여된 투표를 통해 특정 제안에 관한 자금의 조달에 찬성하거나 반대하여야 했다. 그러나 이 투표 절차는 왜곡된 투표 행동을 조장할 수 있고, 결과적으로 대다수 DAO 토큰 보유자의 합의를 정확하게 반영하지 못한다는 점에서 공개적으로 비판받았다. 어떤 제안이 투표에 부쳐지기 전에 한 명 이상의 The DAO "큐레이터(curator, 이하 '큐레이터'라 함)"가 그 제안을 검토하여야 했다. The DAO를 조직할 당시 큐레이터는 Slock.it에서 선정한 개인 그룹이었다. The DAO의 백서에 따르면, The DAO의 큐레이터는 중요한 보안 기능을 수행히였고, 어떤 제아이 The DAO에 제출되고, 투표에 부쳐지며, 자금을 지원받을 수 있는지에 대한 최종적인 통제권을 가졌다.

---

17) 위의 보고서, 7면.
18) 위의 보고서.
19) 위의 보고서.
20) 위의 보고서.

마. 거래소에서의 2차 시장 거래

가상자산거래소 플랫폼은 2016년 5월 28일부터 2016년 9월 초까지의 기간 동안, DAO 토큰 보유자가 가상자산을 사용하여 유통시장에서 DAO 토큰을 사고파는데 유용한 수단이었다.[21] 플랫폼은 고객이 익명으로 DAO 토큰 주문 상황을 게시할 수 있는 전자시스템을 제공하였다.[22] 해당 플랫폼 중 한 곳에서는 2016년 5월 28일부터 2016년 9월 6일까지의 기간 동안 15,000명 이상의 고객이 557,378건 이상의 DAO 토큰 매매거래를 하였다.[23] 또다른 플랫폼은 2016년 5월 28일부터 2016년 8월 1일까지의 기간 동안 22,207건 이상의 DAO 토큰 매매거래를 하였다.[24]

바. The DAO의 해킹 피해

The DAO의 자산을 관리하는 스마트계약코드는 해커들에게 악용될 수 있는 취약점이 있었다.[25] The DAO의 위험의 발생 가능성은 예금계좌나 신용카드정보 등 대량의 개인정보를 저장하는 기존 회사들과 다르지 아니하였다. 해커가 2016년 6월 17일 컴퓨터코드의 결함을 악용하여 The DAO가 보유하는 약 360만 이더리움(당시 기준 약 5,500만 달러 상당)을 빼돌리는 사건이 발생하였다.[26] 언론에서는 이러한 행위를 해킹으로 묘사하였으나 실제로는 공격자가 The DAO의 코드를 '해킹' 즉, 보안을 뚫은 것이 아니라 프로그래밍의 결함을 악용한 것이었다.[27] 이에

---

21) 위의 보고서, 8면.
22) 위의 보고서.
23) 위의 보고서.
24) 위의 보고서.
25) Timothy (2019), 1106면.
26) SEC, The DAO 보고서, 8면; Carla (2019), 373면.
27) Biyan (2022), 62면.

Slock.it의 설립자들이 나서서 이더리움 프로토콜을 변경하는 소위 '하드 포크(hard fork)'를 통하여 The DAO가 ICO를 통하여 조달한 모든 자본을 하드포크에 찬성한 DAO 토큰 투자자들에게 반환하였다.[28] 이 사건으로 인하여 The DAO 내에 견제와 균형 장치가 없다는 취약점이 밝혀졌고, 기회주의적인 자가 그 지배권을 행사하여 모든 자산을 탈취할 가능성이 있다는 사실이 드러났다.[29]

사. SEC의 조사

미국의 연방증권법[30]과 이에 따른 감독주체인 SEC는 2017년 'DAO 보고서'에서 Howey 기준을 적용한 후 개발자들이 ICO를 통하여 이더리움을 받고 판매한 DAO 토큰은 연방증권법상 투자계약으로서 연방증권법의 증권규제가 적용된다고 판단하였다.[31] 다만, SEC는 여러 사정을 고려하여 연방증권법 위반에 대해 제재는 하지 아니하였다.

---

28) ICO 종료 직전에 The DAO 코드상의 취약점으로 인한 보안 문제가 이미 제기되었으나 보완이 되기 이전에 해커의 공격을 받아 피해를 입자 이더리움 네트워크 과반수의 찬성으로 해킹 이전의 상태로 되돌리는 하드포크를 하게 된 것이다. 그러나 하드포크는 블록체인의 불가변성이라는 속성에 부합하지 않는다고 본 소수 그룹은 하드포크에 반대하고 종전 버전의 블록체인[소위 "Ethereum Classic")에 잔류하기로 하였다(SEC, The DAO 보고서, 9면 각주 32)].
29) Timothy (2019), 1106면.
30) 미국은 연방 차원에서의 증권 관련 법이 여러 개의 독립된 법으로 존재하고 있다. Securities Act of 1933(이하 '1933년 증권법' 또는 '1933년법'이라 함), Securities Exchange Act of 1934(이하 '1934년 거래법' 또는 '1934년법'이라 함), Investment Company Act of 1940(이하 '1940년 투자회사법'이라 함), Investment Advisers Act of 1940(이하 '1940년 투자자문업자법'이라 함) 등을 포함하고, 이하 이들을 함께 통칭하여 '연방증권법'이라고 한다[심인숙 (2018), 3면 각주 6)].
31) SEC v. W. J. Howey Co., 328 U.S. 293 (1946).

2. 사례의 검토

가. The DAO의 법적 성격

The DAO를 조직한 크리스토프 젠츠쉬(Christoph Jentzsch)는 The DAO의 참가자가 이더리움을 The DAO에 전송하여 DAO 토큰을 구매하고, 이 토큰을 통해 참가자는 투표권을 행사하고 '보상(rewards)'을 받을 수 있는 '영리 DAO'(for-profit DAO)라고 설명하였다.[32] The DAO는 스마트계약에 기초하여 조직된 최초의 탈중앙화 자율조직인 것으로 알려졌다.[33] 반면에, SEC는 The DAO를 블록체인기술에 기반하여 일정한 목적 사업에 대한 투표권을 포함한 의결권과 지분권 등을 표창하는 가상자산인 토큰(token)을 판매한 벤처캐피털 펀드에 해당한다고 평가하였다.[34]

나. The DAO의 지배구조

(1) The DAO에서 '자율'의 의미

The DAO는 수익성이 좋은 회사와 프로젝트에 자금을 재분배하는 등 조직의 토큰을 어디에 투자할지에 관하여 참여자의 투표를 통하여 결정하였다.[35] The DAO는 프로젝트 제안이 이더리움 블록체인에 존재하는 스마트계약의 형태로 이루어지고 의사결정을 위한 투표가 The DAO의 코드에 의해 관리된다는 점에서 '자율적'인 것이었다.[36]

---

32) SEC, The DAO 보고서, 4면.
33) 안수현 (2022), 36면.
34) 위의 보고서.
35) Kyle Chayka, "The Promise of DAOs, the Latest Craze in Crypto", The New Yorker, 2022. 1. 28. ⟨https://www.newyorker.com/culture/infinite-scroll/the-promise-of-daos-the-latest-craze-in-crypto⟩
36) SEC, The DAO 보고서, 4면.

(2) 지배구조의 내용

DAO 토큰 보유자들은 The DAO의 의사결정에 관한 의결권을 가졌으나, 실질적으로 권리의 내용은 제한적이었다. DAO 토큰 보유자들은 Slock.it, 그 창립자들, 큐레이터들의 실질적인 경영 노력에 상당히 의존하였다. The DAO 웹사이트에 따르면, 큐레이터는 ① 자금조달 제안이 신원을 확인할 수 있는 개인 또는 조직에서 비롯된 것인지 확인하고, ② 그 제안과 관련된 스마트계약이, 컨트랙터가 이더리움 블록체인에 배포했다고 주장하는 코드를 적절히 반영하였는지를 확인하여야 했다.[37] 큐레이터는 그 제안이 이러한 기준을 충족한다고 판단하면, 해당 제안을 '화이트 리스트(white list)'에 추가할 수 있는데, 이때 화이트 리스트란 DAO 토큰 보유자의 과반수가 해당 제안을 찬성하였을 때 The DAO로부터 이더리움을 받을 수 있는 이더리움 블록체인 주소의 목록을 말한다.[38]

The DAO의 큐레이터는 DAO 토큰 보유자의 투표 제안을 제출할지에 대해 궁극적인 재량권을 가졌다.[39] 큐레이터는 제안의 순서와 빈도를 결정하고, 제안의 화이트리스트 등재 여부에 대한 주관적인 기준을 적용할 수 있었다.[40] Slock.it이 큐레이터로 선정한 그룹의 한 구성원은 큐레이터가 "화이트리스트에 대한 완전한 통제권······ 제안이 화이트리스트에 오르는 순서, 제안이 화이트리스트에 오르는 기간, 제안이 화이트리스트에서 해세되는 시기······ 제안의 순서와 빈도를 제어할 명확한 능력"을 가지고 있다고 공개적으로 언급하며 "큐레이터는 엄청난 권한을 가지고 있다."라고 주장하기도 하였다.[41]

---

37) 위의 보고서, 8면.
38) 위의 보고서; 안수현 (2022), 60면.
39) SEC, 위의 보고서, 8면.
40) 위의 보고서.
41) 위의 보고서.

다. DAO 토큰

(1) 의의

DAO 토큰은 그 보유자에게 일정한 의결권 및 소유권을 부여하였다.[42] The DAO는 일정한 프로젝트에 자금을 지원하여 그로부터 얻은 수익인 이더리움을 DAO 토큰 보유자에게 제공할 것이라고 밝혔다.[43] 그리고 DAO 토큰 보유자는 보상으로 받은 이더리움을 새로운 프로젝트에 투자할지 투표로 결정할 수 있었다.[44]

(2) 법적 성격

SEC는 2017년 7월경 거래의 경제적 현실을 포함한 사실과 상황에 따라 가상자산이 증권일 수 있으며 증권법의 적용을 받을 수 있다는 내용의 조사 보고서를 발표하였다.[45] SEC는 보고서에서 발행 주체가 전통적인 회사인지 탈중앙화된 자율조직인지와 관계없이 미국에서 증권을 제공하고 판매하는 자에게는 연방증권법이 적용된다고 밝혔다.[46] SEC는 DAO 관련 개인과 단체가 점점 더 블록체인기술을 사용하여 DAO 토큰과 같은 도구를 제공하고 판매하며 자본금을 늘리고 있음을 확인하였다. SEC는 연방증권법이 형식과 관계없이 특정한 사실과 상황에 따라 블록체인기술을 포함한 다양한 활동에 적용될 수 있음을 강조하기 위해 보고서를 발표한 것으로 보인다.

The DAO 보고서에 의하면, SEC는 투자자들이 The DAO의 전자지갑에 이더리움을 보내고, 그 수량에 비례하여 DAO 토큰을 배정받았는데, 이더리움의 재산적 가치를 인정하여 '투자자에 의한 금전의 투자' 요소를

---

42) 위의 보고서, 5면.
43) 위의 보고서, 6면.
44) 위의 보고서.
45) SEC Press Release, 앞의 자료.
46) Wulf (2021), 6면.

충족하였다고 보았다. 또한 The DAO 보고서에 의하면, Slock.it 등은 백서와 다양한 매체를 통한 권유자료를 통하여 The DAO는 투자수익을 위한 사업을 영위하는 영리 목적의 단체로, 공모를 통하여 조달한 이더리움은 혼합되어 컨트랙터가 제안하고 큐레이터의 심사·승인 절차를 거쳐 DAO 토큰 보유자들이 결의한 사업에 투자하고, 그 제안서가 정한 계약조건에 따라 창출되는 수익은 부분적으로라도 DAO에 대한 이더리움 투자로 인한 수익에 대한 기대하에 투자행위로 나아갔을 것이라고 보아 투자자의 이익 기대 요소도 충족하였다고 보았다. SEC는 DAO 토큰의 '투자자는 The DAO를 운영하고 투자자를 위하여 수익을 창출할 사업 제안을 실행에 옮기는 데 있어 Slock.it과 그 설립자들, 큐레이터의 경영상의 노력에 의존한다고 판단하였다.

(3) 소결

The DAO 사례는 거버넌스 가상자산인 DAO 토큰을 투자계약으로 판단하였다. 이는 The DAO 구성원의 법적 지위를 검토하는데 의미 있는 참고자료가 될 수 있다. DAO 토큰 보유자를 투자자로 인식한 SEC의 판단은 DAO의 일반적인 법적 성격을 조합으로 보는 견해와 차이가 있다. 만약 The DAO의 법적 성격을 조합으로 보았다면, DAO 토큰의 보유자들은 투자자보다는 The DAO를 공동으로 운영하는 구성원으로 판단하였을 것이다. 물론 DAO가 발행한 가상자산이 모두 투자계약으로 판단될 것이라고 단정하기는 어렵다. 스마트계약의 내용을 Howey 기준을 회피할 수 있도록 설계할 가능성도 있기 때문이다. SEC가 DAO 토큰에 관한 법적 평가를 하기 위해서는 DAO의 속성을 가진 것으로 평가되는 조직에 관하여 세부적인 정보를 파악한 후 Howey 기준을 적용하여야 하는데, 이러한 절차는 사후적으로 독립적인 조사 또는 소송을 통하여 이루어져야 하는 한계가 있다.[47]

3. 법적 의미

가. 개요

The DAO는 DAO의 조직을 구체적으로 실현한 첫 번째 사례로 알려져 있다. The DAO는 가상의 공간에서 기업을 성장시키기 위한 자금을 조달하려는 동기, 즉 투자DAO의 목적을 가지고 출발하였다. The DAO의 특징은 가상자산의 공동지배, The DAO에서 탈퇴할 수 있는 권한을 통해 가상자산에 대한 개인의 지배, 취소할 수 없는 계약의 성격, 무한대의 사원네트워크, 사원권의 자유, 창립자가 정한 코드로 만들어진 규칙대로 The DAO 소프트웨어가 작동할 뿐 관리자에 의하여 통제되지 아니함을 들 수 있다.[48] The DAO는 법인 아닌 단체이었다.[49] The DAO는 법인으로 등록되어 있지 아니하여 제도권 내에서 정상적으로 운영하는 것이 불가능하였다.[50] The DAO 보고서는 미국 연방증권법의 기본 원칙을 언급하면서, 블록체인기술을 사용하여 가상자산 조달과 관련된 증권의 제공과 판매를 시도하는 가상 조직에 대한 그 적용 가능성을 인정하였다.

나. DAO의 현실적 한계 확인

The DAO 사례는 DAO의 법적 쟁점들에 관하여 여러 가지 선행적 검토의 결과를 제시하고 있다. The DAO는 의결권이 부여되는 가상자산을 발행하였고, 참여자들은 The DAO의 설립 단계 또는 이후의 참여자들로부터 이더리움을 대가로 받았다.[51] DAO 토큰 보유자들은 주주와 마찬

---

47) 안수현 (2022), 62면.
48) 위의 보고서, 61면.
49) SEC, The DAO 보고서, 1면.
50) 김은수 (2018), 136면.
51) 위의 글; 안수현 (2022), 61면.

가지로 의사결정에 참여할 수 있었고, 이러한 토큰은 대량으로 발행되고 유통시장에서 자유롭게 양도할 수 있다.52) 그러나 이러한 실험은 앞서 언급한 해킹 사건으로 인하여 미완으로 마무리되었다. The DAO의 창립자들은 하드포크를 통하여 투자자들에게 그 투자금을 반환하였으나, The DAO의 기본 코드가 모든 참여자가 신뢰할 수 있는 불변의 규칙이라는 The DAO의 핵심 전제는 심각하게 훼손되었다.

가상 조직인 DAO의 활동을 법적으로 평가하였다는 점에서 The DAO 보고서는 DAO의 연구에 많은 시사점을 던져준다. 특히 DAO가 그 이상향과 다르게 현실에서 어떠한 모습을 보이는지 확인할 수 있었다. DAO의 의사결정은 조직 전체에 권한을 분배할 필요 없이 직접 투표를 통하여 이루어지고, DAO는 이론적으로 프로그램의 알고리즘에 의하여 그 의사결정을 빠르고 효율적으로 행하는 것이 가능하므로 구성원의 수와 관계없이 일관성을 유지할 수 있다고 설명한다. 그러나 그것이 현실에서도 그대로 관철될 수 있는지에 관하여 여러 의문이 제기되었는데, The DAO 사례는 DAO의 이상향이 완벽하게 실현될 수 없고, 수정과 보완이 필요한 사실을 확인시켜 주었다.

다. DAO 내용의 수정 필요성

The DAO는 투자DAO의 성격을 가지는데, 그것이 DAO가 추구하는 탈중앙화의 이념을 제대로 구현하였는지에 관해서는 의문이 있다. 이는 그 의사결정체계와 관련하여 도입한 큐레이터가 DAO 토큰 보유자의 투표 제안을 제출할지에 대해 궁극적인 재량권을 가지는 것에서부터 시작한다. 큐레이터는 그 법적 지위가 불분명하여 책임으로부터 비교적 자유로움에도 그 권한은 사실상 의사결정에 주요한 영향을 미칠 정도로 막강

---

52) 위의 보고서.

하였다. 이에 의하면, 큐레이터는 구성원들로부터 목적 사업수행에 관하여 필요한 의사결정권한의 일부를 위임받은 것으로 볼 수 있는데, 이에 따르면, 해당 큐레이터는 구성원들의 대리인으로서 그 권한 행사의 통제를 받을 필요가 있다. The DAO가 일반 회사였다면, 큐레이터는 회사법에 따른 내부통제장치, 그 밖에 규제법령에 따른 견제를 받을 수 있었으나, DAO의 형식을 표방한 결과 그 규제법령의 미비 또는 그 적용의 어려움으로 말미암아 제대로 된 견제를 받지 못하는 결과가 발생하였다. 이는 DAO에 대한 현실적인 규제의 필요성과 가능성을 실현하기 위하여 그 본질의 일부를 수정할 필요성이 있다는 것을 보여준다.

II. bZxDAO 사례

1. 사안의 개요[53]

bZxDAO는 가상자산 마진거래와 대출상품을 제공하는 bZx프로토콜을 운영하였다. 개발자 톰 빈(Tom Bean)과 카일 키스트너(Kyle Kistner)가 공동으로 설립한 bZxLLC가 bZx프로토콜을 관리하였다. bZx프로토콜은 2021년 8월 프로토콜의 지배권을 bZxLLC에서 bZxDAO로 이전할 계획을 발표하였다. bZxDAO는 bZx프로토콜이 발행한 가상자산인 BZRX 토큰을 보유한 개인과 단체에 의해 통제되는 DAO이었다. bZxDAO는 '프로토콜의 유지, 새로운 제품의 개발, 브랜드 마케팅, 커뮤니티 관리 등'을 담당하였다. 토큰 보유자는 bZx프로토콜에 의해 구현될 거버넌스 안건을 제안하고 투표할 권리가 있었다. 그 후 bZxLLC는 모든 자산을 bZxDAO로 이전하고 해산하였다.

---

[53] Sarcuni v. bZx Dao, 22-cv-618-LAB-DEB (S.D. Cal. Mar. 27, 2023).

사건은 해커가 2021년 11월 5일 개발자 중 한 명을 대상으로 한 해킹에서 시작하였다. 개발자가 악성 프로그램이 담긴 이메일 첨부파일을 다운로드하는 바람에 bZxDAO가 해킹사고를 당한 것이다. 해커는 해킹을 통하여 개발자의 개인키를 획득하고 BZRX 토큰 지갑에서 5,500만 달러 상당의 가상자산을 빼내어갔다. 해커는 BZRX 토큰 지갑뿐만 아니라 이더리움 등 다른 가상자산도 빼내어갔다. bZxDAO는 2020년에도 여러 번 해킹을 당하였다. bZxDAO는 해킹사고 대응책으로 소실된 BZRX 토큰을 1대1 비율로 보상하고 기타 가상자산 손실에 대해서도 상환하겠다는 결의안을 통과시켰다. 이후 bZxDAO는 오오키DAO(Ooki DAO)로 명칭을 변경했다. 오오키DAO는 오오키프로토콜을 운영하는데, 오오키프로토콜의 전신은 bZx프로토콜이었다. 가상자산 보유자들은 bZxDAO의 제안을 거부하고 캘리포니아 지방법원에 집단소송을 제기하였다. 여러 국가의 국적을 보유한 원고들은 2022년 5월 2일 키스트너, 빈, bZxLLC, 두 곳의 투자자 해시드 인터내셔널 LLC와 AGE 크립토 GP, bZxDAO, 그리고 후속 DAO인 오오키DAO를 피고로 하여 손해배상청구 소송을 제기하였다. 피고 측은 이 청구에 관하여 소각하신청을 하였으나, 법원은 이를 기각하였다.

2. 원고 주장의 요지

원고들은 사이버 공격으로 170만 달러의 손실을 보았고, bZxDAO의 배상계획에 따르면 이를 모두 복구하는 데 수천 년이 걸릴 것이라고 주장하였다. 원고들은 bZxDAO가 모든 BZRX 토큰 보유자로 구성된 조합이고, 따라서 각 피고는 BZRX 토큰 보유자로서 사이버 공격으로 인한 손실에 대해 공동 및 개별적으로 책임이 있다고 주장하였다. 원고들은 캘리포니아의 법과 판례를 근거로 '수익 창출을 목적으로 2명 이상이 사업의 공동소유주로 연합하였다'라는 취지로 주장하면서, 피고들이 의도하지 아니하였더라도 조합원으로서 무한책임을 부담한다고 주장하였다. 원고들은 bZxDAO와 그 파트너들은 프로토콜을 이용하여 가상자산을 예치한 사람들을 위해 보안을 유지할 의무가 있다고 주장하였다.

3. 사건의 쟁점

이 사건에서 가장 문제된 것은 모든 BZRX토큰 보유자가 조합원으로서 무한책임을 부담하는지였다. 즉, 신인의무(fiduciary duty), 선관주의의무(duty of care) 등에 의한 책임이 DAO와 그 거버넌스 가상자산 보유자에게 적용되는지가 핵심 쟁점이었다. 피고들은 원고들의 조합 이론에 근거하여, 원고들이 과실 행위를 했다고 주장하는 바로 그 DAO의 회원이었으므로 이해상충이 있다고 주장하였는데, 이와 관련하여 원고들이 BZRX토큰 보유자여서 위 소송을 위한 집단의 적절한 대표자가 될 수 있는지도 문제되었다.

4. 법원의 판단

법원은 BZRX토큰 보유자들이 bZxDAO의 재무 자산 인수, 분배 등 거버넌스 안건을 제안하고 투표할 수 있으므로 bZx를 조합의 형태로 인정하였다. 그와 함께 법원은 bZxDAO의 설립자들이 미국 회사 관련 법령을 우회하려는 의도로 bZxDAO를 조직하였더라도, bZxDAO는 사실상 일반 조합과 동일하다고 판단하였다. 법원은 BZRX토큰 보유자는 조합원이라고 인정하였다. 토큰 보유자가 거버넌스 프로토콜 참여를 통해 사업에 관여한다는 점을 통하여 적절한 프로토콜 유지관리와 충분한 보안 조치 등 관리의 의무를 지닌다고 본 것이다.

법원은 조합에 관한 원칙을 다음과 같이 제시하였다.[54]

· 조합은 조합을 형성하려는 의도와 상관없이 '영리를 목적으로 공동

소유자로서 사업을 수행하기 위하여 2명 이상이 연합할 때 인정된다.
- 공동으로 사업을 운영하려는 사람들이 법인과 같은 단체를 별도로 설립하지 아니하는 한 당사자의 의도와 관계없이 그 사람의 모임은 조합으로 인정될 수 있다.55)
- 공동사업의 영위라는 목적을 명시적으로 가지지 않았더라도 그 구성원들의 행동과 상호관계를 통하여 공동의 목적을 확인할 수 있다.

법원은, 원고들은 조합의 존재를 증명하기 위한 다음과 같은 구체적 사실의 제시를 통하여 조합의 존재를 주장할 수 있다고 판단하였다.
- 사업 경영에 참여할 수 있는 동업자의 권리
- 동업자로 추정되는 구성원 간의 이익 및 손실 공유
- 구성원으로 추정되는 자가 조합에 금전, 재산, 서비스를 제공한 경우

법원은 bZxDAO와 관련하여 이러한 각 요소, 특히 프로토콜의 마진거래 및 대출상품을 통해 수익을 창출한 두 명 이상의 연합이라고 판단하였다. 법원은 집단소송의 집단에 포함되는 원고는 bZxDAO에 가상자산을 이전하고 2021년 11월 5일에 일어난 해킹사건에서 피해를 입은 모든 사람이라고 판단하면서도, 도난당한 가상자산이 BZRX 토큰인 사람은 제외한다는 취지로 판시하였다. 법원은 BZRX토큰 보유자가 '프로토콜의 좁은 매개변수 집합과 관련된 제한된 거버넌스 권한만을 소유한다는 피고의 주장은 배척하였다. 법원은 개별 구성원이 사업의 일부만 통제할 때도 조합관계는 여전히 존재할 수 있다고 보았다. 법원은 DAO를 만들면 '미국 법률 준수에 대한 규제 감독과 책임으로부터 프로토콜을 격리할 수 있다'라는 bZx프로토콜 개발자들의 주장에 관하여 캘리포니아 판

---

54) Cal. Corp. Code § 16202(a).
55) Jones v. Goodman, 57 Cal. App. 5th 521, 271 Cal. Rptr. 3d 487 (Cal. Ct. App. 2020)

례를 인용하며 책임의 부담 없이 조합의 장점을 취하려는 시도는 인정되지 아니하고 이 경우에는 조합으로 취급될 것으로 판단하여 위 주장을 배척하였다.

5. 법적 의미

이 사안에서 DAO에 대한 향후 소송에 영향을 미칠 수 있는 피고들의 흥미로운 주장 중 하나는, 원고들이 BZRX토큰 보유자이므로 해당 소송 집단 대표자가 될 수 없다고 주장한 점이다. 피고들은 조합 이론에 근거하여, 원고들이 피고 측이 과실행위를 했다고 주장하는 바로 그 DAO의 회원이었으므로 이해충돌이 있다고 주장하였다. 또한 원고들은 DAO 구조와 관련하여 DAO를 일반 조합으로 봐야 하고 각각의 구성원이 원고들의 손해를 책임져야 한다고 주장하였다. 원고들은 bZxDAO에 자산을 보관한 사람들(단, bZx프로토콜의 네이티브 토큰을 도난당한 사람은 제외)을 집단소송에서의 집단이라고 규정하여 소를 제기하였다.

이는 앞서 살펴본, The DAO 사례의 결론과도 비교·검토해야 하는 부분이다. 즉, The DAO 사례에서는 DAO토큰 보유자들을 DAO의 구성원인 조합원이 아니라 투자자로 인식하였는데, 이 사안에서는 BZRX토큰 보유자들이 bZxDAO의 구성원으로서 그 책임을 부담할 지위에 있다는 취지로 판단하였다. 지정된 원고들이 BZRX토큰을 보유하고 있는 것으로 밝혀지면, 법원이 다른 결과를 도출할지도 의문이다. 이는 해당 원고들이 사실상 원고이자 피고가 될 수 있으므로 소송을 제기하는 데 치명적인 충돌이 발생할 수 있음을 의미할 수 있다.

bZxDAO 사례는 DAO의 법적 성격에 관하여 판단하였다는 점에서 의미가 있다. 미국의 일부 주를 제외한 대부분 국가에서는 DAO의 법적 지위가 조합과 유사한 조직체로 평가될 것이라는 의견이 지배적이었는데, bZxDAO 사례는 그 의견의 내용을 일부 확인시켜 주었다. 법원은 BZRX

토큰 보유자가 거버넌스 프로토콜 참여를 통해 사업에 관여한다는 점을 통하여 적절한 프로토콜 유지 관리와 충분한 보안 조치 등 관리의 의무를 부담하는 조합원임을 확인하였다. 이에 따라 BZRX토큰 보유자는 단순 투자자가 아니라 bZxDAO의 구성원으로서 bZxDAO의 행위로 발생한 결과에 책임을 부담할 가능성이 커졌다.

Ⅲ. 국보DAO 사례

1. 사안의 개요

우리나라의 간송미술관이 보유하고 있는 국보 72호 '계미명금동삼존불입상'과 73호 '금동삼존불감'을 경매에 부쳐 논란이 되었다.[56] 한 트위터의 사용자가 2022년 1월 18일 우리에게 중요한 역사적 가치가 있는 국보가 특정 개인이나 기업에 넘어가는 것을 막자며 국보를 지켜야 한다는 취지의 글을 올린 것을 계기로 '국보DAO'라는 커뮤니티[57]가 결성되었다(그림3-1. 국보DAO).[58] '국보DAO'는 최초 모금 목표액이었던 50억 원을 달성하지 못하였으나 단 며칠 만에 24억 원이라는 거액을 모금하였다.[59] 2022년 1월 27일 열린 경매에서 낙찰에 실패한 사업 참여자들은 그 투자금을 돌려받았다(그림3-2. 국보DAO 토큰 발행 당시 현황).[60]

---

56) 김지현, "국보부터 골프장까지, '가치' 좇는 탈중앙화 자율조직(DAO)", 주간동아, 2022. 2. 28. 〈https://weekly.donga.com/3/all/11/3219262/1〉
57) https://ntdao.org/.
58) 김지현, 앞의 기사; 안수현 (2022), 36면.
59) 위의 기사.
60) 위의 기사.

[그림 3-1]. 국보DAO

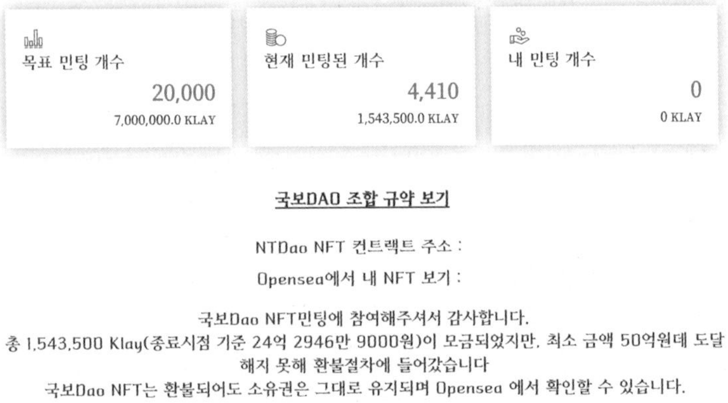

목표 민팅 개수	현재 민팅된 개수	내 민팅 개수
20,000	4,410	0
7,000,000.0 KLAY	1,543,500.0 KLAY	0 KLAY

국보DAO 조합 규약 보기

NTDao NFT 컨트렉트 주소 :

Opensea에서 내 NFT 보기 :

국보Dao NFT민팅에 참여해주셔서 감사합니다.
총 1,543,500 Klay(종료시점 기준 24억 2946만 9000원)이 모금되었지만, 최소 금액 50억원데 도달 해지 못해 환물절차에 들어갔습니다
국보Dao NFT는 환불되어도 소유권은 그대로 유지되며 Opensea 에서 확인할 수 있습니다.

[그림 3-2] 국보DAO 토큰 발행 당시 현황

2. 법률관계의 내용

가. 국보DAO와 구성원의 법적 지위

국보DAO는 법적 지위를 명시적으로 구성원들의 조합계약으로 구성하였다.[61] 국보DAO는 그 발행의 KLAY 코인을 조합에 출자한 자가 조합원의 자격을 취득하는 것으로 규정하였다(조합규약 제3조). 그리고 조합원으로부터 NFT를 인수한 자도 조합원으로 간주하는 것으로 규정하였다(조합규약 제3조). 국보DAO는 조합의 지위를 가지므로, 국보DAO가 국보를 취득하면, 구성원들이 대상 국보를 합유로 보유할 예정이었다(조합규약 제4조). 조합원은 업무집행조합원이나 감사의 선임, 조합의 향후 사업에 대한 투표권을 행사할 권리를 보유하였고, 그 권리는 조합원이 출자한 KLAY 코인 수에 비례하였다(조합규약 제4조).

나. 취득한 국보의 관리

국보DAO는 대상 국보를 매수하는 경우 'National Treasure' 재단을 설립하여 국보의 소유자로 등록하고, 국보의 관리는 간송미술관에서 보관하는 것으로 정하였다(조합규약 제6조). 조합의 재산은 조합원의 합유로 하고, 그 재산으로는 ① 조합원들이 출자한 KLAY 코인과 이를 환전한 원화 자산, ② 대상 국보를 매수한 경우, 대상 국보, ③ 때에 따라 대상 국보를 대여하거나 전시하고 얻은 수입, ④ 조합재산에서 발생하거나 조합 운영과정에서 발생한 재산 등을 정하였다(조합규약 제10조).

---

61) 국보DAO 조합규약 참조. 〈https://ntdao.org/〉

다. 국보DAO의 운영

조합원을 모집하고 조합의 업무를 수행할 임시 업무집행조합원을 특정하여 조합규약에 명시하였고, 그 역할로 최초 출자금 관리와 신임 업무집행조합원의 선거 관리 등을 지정하였다(조합규약 제7조). 업무집행조합원은 총 조합원 투표수의 2/3 이상의 찬성으로 선임·교체·해임될 수 있음을 규정하였다(조합규약 제8조). 업무집행조합원은 조합원이 출자한 금전의 관리·사용·환급의 업무, 대상 국보 매각 시 매각대금의 분배에 관한 업무 등을 담당하였다(조합규약 제8조). 업무집행의 감독과 관련하여 초대 감사는 조합규약에 특정인을 지정하였고, 그 변경은 조합원 2/3 이상의 동의로 할 수 있었다(조합규약 제9조). 조합의 의결은 국보DAO의 홈페이지를 통하여 공지된 방법에 따른 투표를 통하여 정하는 것으로 하였다(조합규약 제14조).

3. 법적 의미

국보DAO는 상당한 금액을 모금하였음에도 목표한 금액을 달성하지 못하여 프로젝트를 중단하였다. 국보DAO는 새로운 형태의 조직체 구성을 시도하기보다는, 처음부터 DAO의 법적 지위를 조합으로 보고 구성원 사이의 관계를 설정하였다. 국보DAO는 경매에 나온 국보 2점을 커뮤니티의 힘으로 매수하여 국보를 온전하게 지키자는 취지에서 시작하였다. 경매를 열흘 앞둔 시점에 아이디어가 나왔고, 그로부터 약 4일 만에 모금을 위한 인터넷 사이트가 오픈되었다.[62] 만약 회사를 설립하여 이러한 프로젝트를 진행하였다면 불가능하였을 정도로 신속하게 관련 절차

---

[62] 정우현, "국보DAO 프로젝트, 개인·국가 아닌 커뮤니티 소유 실험", 여성경제신문(2022. 1. 26.) ⟨https://www.womaneconomy.co.kr/news/articleView.html?idxno=209702⟩

가 진행되었다. 이를 통하여 블록체인기술에 기반한 의사결정체계의 효율성이 증명되었다고 보기도 한다.[63]

4. 소결: 국보DAO가 DAO에 해당하는지에 관한 의문

국보DAO는 민법상의 조합으로 그 조직만을 디지털세계에서 구축하였다고 평가할 수 있다. 앞선 검토에서 DAO에 대한 별도의 입법이 없는 한 그 법적 성격에 관하여 조합으로써 평가될 가능성이 크다고 설명은 했으나, 그 본질적 성격이 조합에 완전하게 부합하지는 아니한다고 밝혔다. 즉, DAO의 본질은 탈중앙화 정신에 기초하고 있고, 이는 의사결정기관이나 대표기관 없이 구성원들이 직접 DAO의 의사를 결정하는 것으로 나타난다. 그런데 국보DAO의 구성원은 다른 DAO와 달리 일종의 투자자 지위를 가지고 조직에 참여하고, 그 운영과 경영 판단은 사실상 소수의 사람에게 맡겨져 있었다. 무늬만 DAO의 외형을 갖추고 DAO의 혁신성을 배경 삼아 기존의 조직체에 적용되던 자본시장 관련 법령의 규제를 회피하면서 막대한 자금을 조달한 것으로 평가할 수도 있다. 이러한 비판은 비단 국보DAO만이 아니라 DAO의 이름을 가지고 있는 적지 않은 수의 DAO에 동일하게 가능하다.

IV. 사례에서 확인한 DAO의 한계

1. 법적 지위의 불명확성

DAO 개발자와 참여자 그리고 DAO의 거래상대방 간 권리·의무와 그

---

63) 위의 기사.

거래에 대한 책임 범위와 한계를 누구에게 어디까지 물을 수 있는지 명확하지 아니하다.[64][65] DAO 참여자가 스마트계약상 코드를 제대로 인식하고 이해한 상태에서 참여한 것이라고 보기 어려우므로 DAO에 대한 해킹이나 스마트계약의 오류 문제 발생 시 참여자를 DAO 구성원으로 보고 공동책임을 부담하도록 해야 하는지, 단순한 투자자로서 보호대상으로 봐야 할지도 명확하지 아니하다.[66][67] 이러한 상황을 반영하듯, The DAO 사례에서는 가상자산 보유자를 투자자로 인식하였고, 국보DAO나 bZxDAO 사례는 DAO를 조합으로 보고 그 구성원을 조합원으로 인식하였다. DAO의 법적 지위를 어떻게 평가하느냐에 따라 가상자산 보유자의 지위가 극단적으로 달라질 수 있음을 보여주는 예이다.

2. 지배구조의 문제

DAO의 특징 중의 하나가 의사결정에 전 구성원이 참여하는 것이 원칙이라는 점이다. 의사결정과정이 민주적인 것이 DAO의 장점인데, 문제는 그 과정 중에 적지 않은 시간이 소요된다는 점이다.[68] DAO에 대한 참여가 강제되지 아니하므로 참여자가 DAO의 운영을 위하여 제안한 사항이 스마트계약상의 조건을 충족하여 실행되기 위해서는, 참여자의 투표 참여 독려를 위한 장치들이 있어야 한다. 스마트계약에 따라 코드화된 조건이 충족되기만 하면, 그 실행은 자동으로 이루어져 매우 신속하고 효율적일 수 있으나, 그 집행의 전 단계인 의사결정과정은 매우 복잡하고 비효율적일 수 있는 것이다.[69]

---

64) 권단, 앞의 기사.
65) Web3.0研究会 (2022), 24면; 김선미, 앞의 기사.
66) 권단, 앞의 기사.
67) 이석민 (2022), 68면.
68) 최선미 (2023), 74면; 殿村桂司·近藤正篤·丸田颯人 (2022).
69) 殿村桂司·近藤正篤·丸田颯人, 위의 글.

반대로 의사결정절차나 그 실행을 자동화하였더라도 그 의사를 결정하는 과정에 특정한 소수가 상당한 영향력을 행사할 수 있는 구조로 되어 있다면, 진정한 의미의 탈중앙화는 달성하기 어렵다. 의사결정의 효율성을 달성하기 위한 수단으로 가상자산에 지분권을 부여하여 그 보유량에 따라 의사결정에 미치는 영향이 달라진다면, 결국 가상자산을 많이 보유한 사람이나 집단을 중심으로 DAO는 중앙화될 가능성이 크다.[70] 또한 DAO가 자금의 사용이나 조직체의 운영을 다수결로 결정할 때 조직 내에서 특정한 파벌이 형성되거나 내부 분열이 발생하는 것도 배제할 수 없다.[71]

The DAO 사례는 위와 같은 의사결정체계의 문제점을 보완하고자 컨트랙터와 큐레이터란 역할을 설정하였다. DAO의 운영에 관한 제3의 기관 역할을 부여하는 것이 탈중앙화라는 DAO의 본질적 이념에 반하는 것이 아닌가 하는 의문이 제기되기도 하는데, 이에 관해서는 뒤에서 자세하게 다루기로 한다. 일단 The DAO 사례를 통하여 DAO의 운영과 관련하여 제3의 기관을 활용할 수 있는 점을 확인하였는데, 이는 DAO의 운영에 있어서 직접민주주의적인 요소에 수정을 가한 것이다. DAO의 의사결정에 있어서 직접민주주의적 내용은 그 지배구조에 있어서 매우 핵심이 되는 내용인데, 이에 수정을 가하였다는 것은 탈중앙화와 자율이라는 DAO의 이상향을 그대로 현실에서 실현하는 것이 쉽지 아니하다는 것을 의미한다고 볼 수 있다.

3. 기술적 위험의 문제

디지털세계에 기반을 둔 DAO의 특성상 외부에서의 해킹과 시스템 자체 코드의 오류는 항상 발생할 수 있는 문제이다. The DAO, bZxDAO

---

70) 김제완 (2021), 20면; 안수현 (2022), 56면; 이석민 (2022), 68면; Biyan (2022), 170면.
71) Web3.0研究会 (2022), 24면.

사례 등이 대표적인 예이다. 일단 현재 확인한 사례 중에는 DAO의 보안이나 기술적인 위험들로부터 촉발된 법적 문제들이 많았다는 점에 비추어 보더라도, 기술적 위험은 DAO가 가장 먼저 보완해야 하는 한계 중의 하나이다. DAO가 블록체인기술을 활용하여 다수의 참여자를 통하여 거래내역의 동일성을 검증하는 방식으로 단일성을 확보하는데, 이러한 동일성의 검증방법은 사람이 설계하는 것이므로, 사실상 그 설계자의 의지에 따라 탈중앙화를 후퇴시키는 내용으로 설정될 수도 있다. 의사결정의 효율성과 실용성을 위하여 기술적으로 완전한 의미의 탈중앙화가 아니라 그 기술적 검증의 참여자 수를 제한하는 방법을 설정할 수도 있는 것이다. 이러한 기술적 설정은 가상자산을 통하여 이루어질 수 있는데, 비트코인, 이더리움이 아닌 충분한 노드가 확보되지 아니한 신생 가상자산에서 이러한 문제가 발생할 가능성이 크다. 이는 궁극적으로 블록체인기술이 가장 혁신적인 것으로 내세운 위·변조의 절대적 방지와 같은 보안 분야에 있어 취약점으로 나타날 수 있다.

제3절 DAO에 관한 외국의 입법 현황

Ⅰ. 미국

1. 버몬트주

　미국의 버몬트주는 2018년 7월 블록체인 기반 유한책임회사[72]의 설립을 허용하는 법안을 통과시켰다. 버몬트주는 경영활동에 블록체인기술을 활용하는 기업에 BBLLC법을 적용할 수 있게 하였다. 이 법은 'BBLLC'라는 표현을 사용하였으나 실질적으로 DAO를 포함한다.[73] DAO는 BBLLC법의 적용 범위에 직접 명시되어 있지는 아니하나, 블록체인기술을 활용하는 기업의 하나로 DAO가 포함될 수 있으므로 BBLLC법은 DAO 관련 선례적 입법으로서 의미가 있다.[74] 'LLC'라는 제목에서도 유추할 수 있듯이, 해당 법안은 블록체인 기반 기업을 완전히 새로운 형태의 기업으로 보지는 아니하였다. 버몬트주는 BBLLC를 'Chapter 25—Limited Liability Companies' 중 하나의 'Subchapter'로 분류하여 버몬트주의 표준 LLC 조항의 적용을 받게 하였다.[75] BBLLC법은 BBLLC의 법적 지위를 LLC에 준한다고 명시하였다는 점에서 중요한 의미가 있다.[76][77]

　BBLLC로 등록한 회사는 운영약정(operating agreement)[78]에 회사의 사

---

[72] Blockchain-based limited liability companies, 이하 'BBLLC'라 한다.
[73] 노혁준 (2022), 102면.
[74] 안수현 (2022), 69면.
[75] 관련 조문은 제4171조부터 제4176조까지 총 6개이다.
[76] Vermont Limited Liability Company Act, 11 V.S.A. §4172.
[77] 노혁준 (2022), 102면.
[78] 운영약정은 LLC의 사원 사이의 관계에 관한 규칙을 설정하는 법적 문서인 반면 정관은 회사의 운영 및 내부 관리에 적용되는 규정과 규칙을 정한다는 점에서 차이가 있다. 운영약정은 LLC의 소유구조와 지분율, 손실과 채무의 배분,

명 또는 목적을 기재하고 기업활동에 사용할 블록체인기술에 대한 정보, 보안 침해에 대응하기 위한 프로토콜, 의결권 행사 절차, 사원(member)이 되는 방법과 참여자(participant)의 권리 등에 대한 내용을 포함하여야 한다.[79] BBLLC법에서 주목할 점은 BBLLC의 사원과 참여자를 구분하고 있는 점이다. 먼저 BBLLC의 '참여자'는 '(a) 분산원장·데이터의 복사본 전체 또는 일부를 가지고 있거나 해당 장부나 데이터베이스의 검증 과정에 참여하는 자, (b) 블록체인기술 기반의 가상자산에 대한 통제권을 보유하고 있는 자, (c) 프로토콜에 특정 기여를 한 자'를 의미한다.[80] BBLLC '사원'은 해당 기업에 영향력을 갖는 자를 의미하며 경영진, 개발자, 채굴자 등 다양한 주체들을 포괄할 수 있다. 이들에게는 신인의무(fiduciary duty)가 부과된다.[81] 신인의무란 타인의 재산에 대한 관리 운용을 위탁받은 수임인이 위탁자 또는 수익자의 최대이익을 위해 합리적이고 사려 깊게 행동하여야 할 의무이다. 통상 신인의무가 부과되면 경업하지 않을 의무 즉, BBLLC의 사원이 회사의 영업과 비슷한 부류의 사업을 하지 않을 의무가 부과된다.

BBLLC 사원의 권리·의무는 해당 기업의 운영약정에 따라 정해진다.[82] DAO의 지분구조 및 운영 등에 있어 탈중앙형 지배구조를 취하는지 혹은 DAO 운영방식을 스마트계약에 따른 의결권 행사 구조로 할지 등에 대한 모든 사항이 운영약정에 명시된다. 버몬트주에서는 유한책임을 부담하는 DAO를 설립할 가능성이 최초로 열리게 되었다. 이에 따라 'dOrg'가 2019년 이더리움 블록체인에 DAO를 조직한 후 처음으로 BBLL

사원간의 순위 등에 관한 내용을, 정관은 이사회, 사원의 역할, 의사결정절차 등에 관한 내용을 각각 규정한다. 양자를 개념상으로는 구별하나 실질적인 내용 면에서는 중첩되는 부분이 있을 수 있다.
79) Vermont Limited Liability Company Act, 11 V.S.A. §§4171-4176.
80) Vermont Limited Liability Company Act, 11 V.S.A. §4171.
81) Vermont Limited Liability Company Act, 11 V.S.A. §4171.
82) Vermont Limited Liability Company Act, 11 V.S.A. §4174(b).

(83)로 등록하였다.[84] 'dOrg'는 프리랜서들의 조합적 성격을 가지고 프리랜서의 독립과 규모의 경제를 달성하기 위하여 설립된 조직으로 Genesis DAO에서 분할되었다.[85] 'dOrg'는 종래에 법인격이 없어 조합원이 무한책임을 부담하는 것에 관한 문제와 법인격이 없어 독립적으로 계약을 체결할 수 없는 한계를 극복하기 위하여 BBLLC로 설립되었다.[86] 버몬트주에서 블록체인 기반 LLC로 설립되는 기간은 약 3개월 정도 걸렸고, 버몬트주의 온라인 포탈에서 3일 이내에 등록이 이루어졌다.[87] 'dOrg'의 지분 소유자는 사원(member)으로 불리고 모두 프리랜서 사원으로만 구성되며, 영리를 추구하지 아니하고 이사회도 별도로 설치하지 아니하였다.[88] 'dOrg'는 행정업무 처리와 소송수행 등과 같은 특정 업무를 담당할 사원을 두어 오프라인 업무를 수행하게 하고 있다.[89] DAO에 BBLLC를 적용함으로써 DAO는 독립적인 당사자로서 계약을 체결하고, 구성원들에게도 유한책임의 효과를 제공할 수 있는 공식적인 법적 지위를 갖게 되었다.

2. 와이오밍주

가. 개요

와이오밍주는 블록체인과 가상자산 산업을 적극적으로 지원하고, DAO와 같은 조직을 법적으로 인정하며 이에 따른 적절한 법적 구조를

---

83) https://dorg.tech/#/.
84) Vermont Limited Liability Company Act, 11 V.S.A. §4173.
85) 안수현 (2022), 71면.
86) 위의 보고서.
87) 위의 보고서.
88) 위의 보고서.
89) 위의 보고서.

마련하고 있다. 와이오밍주에서 DAO를 LLC로 인정하는 '법안 38' DAO 보충조항(Wyoming Decentralized Autonomous Organization Supplement)은 2022년 3월 입법화되었다(Wyoming Decentralized Autonomous Organization Act). 이 법은 기본적으로 와이오밍 LLC법을 개정하는 것이었다.[90] 이 법의 규정에 따라 DAO는 LLC의 법적 지위를 가진다.[91] 이는 표준 LLC법의 적용을 받는다는 점에서 버몬트주의 BBLLC법과 유사하나, DAO를 직접 언급한다는 점에서 차이가 있다.[92] 와이오밍주의 DAO법은 DAO 설립 시 LLC의 기업형태를 이용할 수 있음을 선언한 것이고, 이와 함께 미국에서 최초로 스마트계약에 의하여 의사결정체계가 코드화된 DAO와 그 구성원을 구분하여 법인으로서의 법적 지위를 인정하였다는 점에서 의의가 있다.[93]

와이오밍주법 제17편 제31장 제101조부터 제115조까지는 DAO에 LLC 기본법을 준용하고 있다. DAO의 의사결정과 관련하여 사원 과반수라는 개념을 구체화하였다.[94] 따라서 DAO는 와이오밍주에서 LLC와 마찬가지로 법적 지위를 가지고 기업 규칙에 따라 운영할 수 있다. 위 법률은 LLC와 같은 형태로 등록되어도 DAO의 자동화된 의사결정시스템을 적용할 수 있게 하였다. 이는 DAO가 분산화된 네트워크에서 자율적으로 운영되게 하면서도, 법적 구조를 준수하게 하여 DAO 참여자 보호를 강화하였다.

와이오밍주에서 설립된 최초의 DAO는 2021년 7월에 설립된 American CryptoRed DAO LLC이다.[95] 해당 DAO는 EOS 블록체인 플랫폼을 사용하고 있고, 무제한 알고리즘 가상자산인 Ducat과 유통량이 10조 원 상당으

---

90) Wyoming Code §17-31-101 through §17-31-115.
91) Wyoming Code §17-31-102(a)(ii).
92) 안수현 (2022), 72면.
93) 위의 보고서.
94) Wyoming Code §17-31-102(a)(v).
95) 안수현 (2022), 75면; 이석민 (2022), 73면.

로 제한되는 거버넌스 가상자산인 Locker를 발행하였다.96)

나. 내용

(1) DAO의 설립

DAO는 합법적인 목적으로만 조직할 수 있다.97) 와이오밍주 DAO LLC 결성을 위해서는 1명 이상의 사원(member)이 있어야 하고,98) 사원 경영형(member managed) DAO와 알고리즘 경영형(algorithmically managed) DAO 등 2가지 형태의 DAO 법인 구조 중 한 가지를 신청하여야 한다.99) DAO 법인이 그 유형을 별도로 규정하지 아니한 경우에는 사원 경영형 DAO로 추정한다.100) 알고리즘을 통하여 자동으로 실행되는 지배구조체계가 인정되는 것이 특징이다. 알고리즘 경영형 DAO는 기본 스마트계약이 업데이트, 수정, 업그레이드가 가능하여야만 신청이 가능하다.101) 참고로 버몬트주법에서는 경영방식을 운영계약에 따라 자유롭게 인정하는 점에서 와이오밍주와 차이가 있다.102) DAO 법인 설립 신청 시 정관의 내용에는 사원 간, 사원 및 DAO 사이의 관계, 사원의 권리 의무, DAO의 활동, 운영규약 수정을 위한 수단과 조건, 사원의 권리 및 사원 지분권, 사원 지분권의 양도 가능성, 탈퇴, DAO 해산 전 사원에 대한 분배, 정관 변경, 스마트계약의 수정, 업데이트, 편집, 변경 절차를 포함해야 한다.103)

---

96) 안수현 (2022), 75면.
97) Wyoming Code §17-31-105(c).
98) Wyoming Code §17-31-105(a).
99) Wyoming Code §17-31-104(e).
100) Wyoming Code §17-31-104(e).
101) Wyoming Code §17-31-105(c)(d).
102) 안수현 (2022), 73면.
103) Wyoming Code §17-31-116.

DAO LLC는 기존의 LLC와 유사하게 와이오밍주 주무장관에게 설립증명서(certificate of formation)를 제출함으로써 설립된다.[104] 그러나 와이오밍주 DAO법은 몇 가지 추가 규칙도 포함하고 있다.[105] DAO LLC의 정관에는 'DAO, DAO LLC 또는 LAO'라는 단어와 함께 DAO를 관리, 촉진 또는 운영하는 데 직접 사용하는 스마트계약에 공개적으로 활용할 수 있는 식별자를 구체적으로 포함해야 한다.[106] 이는 DAO가 일반 LLC로 설립되는 때는 부과되지 아니한다.[107] 와이오밍주에 등록된 에이전트가 있어야 하고 법인 존속기간 동안 에이전트를 계속 유지해야 한다.[108] 와이오밍주 거주자가 아니어도 DAO 법인 설립 신청이 가능하나, 해외 DAO는 증명서를 발급해 주지 아니한다.[109] DAO LLC가 아닌 기존의 LLC도 정관을 변경하여 DAO LLC로 전환할 수 있다.[110] 와이오밍주 DAO LLC는 아래의 내용을 정관에 포함해야 한다.[111]

"사원의 권리는 다른 LLC의 사원의 권리와 실질적으로 다를 수 있다. 와이오밍 DAO 보충서, 기본 스마트계약, 정관, 운영약정 등은 신인의무를 규정, 축소, 제한할 수 있고, 출자금 반환 및 DAO의 해산을 제한할 수 있으며, 지분권의 이전, DAO로부터의 탈퇴 또는 사임을 제한할 수 있다."

(2) DAO의 법적 지위

와이오밍주 DAO법에 의하여 DAO LLC로 등록이 되면, 해당 법인은

---

104) Brummer·Seira (2022), 11면.
105) 위의 글.
106) Wyoming Code §17-31-106(d).
107) Brummer·Seira (2022), 11면.
108) Wyoming Code §17-31-105(b).
109) Wyoming Code §17-31-116.
110) Wyoming Code §17-31-104(b).
111) Wyoming Code §17-31-104(c).

일반 LLC와 동일한 법적 지위를 가진다.[112] 스마트계약 및 정관이나 운영약정에 다른 조항이 없다면 DAO는 어떤 사원도 성실 또는 공정거래 의무 이외에 DAO 또는 다른 사원에 대하여 어떠한 신인의무도 부담하지 않는다는 점에서 일반 법인과 차이가 있다.[113] 와이오밍주 DAO법은 LLC의 사원 간 그리고 DAO에 대한 신인의무를 면제하여 주식회사보다 유연한 지배구조의 설정을 가능하게 하였다.[114]

(3) DAO의 운영

DAO의 운영은 정관이나 운영약정에서 달리 정하지 아니하는 한 사원 경영형 DAO는 사원에 의하여, 알고리즘 경영형 DAO는 스마트계약에 의하여 운영되는 것이 특징이다.[115] DAO에 소송당사자 능력이 인정되고, 사원은 DAO에 출자한 가상자산 외에 개인 재산으로 책임을 부담하지 아니한다.[116] DAO의 스마트계약을 개발한 개발자가 반드시 DAO의 사원이어야 할 의무가 없고, 개발자라도 DAO 사원이 되지 않으면 DAO와 그 사원 그리고 DAO의 행위에 대하여 아무런 책임을 부담하지 아니한다.[117] 와이오밍주법은 스마트계약을 DAO의 법적 문서로 인정한다.[118] DAO의 관리 운영에 사용되는 스마트계약은 공개해야 한다.[119]

(4) 사원의 권리·의무

사원의 지위는 정관이나 스마트계약 또는 운영약정에서 달리 징하지

---

112) Wyoming Code §17-31-102(a)(ii).
113) Wyoming Code §17-31-110.
114) Brummer·Seira (2022), 11면.
115) Wyoming Code §17-31-109.
116) 안수현 (2022), 74면.
117) Wyoming Code §17-31-105(a).
118) 최선미 (2023), 75면.
119) Wyoming Code §17-31-106(b).

아니하는 한 ① 의결권 또는 경제적 권리를 부여하는 재산을 취득한 자, ② 가상자산 출자 또는 사원의 지위로 보는 사원권을 취득한 자, ③ 의결권 또는 경제적 권리를 부여한 재산을 처분하여 탈퇴한 자 등에 해당하여야 한다.[120] 와이오밍주법은 사원의 의결권에 관해서도 규정하고 있다. 사원이 운영하는 DAO에서 사원의 지위는 의결권 행사 시 출자된 총 가상자산 중에서 각 사원이 출자한 가상자산에 비례하는 것이 원칙이다.[121] 가상자산의 출자가 없는 사원은 1개의 사원 지분권과 투표권을 가지며, 투표 정족수는 사원 지분권의 과반수에 의한다.[122] 1개의 투표권은 1개의 의결권과 동일하므로 출자를 거치지 않은 DAO에 속한 사원은 모두 동등한 의결권을 가지는 것이다. 참고로 의결정족수의 과반수를 충족하여야 안건이 통과되며 정관이나 운영약정에서 의결정족수를 자유로이 정할 수 있다. 이는 DAO의 구성원 참여율이 낮아 과반수의 의결정족수를 요건으로 하는 경우 대부분의 의사결정 제안이 무산될 수 있는 점을 고려한 것으로 보인다.

만약 DAO의 이름을 변경하거나 DAO에 수정하여야 할 오류가 있는 경우 또는 스마트계약에 변경이 발생하면, DAO의 정관도 수정하여야 한다.[123] 사원은 DAO의 기록에 관하여 별도로 열람·등사를 요구할 권한이 없고, DAO는 오픈 블록체인에 공개된 정보 외 조직의 활동, 재정 상태 및 기타 정보를 제공할 의무가 없다.[124] 이는 DAO의 코드가 공개되어 있기 때문으로 이해된다. 사원의 탈퇴는 탈퇴 의사 및 스마트계약에 의해 이루어진다.[125] 운영규정과 정관이 충돌하면 정관이 우선하고, 정관과 스마트계약이 충돌하면 스마트계약이 우선한다.[126]

---

120) 안수현 (2022), 73면.
121) Wyoming Code §17-31-111(a)(i).
122) Wyoming Code §17-31-111(a)(ii).
123) Wyoming Code §17-31-107(a).
124) Wyoming Code §17-31-112.
125) Wyoming Code §17-31-113.

(5) DAO의 해산

DAO의 해산사유는 ① 존속기간의 만료, ② 사원 경영형 DAO에서 사원 과반수가 해산을 의결한 경우, ③ 스마트계약 등에 명시된 사유가 발생한 경우, ④ 1년 동안 DAO에서 아무런 제안도 승인되지 않거나 아무런 활동을 하지 않는 경우, ⑤ 국무장관이 더 이상 합법적 목적 수행 가능성이 없다고 보아 해산을 명령하는 경우 등이 있다.127) 사원 과반수 승인에 의한 해산은 LLC의 해산사유와 비교하여 완화된 기준을 규정하였다.128)

다. 와이오밍주 DAO의 예

(1) Fries DAO

Fries DAO129)는 패스트푸드점 인수를 목표로 한다. 점포 구매자에게 실제 소유권이 아닌 스테이블코인을 제공해 의사결정에 관여하면서 자금 회수를의 방법을 모색하고 있는 것으로 알려졌다.

(2) Kitchen Lands DAO

Kitchen Lands DAO130)는 분산형 커뮤니티에 의한 자산의 취득·관리를 추구하고 토지를 사들이는 등의 사업을 수행하고 있다(그림4. Kitchen Lands DAO 명의 매매계약서).

---

126) Wyoming Code §17-31-115.
127) Wyoming Code §17-31-114.
128) 노혁준 (2022), 106면.
129) https://fries.fund/.
130) https://telos.kitchen/articles/kitchen-lands-dao-llc/.

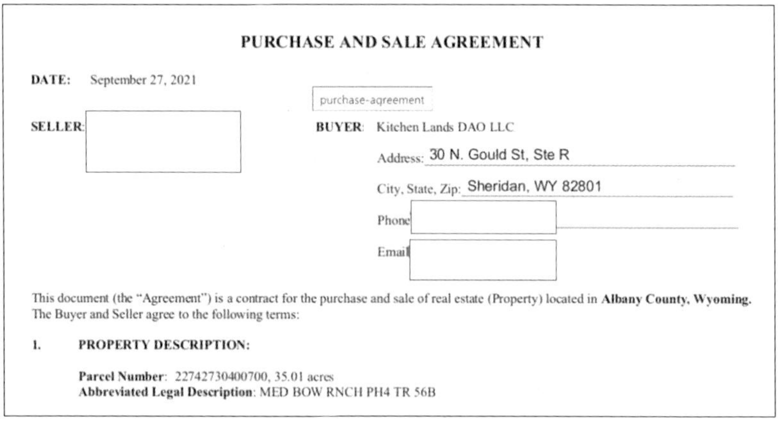

PURCHASE AND SALE AGREEMENT

DATE: September 27, 2021

purchase-agreement

SELLER:

BUYER: Kitchen Lands DAO LLC

Address: 30 N. Gould St, Ste R

City, State, Zip: Sheridan, WY 82801

Phone:

Email:

This document (the "Agreement") is a contract for the purchase and sale of real estate (Property) located in **Albany County, Wyoming.** The Buyer and Seller agree to the following terms:

1. PROPERTY DESCRIPTION:

Parcel Number: 22742730400700, 35.01 acres
Abbreviated Legal Description: MED BOW RNCH PH4 TR 56B

[그림 4] Kitchen Lands DAO 명의 매매계약서

(3) American CryptoFed DAO

American CryptoFed DAO[131]는 와이오밍주 최초의 DAO로 인플레이션, 디플레이션, 거래비용 등이 발생하지 아니하는 통화시스템을 목표로 내걸고, EOS를 기반으로 한 수수료 없는 거래를 실현하기 위한 스테이블코인 Ducat 보급 활동을 수행하는 것으로 알려져 있다.

라. 평가

알고리즘 경영형 DAO를 보면, 와이오밍주법은 알고리즘을 기반으로 조직의 의사결정과 운용관리를 수행하는 것을 인정해 준 세계 최초의 법이라는 점에서 중요한 의미가 있다.[132] 다만, 해당 법에 따르면 알고리즘에 의해 운영되는 DAO의 스마트계약을 항상 최신의 상태로 유지해야 하는데, 스마트계약은 사람의 도움이 있어야 업데이트가 가능하다는 점을 고려할 때, 알고리즘 경영형 DAO로 분류되더라도 사람의 관리와

131) https://www.americancryptofed.org/.

132) 노혁준 (2022), 107면; 이석민 (2022), 73면.

보수가 필요하다는 한계는 존재한다.

　등록을 위해 국무부에 제출하는 정관에는 DAO의 구조가 사원 경영형 DAO 또는 알고리즘 경영형 DAO로 기재되어 있어야 하고, 이를 명시하지 않으면 사원 경영형 DAO로 추정한다.[133] 이는 와이오밍주가 DAO의 자동화 수준과 설계를 구분하고 있음을 보여준다. DAO 운영·관리는 사원 경영형 DAO의 경우 사원에 의해, 알고리즘 경영형 DAO는 스마트계약에 의해 이루어진다. '기본 스마트계약이 업데이트, 수정 또는 기타 업그레이드될 수 있는 경우'에만 알고리즘 경영형 DAO를 구성할 수 있다.[134] 이는 기술의 발전을 고려하여 DAO의 통제 가능성을 확보하기 위한 것으로 보인다.

　사원 경영형 DAO에서 사원에게 부여한 성실과 공정거래 의무는 정관이나 운영약정에서 달리 정하지 않는 한 일반적인 LLC와 차이가 없다. 다만 사원의 신인의무를 명시한 버몬트주의 BBLLC법과는 다르게 와이오밍주에 등록한 DAO의 사원은 원칙적으로 신인의무를 부담하지 않는다. 그래서 정관에 따로 이에 관한 사항을 다루지 않는다면 경업금지의무가 존재하지 아니할 것이다. 와이오밍주 DAO LLC는 기본적으로 LLC의 지위를 가지므로, 와이오밍주 DAO법에 특별히 정하지 아니하는 한 의사결정, 세금, 분쟁해결 등의 절차에 있어서 LLC법에 의할 것이다.[135] DAO의 법적 지위에 관하여 LLC에 준하는 지위를 부여한 것에 관하여 여러 관점에서의 비판이 제기되었으나, 그 법적 지위의 부여로 세금, 분쟁해결 등과 관련한 불확실성을 제거하였다는 점에서는 의미가 있다고 평가할 수 있다.[136] 와이오밍주 DAO법은 사원에게 해당 프로젝트에 투입한 가상자산 이외에는 개인 재산으로 책임을 부담하지 않도록 한 것

---

133) Wyoming Code §17-31-104(e).
134) Wyoming Code §17-31-105(d).
135) 이석민 (2022), 73면.
136) 노혁준 (2022), 106면.

이 특징이다. DAO를 통한 다양한 조직 운영 실험을 함에 있어 큰 법적인 부담을 제거하였다. 와이오밍주 DAO법은 이처럼 미래형 조직의 법적 초석을 마련하였다는 점에서 큰 의미가 있다.[137]

와이오밍주 DAO법은 사원의 책임 문제에 관해서는 규정하고 있으나, 다른 근본적인 문제를 다루지는 않고 있다. DAO 사원에게 DAO를 대리하고 법적 구속력을 가질 수 있는 권한이 부여되었는지는 불분명하다. 따라서 이러한 내용이 효과를 발생하기 위해서는 DAO의 정관에 포함하는 조치가 필요하다. 또한 알고리즘으로 관리되는 DAO의 경우 기본 스마트계약을 업데이트할 책임이 누구에게 있는지도 명확하지 아니하다. 한편 와이오밍주 DAO법은 회사법과 계약법의 상호관계나 스마트계약의 기능을 오해하였고, DAO를 기존의 사업주체와 동일시함으로써 등록대리인과 같은 기존의 중개기능을 답습하는 등으로 DAO의 탈중앙적 이념을 침해하였다는 비판도 제기된다.[138]

와이오밍주는 1977년 미국에서 최초로 LLC라는 법인 구조를 도입해 미국 전역으로 확산시킨 경험이 있다. 2021년의 와이오밍주 DAO 역시 과거의 LLC처럼 미국 전역으로 확산되고 법인 조직의 혁신 사례로 기억될 것인지는 더 두고 봐야 할 것이다.[139]

마. DUNA의 제정

와이오밍주는 2024년 3월 8일 DAO법의 후속 입법으로 '탈중앙화 법인 아닌 비영리 사단법(Decentralized Unincorporated Nonprofit Association Act)을 제정하였고, 2024년 7월 1일에 발효되었다. 와이오밍주는 DAO법을 통해 DAO에 관한 감독 문제를 해결하려 했으나, DAO가 발행한 가상

---

137) 권단, 앞의 기사.
138) 柳明昌 (2022), 39면.
139) 권단, 앞의 기사.

자산이 유가증권으로 간주되어 미국 증권법에 적용될 수 있는 점, 기업투명화법(Corporate Transparency Act)에 따라 LLC는 소유권을 보고할 의무가 발생하나, DAO의 사원이 전 세계적으로 흩어져 있는 현실에서 수용이 어렵다는 점 등을 고려하여 새로운 법적 실체를 제시하는 DUNA법을 제정하였다.[140] 그 주요 내용은 다음과 같다.

 DUNA는 최소 100명의 회원(Member)으로 구성된다.[141] 이때 회원은 운영원칙(Governing principles)에 따라 DUNA의 관리자 선정 또는 DUNA의 정책 및 활동 개발에 참여할 수 있는 사람을 의미한다.[142] 운영원칙은 DUNA의 목적 또는 운영과 회원, 관리자의 권리·의무를 규율하는 모든 약정, 해당 약정의 수정 등을 의미하고, 여기에는 기록에 포함되거나 DUNA의 확립된 관행에서 묵시적으로 또는 둘 다를 포함하는 DUNA 약정, 합의 형성 알고리즘, 스마트 계약 또는 지배구조 제안을 포함한다.[143] DUNA는 수익 활동을 할 수 있으나, 그 수익은 DUNA 공동의 목적을 증진하거나 이를 위하여 별도로 적립해야 한다.[144] DUNA는 그 명의로 부동산 또는 동산에 관한 소유권이나 지분권을 취득, 보유, 담보설정 또는 양도할 수 있다.[145] DUNA는 그 명의로 부동산 또는 그 이분을 양도하기 위해서 수권증서(statement of authority)를 작성하고 기록하여야 한다.[146] DUNA는 관리자를 선임해야 할 의무가 없고, 관리자가 선임되지 아니하는 경우 회원 중 누구도 DUNA의 관리자로 간주되지 아니한다.[147]

 DUNA법은 비영리 목적의 DAO에 대한 법인 아닌 비영리 사단

---

140) 김주호·정병호 (2024), 26면 각주73) 참조.
141) Wyoming Code §17-32-102(a)(iii)(A).
142) Wyoming Code §17-32-102(a)(viii).
143) Wyoming Code §17-32-102(a)(vii).
144) Wyoming Code §17-32-104(a).
145) Wyoming Code §17-32-105(a).
146) Wyoming Code §17-32-106(a).
147) Wyoming Code §17-32-123(b)(c).

(Unincorporated Nonprofit Association, 'UNA') 법리를 적용하여 유한책임법제에 포섭되지 않는 DAO의 법적 불확실성을 해소하였다는 데 의의가 있다.148) 그러나 그 법적 불확실성을 해소하는 과정에서 DAO의 본질인 탈중앙화적, 자율적 특성은 상당 부분 후퇴하였다. 이는 DAO를 현실에 맞게 수정하는 과정에서 발생하는 불가피한 결정이기는 하나, 이는 다른 한편으로 DAO 제도화의 근본적 한계를 확인하여 주는 것이기도 하다.

3. 테네시주

테네시주의회는 2022년 4월경 DAO 관련 법안(이하 'DO법'이라 함)을 통과시켰다. 테네시주는 와이오밍주에 이어 미국에서 두 번째로 직접 DAO를 LLC로 설립할 수 있도록 한 주가 되었다. DO법은 §48-250-101에서 §48-250-115까지 총 15개의 조문으로 구성되어 있다.149) DO법은 DAO 관련 조직, 가상자산, 블록체인기술, 사원권, 스마트계약 등에 관한 정의 조항, 테네시주의 LLC법 적용에 관한 사항, DAO의 지위, 설립, 정관, 운영약정, 운영의 방식, 사원의 행위 기준, 사원의 의결권, 정보에 관한 권리, 사원의 탈퇴, 해산 등에 관한 내용을 정하고 있다.

DO법은 정관에 기재하는 사항, 스마트계약의 공개키를 반드시 정관에 기재해야 하는 점, 스마트계약의 수정이 가능해야 하는 점, 정관에 따로 정하지 않는 한 사원에 대해 신인의무를 부과하지 아니하는 점, 1년 동안 승인하지 못하거나 조치하지 않으면 해산되는 점 등 와이오밍주의 DAO법과 매우 유사하다.150) 그러나 테네시주는 용어에 있어 와이오밍주와 차이가 있다. 테네시주는 DAO를 'Decentralized Organization(DO)'로 지칭하고 'Autonomous'라는 단어를 제외하였다. 이는 DAO 조직 내 참여

---

148) 김주호·정병호. (2024), 27면.
149) Tennessee Code §48-250-101.~Tennessee. Code §48-250-115.
150) 안수현 (2022), 76면.

율이나 투표율이 낮다는 사실을 고려한 것으로 보인다. 와이오밍주의 경우 DAO를 사원 경영형 DAO와 알고리즘 경영형 DAO로 나누었는데, 테네시주는 사원 경영형 DAO와 스마트계약 경영형 DAO로 유형화하였다(제108조). DO법 제114조(c)에서는 정관과 스마트계약의 효력에 관하여 규정하고 있고, 스마트계약과 정관이 일치하지 아니하는 경우 스마트계약의 효력이 정관에 우선하도록 하고 있다. 의결정족수는 사원의 과반수가 있어야 하고, 사원의 탈퇴는 정관, 스마트계약, 운영약정에서 정한 바에 따른다.

4. 델라웨어주

델라웨어주는 별도로 DAO 관련 법률을 제정하지는 아니하였으나 버몬트주와 마찬가지로 블록체인에 기반한 LLC를 설립할 수 있다. '오픈로'(OpenLaw)는 델라웨어주에서 LAO(Legal DAO)를 설립하여 버몬트주의 'dOrg'와 유사한 접근 방식을 취하고 있다.[151] LAO는 사원들이 가상자산화된 주식 또는 유틸리티 가상자산과 교환하여 프로젝트에 투자할 수 있는 법적 구조를 제공한다.[152] 이를 통하여 DAO를 LLC로 구성하여 계약의 체결, 세금의 부과 및 납부, 법률 위반에 대한 책임을 개인이 아닌 DAO에 지운다.[153] LAO의 목표는 사원의 책임을 제한하고, 적용하는 법률을 명확히 하며, 세금 혜택을 제공하는 것이다.

버몬트주, 델라웨어주 및 와이오밍주의 다양한 옵션 중에서 어느 것을 결정할지는 DAO의 설립과 운영 목적에 따라 달라질 것이다. 와이오밍주법이 DAO의 구조에 가장 충실하지만, 앞에서 설명한 대로 가장 많은 정보의 제공과 서류 작업이 필요하다. 델라웨어주의 경우 LLC의 설립

---

151) https://www.openlaw.io.
152) Wulf (2021), 49면.
153) 위의 글, 50면.

절차가 매우 신속하게 이루어질 수 있고, 비용 또한 저렴한 편이다. 그러나 DAO의 모든 구성원이 LLC의 사원이어야 하며 구성원이 변경될 때마다 이를 업데이트해야 한다는 단점도 있다.

5. 유타주

유타주의회는 2023년 3월 1일 유타 「탈중앙화자율조직법」(Utah Decentralized Autonomous Organizations Act)을 통과시켰다.[154] 위 법은 영리법인 또는 비영리법인으로 등록하지 않은 탈중앙화 자율조직에 LLC와 동등한 법적 지위를 부여하는 것을 내용으로 삼고 있다.[155]

유타 DAO법은 '유한책임DAO'라는 DAO에 대한 새로운 법인 유형을 제공한다. 위 법에 따라 DAO를 설립하기 위해서는 그 조직 명칭에 유한책임 탈중앙화 자율조직(Limited Liability Decentralized Autonomous Organization, LLD) 또는 유한 탈중앙화 자율조직(Limited Decentralized Autonomous Organization)이라는 표현을 사용하거나 그 약어로 L.L.D., LLD, L.D. 또는 LD 등을 사용해야 한다.[156] 위 법은 비교적 상세한 정의 규정을 두고 있다.[157] 위 법이 정한 요건을 충족하여 설립한 DAO는 그 사원과는 별개로 법인격을 가지므로, DAO의 명의로 소송 등을 수행할 수 있다.[158]

위 법에 따르면, 유타 DAO의 사원[159]은 원칙적으로 유한책임을 부담하나, 예외적으로 DAO가 그에 대하여 내려진 집행가능한 판결, 명령 등

---

154) 그 효력은 2024년 1월 1일부터 발생하였다.
155) https://legiscan.com/UT/text/HB0357/2023.
156) Utah Code §48-5-105.
157) Utah Code §48-5-101.
158) Utah Code §48-5-104.
159) 유타 DAO의 사원은 그 지배권을 가진 사람을 의미하는데, 이때 비자발적으로 지배권한이 있는 토큰(a token with governance rights)을 수령한 개인은 포함하지 아니한다[Utah Code §48-5-101(16)].

을 준수하지 아니하는 경우, 그 준수의 반대에 의결한 사원은 해당 판결에서 명한 금전적 지급과 관련하여 해당 사원의 DAO에 대한 지분에 비례하여 책임을 부담할 수 있고, 또 사원의 불법행위에 대해서는 개인적으로 책임을 부담한다.[160] 사원은 대리인을 통하여 권리를 행사할 수 있는데, 이때 DAO의 내규로 그 요건을 정할 수 있다.[161] 유타 DAO법은 DAO가 소수자의 권리보호를 제공하는지를 명시하여야 한다고 정하고 있다.[162]

유타 DAO는 온체인(On-chain)[163]에서 수행할 수 없는 업무를 수행하기 위하여 법적 대표자를 선임해야 하고, 법적 대표자는 DAO의 내규에 따라 검증할 수 있는 방식으로 업무를 수행하여야 한다.[164] 한편, 유타 DAO의 개발자, 사원, 참여자, 법적 대표자는 ① 명시적으로 자신을 수인의무자라고 주장하는 경우, ② 내규에 따라 수인의무자를 맡는다고 규정한 경우 등을 제외하고는 자신의 역할을 이유로 서로 또는 제3자에게 신인의무를 부담하지 아니한다.[165] 유타 DAO의 경우 소프트웨어코드의 오류 또는 DAO가 운영될 수 없는 등의 상황(failure event)이 발생한 경우,[166] DAO의 사원과 참여자를 개인적 책임의 부담 위험으로부터 보호하는 데 필요한 범위 내에서 DAO의 법인격과 유한책임을 인정한다.[167] 또한 위와 같이 소프트웨어코드 등에 오류가 발생한 경우, DAO를 업그레이드하거나 배포한 사람이 악의 또는 중대한 과실로 그 행위를 하였다면 그에 대해서 책임을 물을 수 있다.[168] 유타 DAO법이 인정한 DAO

---

160) Utah Code §48-5-202.
161) Utah Code §48-5-303.
162) Utah Code §48-5-304.
163) On-chain이란 블록체인에 기록되고 검증되는 모든 작업을 의미한다[Utah Code §48-5-101(19)].
164) Utah Code §48-5-306.
165) Utah Code §48-5-307.
166) Utah Code §48-5-101(10).
167) Utah Code §48-5-405(2).

는 연방세법상 법인으로 분류되도록 선택할 수 있고, DAO가 그러한 선택을 하는 경우 법인 프랜차이즈 및 소득세 조항의 적용을 받는다.[169] DAO가 연방세법상 법인으로 분류되도록 선택하지 아니하면, 해당 DAO는 세법상 조합으로 분류되고, "Pass-Through Entities and Pass-Through Entity Taxpayer Act"의 적용을 받는다.[170] DAO는 그 활동으로부터 파생된 소득, 이익, 손실, 공제 등의 몫을 각 사원에게 그 지분에 비례하여 배분하여야 한다.[171]

Ⅱ. 일본의 현황

1. 개요

일본은 DAO라는 조직 형태 자체에 법인격을 부여하는 제도가 존재하지 아니하고 준거법, 법적 지위, 구성원·참가자의 법적인 권리·의무 내용, 과세관계 등 불명확한 점이 많다.[172] 만약 일본에서 DAO를 법인의 형태로 설립하고자 한다면, 법인법정주의(일본 민법 제33조)에 따라 반드시 기존 법률에서 정한 형식으로 설립하여야 한다. 일본에서 DAO를 조직하여 사업을 영위하려 하는 경우, 기존의 주식회사나 합동회사 등의 특정한 기업형태를 의도적으로 선택하지 아니하면, 그 구성원의 의도와 상관없이 조합으로 인정될 가능성이 크다.[173] 합동회사는 우리의 유한책임회사와 유사한 성격의 기업형태로 볼 수 있다. 합동회사는 조직

---

168) Utah Code §48-5-405(1).
169) Utah Code §48-5-406(1).
170) Utah Code §48-5-406(2)(a).
171) Utah Code §48-5-406(2)(b).
172) Web3.0研究会 (2022), 25면.
173) 柳明昌 (2022), 31면; 野口香織·藤井康太 (2022).

체가 법인격을 가지고, 구성원의 유한책임이 인정되며 직접 민주적인 의사결정을 할 수 있고, 정관에 의한 자율적 운영이 비교적 널리 인정된다.174) 다만, 일본의 현행 회사법상 합동회사 정관의 절대적 기재사항으로 사원의 성명과 주소를 기재하여야 하므로 DAO의 참가자가 합동회사의 사원이 되면 그 익명성을 특징으로 하는 DAO의 본질과 충돌한다는 지적도 있다.175)

일본 내각부는 2022년 6월 7일 「경제 재정 운영과 개혁의 기본 방침 2022」를 통하여 블록체인기술을 기반으로 하는 DAO의 이용이 포함된 Web3.0의 추진을 향한 환경 정비의 검토를 진행한다고 밝혔다.176) 일본의 디지털청은 관련 부처와 연계하여 DAO를 구성하는 스마트계약을 포함한 자연인의 의지가 개입되지 아니하는 자동처리에 의한 서명행위의 안전성을 확보하기 위하여 과제를 확인하고, 그와 함께 민법이나 전자서명법 등을 정리할 계획이다.177) 이에 따라 디지털청은 'Web3.0 연구회'를 발족하였고, 연구회는 DAO에 관한 일본의 국내 사례, DAO의 존재 방식 등에 관한 논의를 전개하고 있다. Web3.0 연구회는 2022년 10월 5일 제1회 회의를 개최하였다. 위 연구회는 회의에서 DAO체계를 정립하는 데 있어 외국의 사례를 참조하는 것이 중요하나 기본적으로 미국의 와이오밍주가 생각하는 DAO와 일본의 문화·풍토에 맞는 DAO가 서로 다름을 전제로 논의를 진행하였다.178) 위 연구회는 DAO의 장점인 유연성을 상실시키지 않게 하기 위하여 기존의 법체계에 맞춰 변경하는 것이 아니

---

174) Web3.0研究会 (2022), 26면.
175) 위의 보고서.
176) https://www5.cao.go.jp/keizai-shimon/kaigi/cabinet/honebuto/2022/decision0607.html.
177) デジタル, "デジタル社会の実現に向けた重点計画", 2022, 55면. ⟨https://www.digital.go.jp/assets/contents/node/basic_page/field_ref_resources/5ecac8cc-50f1-4168-b989-2bcaabffe870/d130556/20220607_policies_priority_outline_05.pdf⟩
178) デジタル, Web3.0研究会(第1回)(2022. 10. 5.) ⟨https://www.digital.go.jp/councils/web3/31304f21-d56a-4d15-b63e-3b9ef1b96e38/⟩

라 잠정적인 특별 조치를 적용하는 것도 고려할 필요가 있다고 보았다.[179] 일본의 자민당 디지털사회추진본부는 NFT정책 검토 사업의 일환으로 2022년 3월 30일 NFT백서(안)[180]를 발간하면서 NFT사업을 뒷받침하는 블록체인 생태계의 건전한 육성에 필요한 시책으로 DAO의 법인화를 허용하는 제도 창설을 제안하기도 하였다.[181] 이때 제안한 제도는 가령 국가전력특구를 이용한 'DAO 특구', '블록체인 특구' 등을 말한다.

2. 일본에서의 DAO 조직 가능성

DAO의 유형이 매우 다양한 점을 생각하면, 일본에서 일정한 범위의 DAO를 조직하는 것 자체가 불가능하지는 아니하다.[182] 가령 일본의 센다이시는 일본의 지방자치단체 Web3.0 사업의 가속화를 위한 규제개혁과 관련하여 국가전략특구제도의 활용을 최초로 제안하기도 하였다.[183] 센다이시는 해외로 이탈하고 있는 Web3.0 사업에 관한 기업가가 일본 국내에 머물러 사업에 도전할 수 있도록 환경을 정비하는 것을 목표로 하고 있다. 센다이시는 위 제안에서 DAO의 법제화와 기존 규제의 완화, 가상자산에 관한 세무·회계 처리 기준의 명확화 등을 안건으로 올렸다.[184] 일본 센다이시에는 '미치노쿠DAO'가 존재하고 있다.[185] 미치노쿠

---

179) 위의 자료(2022. 10. 5.).
180) NFTホワイトペーパー（案）-Web3.0時代を見据えたわが国のNFT戦略-
〈https://www.taira-m.jp/NFT%E3%83%9B%E3%83%AF%E3%82%A4%E3%83%88%E3%83%9A%E3%83%BC%E3%83%91%E3%83%BC%E6%A1%8820220330.pdf〉
181) 中島 翔, "自民党のNFTホワイトペーパーとは？～Web3.0時代を見据えたNFT戦略について解説", HEDGE GUIDE, 2022. 5. 12. 〈https://hedge.guide/feature/nft-japan-bc202204.html〉
182) 斎藤 創·浅野 真平 (2022).
183) https://www.city.sendai.jp/project/koho/kisha/r4/1019tokku.html.
184) https://www.city.sendai.jp/project/koho/kisha/r4/1019tokku.html.
185) https://note.com/fukudome_hideki/n/n9b257cf0f2d4.

DAO는 일본 동북 지방의 부흥, 특히 해당 지역에 Web3.0 경제권을 만드는 것을 목표로 한다. 이에 '미치노쿠DAO'는 1차적으로 커뮤니티를 형성한 후 이를 DAO화 하고, 필요에 따라 가상자산을 발행하는 것을 계획하고 있다.186)

Ⅲ. DAO에 관한 제도의 입법화의 의미

DAO 설립·운영의 근거가 되는 법령의 기본 방향에 관해서는 미국,187) 영국, 일본, 마셜제도188)189) 등을 비롯한 여러 국가에서 다양한 논의를 진행하고 있다. DAO의 법적 지위에 관한 근거 법령이 명확하지

---

186) https://note.com/fukudome_hideki/n/n9b257cf0f2d4.
187) 뉴햄프셔주에서도 유사한 법안을 준비 중이다. 〈https://legiscan.com/NH/text/HB645/2023〉
188) DAO ACT 2022〈https://rmiparliament.org/cms/legislation.html?view=acts_alpha〉
189) 마셜제도공화국은 2022년 11월 DAO를 공식적으로 법인으로 인정하여 DAO를 등록하고 설립할 수 있는 근거 법률「DAO ACT 2022」를 제정하였다. 마셜제도공화국의 DAO법은 DAO의 설립과 스마트계약의 사용 등에 관한 규정을 명시하였고, 영리 DAO와 비영리 DAO를 모두 등록할 수 있도록 하였다. 마셜제도공화국은 대표적인 조세회피처로 알려져 있다. 각국의 부호들과 다국적 거대기업 등이 마셜제도공화국에 이미 다수의 회사를 설립하고 있다. 이처럼 마셜제도공화국에서는 회사의 설립 역시 자국의 중요한 사업 중의 하나이므로, 새로운 조직체로서 DAO를 법인으로 인정하여 그 설립의 수요를 신속하게 흡수하는 것을 목표로 DAO법을 도입한 것으로 보인다. 마셜제도공화국의 DAO법 역시 와이오밍주, 테네시주 등의 DAO법과 유사하다. 다른 입법례와 마찬가지로 큰 틀에서는 DAO의 유한책임회사 설립을 인정하는 것을 주된 내용으로 한다[DAO ACT §102(c), §104]. DAO는 공화국 내에 사업장을 가지고 있는 것으로 등록한 대리인을 두고 공화국에서 계속적으로 유지하여야 한다[DAO ACT §105(2)]. DAO는 영리를 목적으로 하는지와 관계없이 합법적인 목적으로 설립·운영할 수 있다[DAO ACT §105(3)]. DAO는 비영리 활동을 할 경우 비영리 단체로 등록할 수 있다[DAO ACT §105(3)]. DAO의 운영과 관련해서는 사원경영형과 알고리즘경영형을 인정하고 있다[DAO ACT §108].

아니한 곳이 있는 한편, DAO에 친화적인 형식으로 재단의 설립이 가능한 지역(가령 스위스, 케이맨제도)이나[190] DAO를 염두에 두고 제도를 정비한 지역(미국 와이오밍주, 테네시주, 유타주) 등이 있다. DAO의 설립지를 선정하는 데 있어서는 조직의 법적 형태뿐만 아니라 세제혜택, 규제방식 등 다양한 요소가 영향을 미친다.[191] 와이오밍주, 테네시주, 유타주는 DAO 관련 입법을 진행함으로써 DAO를 직접적으로 법적 테두리 안에 두었다는 점에서 의의가 있다. 단순히 DAO가 새로운 조직의 형태여서라기보다는, 규제의 불확실성을 해소하고 법적 주체의 책임관계를 명확히 하였다는 점에서 의미가 더 크다. 법제화 이전에 구성원들이 부담할 가능성이 높았던 무한책임의 우려를 불식시키고 유한책임을 인정하였다는 점에서도 의미가 있다.

---

190) Web3.0研究会 (2022), 25면.
191) 위의 보고서.

제5장 DAO와 대리문제

제1절 개관

Ⅰ. DAO의 대리문제에 관한 기존 논의

소유와 경영이 분리되고, 주주와 경영자의 이해가 일치하지 아니하며 정보의 비대칭성이 존재하는 경우 대리문제(agency problem)로 인한 대리비용(agency cost)이 발생한다.[1)2)] 대리인 관계는 본인이 의사결정권한의 일부를 대리인에게 위임하였으므로 본인과 대리인 사이의 위임계약으로 정의할 수 있다.[3)] 주주와 경영자 사이에 정보의 비대칭이 존재하고 서로의 이해관계가 일치하지 아니함에 따라 경영진의 도덕적 해이, 독단적 판단 등이 발생할 때 대리비용이 발생할 수 있다.[4)] 이때 본인이 직접 업무를 처리하지 아니하고 대리인이 의사의 결정과 집행을 하도록 함으로써 발생하는 비용을 일반적으로 대리비용이라 한다.[5)] 대리비용은 대리인의 행위를 감독하고 성과를 평가하며 상벌을 주는 비용인 감시비용, 대리인 스스로 기회주의적 행동을 하지 않겠다고 물적·인적보증을 하는데 드는 보증비용, 대리인의 일탈로 인하여 본인이 입은 손실을 포함하는 잔여손실 등을 포함한다.[6)]

전통적인 조직은 일반적으로 중앙 집중식 권한을 가진 기관이 존재한다. 주식회사에 내재하는 대리문제는 회사형태에 내재한 비용과 비효

---

1) 본 장의 내용은 필자가 작성한 "탈중앙화 자율조직(DAO)과 대리문제에 관한 연구 -회사법적 관점에 기초하여-', 성균관법학 제35권 제4호, 성균관대학교 법학연구원, 2023"의 내용에 의존하여 작성한 것임을 밝힌다.
2) Michael·William (1976), 305-360면.
3) 위의 글, 305면, 308면.
4) 김새로나 외 2명 (2011), 70면.
5) 노혁준 (2022), 110면.
6) Michael·William (1976), 308면

율의 대표적인 문제로 지적된다.[7] 회사에서는 세 가지의 고유한 대리문제가 발생하는데, ① 회사의 소유자와 그가 고용한 경영자 사이의 이익충돌에 관한 것, ② 과반수나 지배적 지분을 가진 소유자 측과 소수주주 측 사이의 이익충돌에 관한 것, ③ 회사와 채권자, 근로자, 소비자와 같이 회사와 거래하는 상대방 사이의 이익충돌에 관한 것 등이다.[8] DAO에는 이사회 등 기관이 존재하지 아니하는 탈중앙화의 특징으로 인하여 대리비용의 문제를 해결할 수 있다고 설명하기도 한다.[9] 블록체인기술을 기반으로 구축된 DAO는 표면적으로 또 이론적으로 전통적인 본인-대리인 관계를 극복하여, 우리가 지배구조를 인식하는 방식을 변화시키는 것으로 알려져 있다.[10] DAO에는 중앙집중화된 권한 및 이를 전제로 구성원 사이의 계층 구조가 없고, DAO의 임무는 분산 네트워크 노드 간의 상향식 상호작용, 조정 및 협력을 통해 달성된다고 보기 때문이다.[11]

　DAO는 자본을 신속하게 조달하고 배치할 수 있으며, 통상적으로 저비용의 간소화된 전자투표체계를 구현하고, 구성원의 자산을 보호하고 내부자의 사기적 행위, 권한의 남용 등을 감지하는 데 필요한 모니터링 비용 등을 줄이는 방향으로 내부통제시스템을 구축할 수 있게 하는 것으로 알려져 있다.[12] DAO는 주식회사에서 요구하는 주주와 경영자 사이의 대립하는 이해를 일치시키기 위한 보상제도를 필요로 하지 아니하고, 그 의사결정과 집행과정에 스마트계약을 이용하므로 개인의 기회주의적 행동을 걱정할 필요도 없다고 본다.[13] 스마트계약은 블록체인에서

---

7) 안수현 (2022), 51면.
8) Reinier Kraakman et al. (2017), 29-30면.
9) 안수현 (2022), 52면; Alex (2023), 977면; Aaron (2021), 9면; 殿村桂司·近藤正篤·丸田颯人 (2022).
10) Nathan (2020), 314면; Wulf (2017).
11) Baptiste·Jean-Yves (2023), 2면; S. Wang et al. (2019), 871면.
12) Aaron (2021), 2면.
13) 안수현 (2022), 52면; Asma et al. (2024), 3면

그 유효성이 확인되면 그 내용의 변경이 어려우므로 스마트계약의 사후적·임의적 변경을 통하여 기회주의적 행동을 하기 어려워진다. DAO의 이러한 기술적 시스템은 본인과 대리인 사이의 신뢰를 생성하고, 이러한 보장은 본인이 대리인을 별도로 감독할 필요성을 줄이는 기능을 한다.

DAO마다 서로 다른 조직 구조 기술을 사용할 가능성이 높고, 이는 그 지배구조가 획일적이지 않을 수 있음을 의미한다. 따라서 DAO의 조직구조에는 ① 회사(또는 기타 법적 형태 또는 법인), ② 소프트웨어 프로토콜, ③ DAO 내의 다양한 참여자(개발자, 가상자산 보유자 포함) 등이 포함될 수 있다.[14] 이러한 각 구성요소는 DAO의 지배구조에 법적·사회적 영향력을 가질 수 있다. DAO가 가상자산과 연결하여 논쟁거리가 된 경향이 강하나, 이에 흥미를 더한 것은 탈중앙화와 자율성을 앞세워 그동안 회사에 대하여 지속해서 제기되어 왔던 지배구조의 한계를 극복할 수 있다는 주장의 역할이 크다.[15] 블록체인기술을 기반으로 구축된 DAO는 표면적으로 전통적인 대리문제를 우회하여, 우리가 지배구조를 인식하는 방식을 변화시킬 수 있다는 점은 앞에서 본 바와 같다. 형식적으로 DAO는 중앙집중화된 권한 및 계층 구조가 없고,[16] 이에 따라 DAO는 이사회의 부존재, 자동화된 의사결정구조 및 DAO의 본격적인 출발점이 된 블록체인기술이 제공하는 투명성으로 인해 대리비용을 표면적으로 제거할 수 있다고 보는 것이다.[17] DAO가 활성화되면, 적어도 디지털 세계에서 주식회사를 대체하거나 상당한 비중을 차지할 가능성이 있다. DAO가 구체적으로 어떠한 법적 조직체의 모습을 할지 확인할 수 없는 상황에서 DAO와 주식회사 양자 중 어느 것이 더 우월한 조직의 형식인

---

14) law commission, "Decentralised Autonomous Organisations(DAOs) - Law Commission Call for Evidence", 2022, 70면. 〈https://consult.justice.gov.uk/law-commission/call-for-evidence-daos/〉
15) Kumar et al. (2024), 11-12면.
16) S. Wang et al. (2019), 871면.
17) Aaron (2021), 12면; Nathan (2020), 313면.

지 판단하는 것은 무의미하다.

II. 문제의 소재

여기서 잠깐 이 연구의 시작으로 돌아가려 한다. DAO는 그 추종자들이 이야기하는 것처럼 기존 법적 조직체의 문제점을 완벽하게 해결할 수 있는 조직체인가? DAO를 법적으로 완벽한 조직체라고 평가하기에는 여러 가지의 이유로 주저하게 되고,[18] 이는 DAO 의사결정체계의 완결성, 기존 대리비용의 제거 가능성 등에 관한 근본적인 의문으로 연결된다. DAO 프로그램코드의 결함이나 그에 대한 해킹 등에 의한 사고로 촉발된 법률문제를 고려하면, 기술적 결함의 위험성과는 별개로 그 구성원의 책임 유무조차 명확하게 확정하기 어려운 것이 현재 상황이다. 다수의 참여자가 사실상 주식회사의 주주와 같이 회사에 투자한다는 개념으로 DAO가 발행한 가상자산을 취득하는데, 이에 관해서 인위적인 법적 형태를 씌우지 아니한다면, 그 의사와 다르게 투자자가 아닌 책임의 주체가 되어버리는 상황이 발생한다. 과연 DAO가 사원들을 모집하면서 이러한 책임 부담의 위험성을 명확하게 고지하였을까?

스스로 조합관계라고 밝힌 국보DAO 사례를 생각해 보자. 그 조합규약에는 조합원들이 조합관계에 따라 DAO가 부담하는 채무에 관하여 무한책임을 진다는 내용이 포함되어 있지 아니하다. 동업관계로 맺어지는 일반적인 조합관계의 경우 그 인적 결합의 정도에 따라 그 목적사업 수행 과정에서 발생한 책임을 동업자들이 전부 책임질 수 있다는 생각을 하고 참여할 것이다. 그러나 국보DAO와 같이 사실상 목적사업 수행을 위한 자금조달에 초점을 맞춰 조직이 결성될 때는 그 참여자는 DAO가

---

[18] Aaron (2021), 2면.

망하더라도 자신이 낸 투자금만 회수하지 못한다고 생각할 뿐, DAO가 사업을 영위하면서 부담한 채무에 대해서 투자금을 넘어 책임져야 한다고 생각하지는 아니할 것이다. 이러한 상황에서 DAO가 왜곡된 의사결정체계를 가지고 있으면, 결국 소수의 구성원, 초기 참여자들, 개발자 등과 같은 특정 집단에 의하여 DAO가 불투명하게 운영될 가능성도 있다. 이러한 문제는 DAO의 지배구조의 한계로 연결되는데, 이에 관해서는 아직 제대로 된 법적 판단이 이루어진 사례가 없는 것으로 보인다. 일반 회사의 경우 대리인은 본인의 직간접적 통제를 받고, 법령상의 규제를 통하여 그 임무를 게을리하거나 의무를 위반하였을 때 그에 따른 법적 책임을 추궁당하게 된다. 회사 또는 사단과 같은 방식으로 운영되는 DAO는 실질적으로 대리인에 해당한다고 볼 수 있는 구성원 또는 제3자가 조직체의 운영에 관한 의사를 결정하고 집행함에도, DAO의 뒤에 숨어 그 책임을 회피하거나 다수의 구성원에게 그 책임의 상당수를 돌리는 내재적 한계를 가지고 있고, 이러한 문제는 실제로도 현실화하여 분쟁의 대상이 되고 있다. 결국 DAO는 권력 집중의 위험을 완화하고 다양한 이해관계자의 이해관계를 조율하기 위해 견제와 균형이 필요하다는 대리문제의 실용적 한계를 완전하게 벗어날 수 없음을 보여준다.[19]

---

19) Asma et al. (2024), 13면.

제2절 DAO의 대리문제 발생 가능성

Ⅰ. 서언

DAO에 대리문제가 발생한다면, 어떠한 모습으로 발생할 수 있는지 검토한다. 대리문제는 일반적으로 본인인 일방 당사자의 편익이 대리인으로 불리는 다른 당사자의 행위에 달렸을 때 발생한다.[20] 일방의 당사자가 다른 당사자를 위하여 어떠한 업무를 처리하는 법률관계는 대부분 잠재적으로 대리문제를 포함하고 있다. 대리인이 수행하는 업무와 관련해서는 대리인이 본인보다 더 많은 정보를 보유하고 있으므로, 본인은 대리인이 제대로 업무를 수행하는지 쉽게 확인할 수 없는 문제가 있다. 이러한 대리문제 해결의 핵심은 대리인이 자신의 이익보다 본인의 이익을 위해 행동하도록 동기를 부여함으로써 대리인이 본인과의 법률관계에 부합하는 방식으로 행위하도록 유인하는 것이다.[21] DAO로 구조화할 경우 DAO가 아닌 조직이 발행한 가상자산과 비교하여 수익률의 효율성이 향상된다고 보기도 하는데, 이에 관해서는 DAO 의사결정의 투명성에 기인한다고 분석한다.[22] DAO는 다양한 이해관계자 그룹의 합의를 통하여 의사결정을 하기 때문에 더 많은 정보를 바탕으로 균형 잡힌 의사결정을 내릴 수 있다.[23] DAO는 일반적으로 운영과 의사결정과정이 투명하므로 모든 구성원이 동일한 정보에 접근할 수 있어 정보의 비대칭성을 줄이는데 도움이 될 수 있다.[24] 현대 회사법에서 기업형태의 주류를

---

20) Reinier Kraakman et al. (2017), 29면.
21) 위의 책.
22) Baptiste·Jean-Yves (2023), 4면; Kumar et al. (2024), 12면.
23) Baptiste·Jean-Yves (2023), 위의 글.
24) Baptiste·Jean-Yves (2023), 위의 글.

이루는 주식회사는 일반적으로 주주를 제외하면 회사 내에서 근로계약을 기초로 직원을 고용하고 의사결정사항을 현실적으로 집행하는 계층적 구조를 가진다.[25] 특히 주식회사는 소수의 경영진이 의사결정을 내리고 그 결과에 관하여 책임을 부담하는 중앙집중형 구조로, 운영 절차가 DAO와 비교하여 폐쇄적이다.[26] 그러나 DAO의 모든 부분이 개방적인 것은 아니고, 운영과 관련하여 특정한 부분을 별도의 의사결정절차를 통하여 비공개로 만들 수도 있다.[27] DAO의 조직체로서의 특성은 주식회사와 비교할 때 극명하게 드러난다(표1. DAO와 주식회사의 비교).

[표 1] DAO와 주식회사의 비교

구분	DAO	주식회사
장소	온라인	오프라인
기반	블록체인기술	법·제도
형태	다수의 커뮤니티	단일조직
처리	분산방식·자율화	중앙집중·수동적 처리[28]
결정	전 구성원의 참여 전제	주주총회·이사회[29]
구조	수평적·민주적	계층적

회사의 대리비용을 통제하기 위한 대표적인 수단으로는 지배구조 설정을 들 수 있다.[30] 기업의 지배구조에 관한 근본 문제는 대리인의 업무수행에 관한 본인의 신뢰 부족에 기인하는 측면이 강하다. 대리인은 본인의 업무를 대리하면서 각종 이해관계인으로부터 직접적인 정보를 취

---

25) 최선미 (2023), 66면.
26) 위의 글.
27) Aragon, 앞의 자료.
28) 이더리움(Ethereum), 앞의 자료. 이에 의하면, 기존 조직은 투표가 내부적으로 집계되고 그 결과는 수동으로 처리되는 특징이 있다고 한다.
29) 원칙적인 모습이나 현실에서 상당한 수의 의사결정은 대표이사나 주요 임원 등에 의하여 이루어지기도 한다.
30) Wulf (2017).

득하나, 그것을 본인에게 전달할 때는 그중 일부를 선택적으로 제공하는 구조적 문제도 한계로 지적된다.31) 기업 지배구조에서 대리문제는 본인과 대리인 사이의 동기부여를 최적화하고, 비용을 통제하며, 정보의 비대칭을 최소화하고, 도덕적 해이를 통제하며 그 과정에서 본인의 대리인에 대한 감시 참여 시도가 이루어지는 것을 특징으로 한다.32) 다양한 모습으로 조직되는 DAO는 구성원의 개성이 강하게 드러나는 유형과 그렇지 않은 유형 등이 있을 수 있다. 이에 따르면, 전자의 형태에서 후자의 형태로 갈수록 대리문제가 발생할 가능성이 크다. 만약 DAO에 대리문제가 발생한다면, 영리 목적 DAO가 회사와 같은 기능을 하기 위하여 탄생한 배경을 고려할 때, 그 대리문제 역시 회사와 비슷한 모습으로 발생할 가능성이 크다.33) 회사의 대리문제 발생 국면은 일반적으로 ① 회사의 소유자와 그가 채용한 경영자 사이의 이익충돌에 관한 것, ② 과반수나 지배적 지분을 가진 소유자 와 소수주주 사이의 이익충돌에 관한 것, ③ 회사와 채권자, 근로자, 소비자와 같은 거래 상대방 사이의 이익충돌에 관한 것 등을 들 수 있다.

---

31) 위의 글.
32) 위의 글.
33) 법률 및 기술 분야의 전문가들로 구성된 국제 실무그룹 'COALA'(Coalition of Automated Legal Applications)는 DAO에 대한 법적 프레임워크를 정의하기 위한 업무를 수행하였다. COALA가 제안하고 있는 'The COALA DAO Model Law'는 DAO와 그 참가자에게 필요한 법적 확실성을 제공하는 동시에 DAO의 특정 기능과 요구 사항 및 향후 개발에 맞는 유연한 법적 프레임워크를 제공하고 있다(https://coala.global/). 위 모델법은 요약문에서 초안의 작성자들이 법인에서 볼 수 있는 수직적(본인-대리인), 수평적(다수-소수), 기업-이해관계자 사이의 대리문제를 해결하기 위하여 노력하였다고 밝히고 있다. 이에 의하면, DAO에 관해서도 현실적으로 대리문제가 발생할 가능성이 있음을 어렵지 않게 확인할 수 있다.

Ⅱ. DAO에 있어서 대리문제를 일으키는 요인

1. 스마트계약의 한계성

DAO의 의사결정은 스마트계약에 의하여 이루어진다고 보는데, 복잡한 내용의 의사결정이 필요하거나 추상적인 의사결정의 내용으로 말미암아 부가적인 해석이 필요한 경우, 현실에서 그 의사결정에 따른 물리적 집행이 필요한 경우 등에는 필연적으로 인간의 개입이 필요할 수밖에 없다.[34] DAO는 대체로 구성원들의 참여를 전제로 집단적 의사를 결정할 것이나, 설립 초기만 놓고 보더라도 개발자, 초기 참여자 등 소수에 의하여 그 지배구조가 결정되고, 그들이 정한 내용대로 앞으로의 의사결정체계가 확정될 가능성도 존재한다.[35] 이 때는 초기 소수 구성원의 의사에 따라 DAO의 주요 의사결정이 이루어질 가능성이 커서 절차의 투명성을 담보하기 어려울 수도 있다.[36]

최초의 DAO로 알려진 The DAO를 비롯한 DAO 뿐만 아니라 넓은 의미의 DAO로 볼 수 있는 비트코인 역시 개인 또는 특정한 인적 그룹에 의하여 만들어졌다.[37] The DAO 사례는 실질적으로 초기 단계에 그 명칭과 달리 인간의 개입에 상당 부분 의존하였음은 앞에서 본 바와 같다. 이에 관하여 DAO가 토큰을 발행함에 따라 토큰 보유자들에게 의사결정권이 이전된다는 반박을 할 수 있다. 그러나 만약 DAO의 초기 참여자들이 DAO 토큰을 상당한 비중으로 계속하여 보유한다면 위와 같은 문제는 여전히 남게 된다.[38] 가령 DAO가 그 의사결정에 초다수결 결의제[39]

---

34) 노혁준 (2022), 112면.
35) 최선미 (2023), 68면; Web3.0研究会 (2022), 59면;
36) 최선미 (2023), 73면.
37) 안수현 (2022), 53면.
38) 위의 보고서.
39) 초다수결결의제(super-majority voting)란 일정한 회의체기관에서 그 결의요건으

를 요구한다면, DAO의 사원이 늘어 날수록 초기에 설정된 스마트계약의 내용을 변경하기 어렵고, 이 경우 초기 참여자들이 설정한 지배구조가 상당 기간 지속될 가능성이 크다.[40]

2. 의사결정과정의 비효율성

DAO의 원래 의도는 기존 조직체보다 덜 계층적이고 투명하게 운영하는 것이나, 현실적으로 완전한 탈중앙화의 시도는 매우 많은 수의 제안, 그 제안에 대한 심사 역량의 부족, 운영과정에서의 감독 부족 등의 문제가 발생할 수 있다. 완벽한 탈중앙화의 어려움으로 인하여 DAO는 다양한 지배구조체계를 활용하고 있고, 이에 따라 DAO는 완전한 탈중앙화부터 부분적인 중앙화까지 다양한 범주의 조직체를 구성하는 현상을 보인다.[41] DAO는 커뮤니티에서 형성된 결정에 우선순위를 두는 것에 크게 의존하고 있는데, 이는 그 제안 관리의 복잡성을 유발한다.[42] 따라서 DAO의 지배구조는 전통적인 조직체보다 복잡해질 가능성을 내재하고 있다.[43] DAO는 그 지배구조의 내용에 따라 1인 1표, 1가상자산 1표 등의 투표 방식을 넘어 구성원들의 DAO에 대한 기여도, 선호도 등에 따라 가중치를 부여하는 방식을 취할 수도 있다. 이러한 다양성은 DAO가 가지는 지배구조상의 문제를 보완하는 데 도움이 될 수 있다. 다른 한편으로 DAO는 그 참여자가 증가함에 따라 직접민주주의 방식에 따른 의사결정체계의 한계를 체감하였고, 이를 극복하기 위하여 대리 투표 방식을 추가하거나, 별도의 중앙의 기관을 두어 대의민주주의적 요소를 가미

로서 보통결의 또는 특별결의와 같은 보편적인 다수결요건을 가중한 형태의 의사결정방식을 말한다[윤승영 (2014), 2면; 최용. (2021), 621면].
40) 안수현 (2022), 53면; Web3.0硏究会 (2022), 59면.
41) Alexandra (2021), 104면; Boss (2023), 9면.
42) Asma et al. (2024), 13면; Chohan (2024), 55면.
43) 김종호 (2024), 272면.

하는 등의 조처를 취하고 있다.[44]

3. 별도 기관의 설치에 따른 문제

DAO는 때에 따라 일정한 목적을 수행하기 위하여 필요한 범위 내에서 별도의 독립한 기관을 두기도 한다. 가령 ApeCoin DAO는 DAO의 제안을 관리하고 커뮤니티의 비전에 봉사하는 것을 목적으로 하는 '이사회(ApeCoin Board)'를 두고 있다.[45] 회사의 경영 전반에 관한 의사결정권한을 가진 이사회와 달리 ApeCoin 이사회는 보통 실행비용이 명확하지 아니하거나 DAO 자산의 5% 이상을 사용하거나 다른 제안과 충돌하는 제안을 검토할 때 이를 다음 단계의 절차로 통과시킬지 아니면 반환의 형식으로 다음 단계로의 통과를 거부할지 결정할 권한을 가진다. 언뜻 보면, ApeCoin DAO의 지배구조에 관한 내용에 의할 때 이사회는 일반 회사의 이사회만큼 많은 권한을 가지지 아니한 것처럼 보인다. ApeCoin 이사회의 권한이 제한되어 있더라도 중앙화된 기관이 존재하면 결국 대리문제가 발생할 수 있다.[46] 이사회가 그 권한을 사용하여 이사회 자체 또는 그 구성원에게 유리한 제안만 차별적으로 승인하거나 거부할 수 있기 때문이다.

---

44) 위의 글, 105면.
45) https://apecoin.com/governance#voting-delegation.
46) Alex (2023), 993면.

III. DAO에 발생할 수 있는 대리문제의 유형

1. 사원과 경영자 사이의 관계

DAO는 탈중앙화를 그 경영상의 이념으로 하나, 이에 따라 경영의 비효율성을 초래하는 점은 앞에서 살펴보았다. 이를 해결할 수 있는 가장 쉬운 방법은 탈중앙화 정신을 일부 후퇴시키고 그 구성원을 대신하여 DAO를 경영해 줄 대리인을 내세우는 것이다. 이러한 결론이 DAO의 이상에 맞지 아니하는 점은 부인할 수 없으나 DAO의 한계를 보완하기 위하여 불가피한 측면이 있다.

2. 지배사원과 소수사원의 관계

DAO는 일반적으로 회사와 같이 자금의 조달이나 사업의 확장을 위하여 그 사원의 규모도 확장하려는 의사를 가질 것이므로, 그 확장 과정에서 출자 규모에 따라 의사결정권에 차등을 두는 내용으로 스마트계약을 구성할 가능성이 크다. 이 경우 과반수나 지배적 규모로 출자한 사원과 그렇지 못한 사원 사이 이익충돌의 문제가 발생할 수 있다. 즉, 특정한 가상자산 보유자가 그 의사결정과정을 통제하는데 필요한 투표권을 가지고 있다면 대리문제가 발생할 수 있다.[47] 이때 지배적 사원은 가상자산의 발행과정 또는 유통시장에서 가상자산을 취득하여 지배력을 확보할 수 있다. 이때 DAO는 일반 조직체와 마찬가지로 사원의 기회주의적 행위로 인하여 그 가치가 훼손될 수 있다. DAO는 다양한 목적으로 조직되나 일반적으로는 거버넌스 가상자산의 발행과 취득을 통하여 그 목적 사업의 수행에 필요한 자본을 조달하고, 해당 가상자산은 가치를

---

47) 위의 글, 991면; Asma et al. (2024), 12면.

가진 가상자산으로서 투자의 대상이 될 가능성이 크다. DAO의 사원들이 가상자산 거래를 통한 시세차익을 얻는 것에만 관심이 있어서 의사결정절차 참여에 소극적이라면 결의요건을 충족하기 더더욱 어려워질 것이다. 이 경우 가상자산 보유량을 통하여 지배적 지위를 차지하고 있는 가상자산 보유자와 소수지분을 가진 가상자산 보유자 사이의 이해관계의 충돌 문제가 발생할 가능성도 있다.[48] 결국 주식회사의 지배주주와 소수주주 사이의 문제에 관한 논의와 유사한 한계점이 발생할 수 있는 것이다.[49] 이에 따르면, 지배사원이 DAO의 운영을 통제하는 주체로 등장할 것이다. DAO의 경영을 지배하는 사원이 존재하면 자신의 사익을 위해서 DAO의 부를 빼돌리는 이른바 터널링(tunneling)이 발생할 수 있다.

3. DAO와 이해관계자 사이의 관계

DAO는 계속하여 이익을 창출하려고 할 것인데, 그 과정에서 상대방의 이익과 충돌하는 방향으로 경영 판단을 할 가능성이 있다. DAO는 법적 지위의 불명확성, 사원의 익명성과 그 구성의 초국가성에 기대어 책임을 회피하려 할 가능성이 크므로, 외부에 있는 상대방과의 이익 조정을 위하여 DAO의 경영을 통제할 방법이 마땅하지 아니하다. 법인격을 가진 회사라면 그 채권자는 회사가 가진 재산을 책임재산으로 하여 그 채권을 보전할 수 있을 것이다. 그러나 DAO는 미국의 일부 주에서 법인격을 인정하는 경우를 제외하고는 DAO 그 자체에 책임을 묻기가 사실상 어렵다. 일단 DAO가 그 명의로 재산을 소유할 방법이 현실적으로 존재하지 아니하므로, 현실 세계에서의 거래는 별도의 법적 주체를 통하여 할 것인데, 이 경우 해당 법적 주체가 책임재산을 보유하지 아니한다면,

---

48) 같은 취지 Asma et al. (2024), 12면.
49) 안수현 (2022), 54면.

거래의 상대방은 제대로 된 법적 보호를 받지 못할 것이다. 그렇다면 DAO의 사원들에게 그 책임을 묻는 방법을 생각해볼 수 있으나 전 세계에서 익명으로 참여하는 사원들을 상대로 직접 그 책임을 묻는 것은 현실적으로 불가능하다. 이러한 어려움은 DAO에 관한 규율을 제도화하여 직접적인 법적 규제를 가할 필요가 있음을 확인시켜 준다. 이해관계자로서는 DAO의 지위가 불명확할 경우 DAO와의 거래를 주저할 수밖에 없다.

제3절 DAO의 대리비용을 줄이기 위한 방안

Ⅰ. 사적자치 이념의 강화 필요성

　DAO에 대한 법적 규율은 자본을 안전하게 조달하고, 적절한 용도로 사용할 수 있도록 하며, 저비용의 간소화된 디지털투표시스템을 구현하고, 자산을 보호하는 내부통제를 확립하며, 사기나 기타 내부자 남용을 방지하기 위한 감시를 강화할 수 있는 수단을 제시하여야 한다. 이러한 논의는 DAO가 이상향으로 주장하는 지배구조의 완결성에 한계가 있음을 인정하는 것으로부터 시작한다. 본 연구를 진행하면서 구체적 사례로 그 지배구조의 문제가 있음을 확인하였고, 이론적인 논의를 통하여 그 한계의 구체적 모습 역시 검토하였다. 회사법은 기업형태의 구조를 결정하고 그 구조를 지탱하는데 필요한 부수적 운영규칙을 정한다.[50] DAO를 기업형태로 바라본다면, 그것을 규율하는 법령도 그 구조를 결정하고, 이를 지탱하는 데 필요한 운영규칙을 정하는 방향으로 구성할 수 있다. 이러한 방향성은 앞서 검토한 것처럼 DAO의 법적 성격의 불특정성, 이에 따른 내외부 법률관계의 불명확성, 또 그 운영과정에서 발생할 수 있는 경영통제의 문제 등과 같은 법적 쟁점을 고려하더라도 타당하다.

　DAO의 법률관계는 공동의 목적을 위한 단체를 결성하고 관리하는 기초를 정하는 계약으로 구성한다. DAO의 법률관계는 계약적 성격과 단체적 성격의 교차와 긴장관계 속에서 전개된다. DAO의 법률관계를 규율하는 데는 위와 같은 성격을 종합적으로 고려할 필요가 있다. DAO의 단체성을 강조하여 그에 대한 획일적 규율에 집중한다면, 이는 DAO의 특성을 제대로 반영하지 못한 것으로서 DAO의 활용을 심각하게 제

---

50) Reinier Kraakman et al. (2017), 29면.

한하는 결과를 발생시킬 수 있다.[51] DAO에 대한 법적 규율은 현실적으로 DAO의 이상적인 모습에 완벽하게 부합하도록 할 수는 없으나, 적어도 DAO의 계약적 성격을 적극적으로 존중하여 해당 영역에서 사적자치 또는 사적조정을 가능하게 한다면, 이상과 현실의 절충으로서 DAO의 탈중앙화된 의사결정체계의 장점을 유지하는 방안을 합리적으로 도출할 수 있다.

이러한 생각을 대리문제에 적용하면, DAO에서 발생할 수 있는 대리비용을 줄이는 방안 역시 사적자치 하에서 적극적으로 계약적 내용을 구성하는 것으로 점철될 수 있다. 이와 관련하여 회사의 내부관계를 완전히 마음대로 꾸밀 수 있다면 투자자는 투자할 때마다 그 회사 내부관계의 구체적인 모습을 조사할 필요가 있고, 이러한 조사에는 비용이 소요되므로 그 비용을 줄이기 위해서 회사의 내부관계에 관한 규정은 강행규정으로 보아야 한다는 주장도 있다.[52] DAO가 회사적 성격이 강하면, 이러한 주장이 DAO에도 적용될 수 있을 것이다. 그러나 내부관계에 강행규정을 적용하는 취지는 내부관계를 감시하기 위한 비용을 줄이기 위한 것인데, DAO의 경우 일반 회사와 다르게 그 내부운영의 모습을 외부에 상세히 공개하는 특성이 있으므로 내부관계의 감시비용이 회사와 비교하여 낮은 편이다. 그러므로 DAO에 있어서는 그 내부관계에 관한 규정을 강행규정으로 보아야 할 필요성이 회사와 비교하여 상대적으로 적다. DAO의 내부관계에 관한 규정은 일반 회사와 다르게 보다 폭넓은 사적자치를 인정하는 것이 타당하다. 이 지점에서 회사와 DAO의 차이로부터 DAO의 기업형태로서의 유용성을 확인할 수 있고, 그와 함께 지배구조 측면에서도 회사가 가지는 한계를 일부 보완하는 역할을 수행하는 DAO의 모습을 볼 수 있다.

이하에서 DAO 의사결정에 관한 탈중앙화 방식의 한계로 인하여 발

---

51) Boss (2023), 17면.
52) 김건식·노혁준·천경훈 [2024], 28면 참조.

생하는 대리비용을 줄이는 방안을 검토하는 데 있어, 폭넓은 사적자치의 인정을 전제로 탈중앙화 방식을 일부 수정하는 내용으로 내부관계를 규율하는 방안을 제시하고자 한다.

II. 대리비용을 줄이기 위한 방안의 검토

1. 사원과 경영자 사이의 관계

가. 의의

DAO의 대리비용 발생은 기본적으로 의사결정의 방법이 중앙화되는 것에서 비롯되는 경향이 강하다. 이상적인 DAO는 구성원 모두가 의사결정에 참여하는 것을 지향하나, 구성원의 낮은 참여도와 구성원 수가 많을수록 증가하는 의사결정의 비효율성 등으로 인하여 부득이하게 의사결정방식을 일부 또는 상당 부분 수정하여 의사결정에 제3의 기관을 관여하게 하거나 구성원들이 의사결정과정에 참여하는 것을 제한하는 DAO가 늘어나고 있다. 이러한 DAO로 하여금 대리비용을 줄이기 위해서는 결국 다시 원칙으로 돌아가 구성원의 참여도를 늘리는 동시에 이로 인하여 발생할 수 있는 의사결정절차의 비효율성을 줄이는 방법을 찾아야 한다.

나. 구체적인 내용

DAO의 의사결정이 정당성을 얻기 위해서는 사원들의 높은 참여율이 필수적이다. 그러나 DAO의 의사결정절차에 관한 높은 접근성에도 불구하고, 사원들의 참여도가 언제나 높은 것은 아니다. 일부 DAO의 경우

3% 이하의 낮은 투표율을 기록하기도 하였다.[53] DAO 사원의 투표율이 높아야만, DAO의 본질적 이념인 탈중앙화의 취지에 더 부합할 수 있다. 투표율을 올리기 위한 가장 간단한 방법은 구성원에게 투표 참여에 따른 보상을 지급하는 것이다. 보상의 규모, 방법은 개별 DAO가 정하는 바에 따라 달라질 것이다. 그 외의 방법으로 투표에 참여하는 모든 구성원이 아닌 일부 사원을 추첨하여 상당한 금액의 보상을 하는 것도 생각해 볼 수 있다. 이 경우 투표에 참여한 모든 사원에게 보상을 지급하는 것보다 보상의 규모가 커질 것이므로 개별 사원과의 관계에서 투표 참여 의사를 불러일으키는 데 더 효과적일 수 있다.[54] 또 다른 방법으로 별도의 거버넌스 가상자산을 사용하는 것을 생각해 볼 수 있다. 즉, DAO의 의사결정에 참여하는 것을 목적으로 하는 가상자산과 그 외의 투자 목적으로 하는 가상자산을 구분하여 발행하는 것이다. 가령 스테이블코인 DAI를 발행하는 메이커DAO는 MKR이라는 거버넌스 가상자산을 발행하기도 하였다.[55] 사원의 참여를 독려하여 의사결정의 탈중앙화를 추구하면서도, 이에 따라 초래될 수 있는 의사결정절차의 비효율성을 줄이고자 사원들이 제안할 수 있는 의제의 수를 제한하는 것도 생각해 볼 수 있다. 구체적으로 사원의 제안에 일정한 범위의 수수료를 부과하는 것이다. 이때 수수료의 액수를 높일수록 그 제한의 효과는 더욱 커질 것이다. 이때 제한에 더하여 사원이 제안한 의제가 통과되면 이미 지급한 수수료를 제안자에게 반환하도록 하면, 무의미한 안건의 제안은 줄이면서도 사원들이 안건으로 올라간 제안의 통과를 위하여 다른 사원들의 참여와 찬성을 독려하게 하는 유인이 될 수 있다.

---

[53] Wave Financial, 'Blockchain Voter Apathy, Wave Financial', 2019. 3. 29. 〈https://wavegp.com/blockchain-voter-apathy/〉
[54] Asma et al. (2024), 12면.
[55] https://makerdao.com/en/governance/.

2. 지배사원과 소수사원 사이의 관계

별도의 경영조직을 두고 있지 않은 DAO를 생각하면, 사원이 경영진의 임면권 행사를 통하여 그 활동을 통제할 수는 없다. 특히 소수사원이 지배사원을 통제하는 방법은 더더욱 많지 않다. 소수사원의 지배사원에 대한 견제 방안을 생각해 보면, 일단 그 견제 방법은 DAO의 운영규정이나 계약 등을 통하여 마련할 수 있다. 가장 쉬운 방법은 거버넌스 가상자산의 양을 기준으로 의사결정권한을 부여하는 것이 아니라 사원당 1개의 의결권을 부여하는 것이다. 더욱이 DAO의 스마트계약을 설정하는 설립자나 개발자가 탈중앙화 정신에 최대한 가깝게 DAO를 운영하기 위하여 그와 같은 설정을 한다면, 거버넌스 가상자산의 보유량에 근거한 지배사원의 존재를 부정하고, 각 사원이 동등한 지위에서 의사결정에 참여하도록 할 수 있을 것이다. 그런데 이러한 방법은 지배사원의 존재 자체를 없애는 것이므로 지배사원이 존재할 것을 전제로 대리비용을 줄이는 방법이라고 보기는 어렵다.

회사의 경우 소수주주를 지배주주로부터 보호하는 방안으로 소수주주에게 일정한 수의 이사 선임권을 부여하기도 한다. 그런데 이는 소유와 경영이 분리된 회사에서 활용할 수 있는 것으로 소유와 경영이 일치하는 DAO에는 부합하지 아니하는 방법이다. 결국 사원들 사이의 관계를 어떻게 규율해야 할지 고민해야 하는데, 지배사원의 권리행사를 어렵게 하거나 소수사원의 권리행사를 강화하는 방법을 생각해 볼 수 있다. 전자의 경우 주요한 의사결정사항에 관하여 특별다수결에 의한 승인을 요구하는 것을 들 수 있고, 후자의 경우 지배사원이 DAO와 거래하는 경우 소수주주 과반수의 승인을 받도록 하는 것을 들 수 있다. 이처럼 DAO에 지배사원과 소수사원이 존재하면 일반 회사처럼 그들 사이의 이해관계의 충돌이 발생할 가능성이 큰데, 그 이해관계를 조정하기 위한 가장 효과적인 방법은 DAO 내부적으로 그 조정에 관한 세부적인 규정을 마련하는 것이다. 다만 DAO를 규율하는 법을 제정할 때 이러한 특성을 모두 고려하여 개별 규정화하는 것은 현실적으로 어려우므로, 처음부터 폭넓은 사적자치를 인정하여 개별 DAO로 하여금 자체 계약이나 규정을 통하여 그 이해관계를 현실적으로 조정할 수 있게 하는 것이 타당하다. 참고로 유타주 DAO법은 DAO로 하여금 소수사원의 권리보호를 명시하고, 이를 정관 등에 규정하도록 하고 있다.[56]

3. DAO와 이해관계자 사이의 관계

DAO가 현실 세계에서 사업을 영위하면 그 상대방인 채권자를 어떻게 보호할 것인지도 문제된다.[57] DAO와 그 이해관계자 사이의 관계는 기본적으로 DAO의 내부규정이나 계약을 통하여 규율하기 어렵다. DAO와 이해관계자 사이의 이해관계의 조정은 DAO가 그 자산을 자의적으로 유출하거나 부실화시키는 것을 방지하고, 또 이해관계자의 채권을 변제하기 위한 담보권을 설정하는 등의 방법으로 이루어질 것이다. DAO가 조합의 성격을 가진다면, 조합재산은 조합에 귀속되고, 조합원 전원이 공동하여서만 처분할 수 있으므로, 이에 대한 책임을 추궁할 때는 조합원인 사원 모두를 상대로 하여 청구하여야 한다. 이때 DAO 채무의 이행은 전 사원이 공동하여 할 수 있으나 일반적으로는 업무집행사원이 DAO의 재산으로 변제할 것이다. DAO와 그 이해관계자 사이의 관계를 조정함에 있어서 가장 먼저 취해야 할 조치는 DAO의 법적 지위를 제도화하는 것이다. DAO의 법적 지위를 회사로 인정하면, DAO가 자체적으로 재산을 보유할 수 있고, 나아가 그 사원의 지위 역시 일정 범위 내에서 확정할 수 있기 때문이다. 이 경우 이해관계자는 DAO에 관한 특별법이 아니라 일반 거래법에 따르더라도 일정 부분 보호를 받을 수 있다.

---

56) Utah Code §48-5-304.
57) 노혁준 (2022), 113면.

III. 소결론

DAO를 법적 조직체인 기업의 형태로 인정하려는 주된 논거 중의 하나가 대리비용이 없거나 매우 적게 발생하여 대리문제를 극복할 수 있다는 점이다. 그러나 DAO의 이상을 현실에서 온전하게 실현하는 것이 사실상 불가능한 점은 앞에서 이미 확인하였고, 그 결과 그 이상을 일부 수정하여야 하는 점 역시 설명하였다. 이는 DAO에도 기존의 대리문제와 같은 내용의 대리비용이 발생할 수 있다는 것을 보여주는 것이기도 하다. 그러나 대리문제가 발생할 수 있다는 것만으로 DAO의 효용성이 없어졌다고 평가하기에는 이르다. DAO의 의사결정과정을 살펴보면, 그 사원들이 DAO의 의사결정에 직접 참여할 수 있는데, 만약 이러한 가능성의 상당부분을 현실에서 실현할 수 있다면 DAO의 대리비용을 기존의 기업에 비하여 상당한 정도로 줄일 수 있다. 이러한 결론을 구체적으로 실현하기 위해서는 이를 제도적으로 어떻게 설계할 것인지가 중요한데, 이는 결국 DAO를 법적으로 어떻게 구성할 것인지, 구체적으로 DAO의 조직법적 형태를 무엇으로 보고 그 내용을 무엇으로 채울지의 문제로 귀결된다.

제6장 DAO의 조직법적 형태

제1절 개관

DAO의 등장에도 불구하고, 그 법적 지위는 여전히 불확실하다. DAO가 대외적 거래관계를 맺게 되면, 그 이후부터 DAO와 그 사원은 법적 책임의 부담이라는 위험을 감수해야 하는 상황에 처한다. 현존하는 DAO는 미국의 일부 주를 제외하고는 대부분 조합으로 간주할 가능성이 크고, 그에 따라 법적 규율을 받게 될 것이다.[1)2)] DAO를 조합으로 보면, DAO에 참여하는 모든 구성원이 무한책임을 부담하나, 다른 한편으로는 합법적으로 그 자산을 소유하고 운용할 수 있다. DAO가 새롭게 등장함에 따라 여러 가지 이유로 이러한 조직체의 법적 지위를 명확히 하는 것이 중요하다. 만약 법원이 DAO와 유사한 탈중앙화 조직을 조합으로 해석한다면, 가상자산의 보유자는 투자 시 고려하지 않았던 조합원의 의무를 부담한다. 개인 책임 부담의 위험은 잠재적인 참여자가 DAO에 투자하거나, 참여하거나, 조직을 만드는 것을 망설이게 할 수 있다. 앞서 설명한 블록체인과 스마트계약의 장점과 거래비용 절감의 결합은 DAO가 전 세계에서 활동하는 것을 촉진한다. 그러나 이러한 장점은 법적인 인정 없이는 의미가 없다. 참여자들이 맺은 법률관계의 연결을 넘어 그 전체를 인식하기 위해서는 이들을 감쌀 수 있는 법적 형식이 존재하여야 하고, 우리는 그때 비로소 DAO를 법적 조직체로서 인식할 수 있게 된다.

DAO가 현재 법적으로 가장 많이 문제되는 것은 그 법적 지위에 관한 부분이다.[3)] 이는 DAO를 조합과 유한책임회사 등과 같은 여러 법적 형태 중 어느 것으로 인정하여야 하는가의 문제이기도 한데, 하나를 무조건 선택하여야 하는 모순관계의 문제는 아니다. 조합의 인정 여부는

---

1) 본 장의 내용은 필자가 작성한 "탈중앙화 자율조직(DAOs)의 조직법적 형태에 관한 연구 -회사법적 법률관계를 중심으로-', 상사법연구 제42권 제3호, 한국상사법학회, 2023"의 내용에 의존하여 작성한 것임을 밝힌다.
2) Alexandra (2021), 15면.
3) 위의 글, 13면.

DAO의 법률관계를 현재 제도에 적용하여 검토하는 것이고, 유한책임회사의 인정 여부는 DAO의 조직 취지에 맞는 기업형태를 만들어 정책적으로 제도화하는 취지의 논의이다. 이처럼 우리가 DAO를 법적 조직체로 인식하기 위해서는 우리 법이 가지고 있는 법적 조직체의 틀을 씌워보는 작업을 수행해야 한다. DAO의 법적 특성을 파악한 후 그것을 조합, 회사, 비영리법인 등 다양한 종류의 틀에 대입하여 보는 것이다. 만약 DAO가 기존 제도와의 관계에서 이미 정해진 규칙의 상자에 들어가야 하는 상황이라면, 그 규칙에 맞춰 상자에 넣는 것도 물론 중요하나, 그 과정에서 DAO가 가지는 유연성이 상실되지 않도록 배려하는 것 역시 필요하다.[4] 운이 좋게 DAO에 잘 맞는 법적 조직의 틀을 찾는다면, 그에 관한 대내외적 법률관계에 기존의 법령을 적용하면 된다. 만약 DAO에 맞는 법적 틀을 찾지 못한다면, 결국 그에 맞는 틀을 새롭게 만들어야 할 필요성이 생긴다. 이에 관해서는 항을 달리하여 설명한다.

---

[4] デジタル, 앞의 자료(2022. 10. 5.)

제2절 DAO의 조직법적 형태의 검토

I. 서언

 인적 결합을 중심으로 정의하면, 단체는 공동의 목적을 위하여 2명 이상이 결합한 공동체로 정의할 수 있다. 이러한 인적 단체는 사단과 조합의 두 유형으로 나눌 수 있는데,[5] 양자의 차이는 구성원의 개성이 중시되는지, 단체가 구성원으로부터의 독립성을 가지는 등이다.[6] 조합은 모든 구성원의 이름으로 대외적으로 등장하나, 사단은 단체의 이름으로 외부에 등장한다.[7] 사단은 일반적으로 구성원으로부터 독립하여 존재하고 별개의 법인격을 가진다. 이에 따라 별도의 조직으로서 기관을 두고, 그로 하여금 단체를 운영하도록 한다. 독립적인 법인격을 가지는 만큼 사단의 이름으로 재산을 소유할 수 있고 의무도 부담한다. 구성원은 사단의 대내적 관계에서 일정한 권리를 보유하고 의무를 부담한다. 조합은 구성원으로부터 독립하여 존재하지 못하고 조합원 모두가 주체가 되므로, 원칙적으로 조합원의 의사에 의하여 조합원 모두의 이름으로 법률행위를 하여야 한다. 조합의 재산은 조합원 모두가 합유관계에 따라 보유할 뿐이다. 단체를 속성에 따라 분류하였을 때, 권리능력을 갖춘 단체를 법인이라 하고, 나머지 권리능력을 가지지 아니한 단체는 조합, 권리능력 없는 사단, 권리능력 없는 재단 등으로 구분할 수 있다.[8] 법인의 가장 중요한 기능은 구성원의 재산으로부터 기술적으로 분리된 단체의 특별재산에 대해서 독립성을 인정함으로써 해당 재산을 구성원들과 분리

---

5) 김정호 [2023], 2면; 편집대표 김용담, 「주석민법」[채권각칙(5)] [2016], 39-40면.
6) 김정호, 위의 책, 2면; 편집대표 김용담, 위의 책, 39-40면.
7) 김정호, 위의 책, 3면; 편집대표 김용담, 위의 책, 39-40면.
8) 편집대표 김용덕, 「주석민법」[총칙2] [2019], 543면.

하여 별도로 관리할 수 있도록 하고, 또 조직체와의 관계에서 구성원의 책임을 제한하는 것이라고 할 수 있다.[9)10)] 조직체에 법인격을 부여하면, 그 구성원을 포함한 조직의 이해관계인에 관한 법률관계는 단순화된다.[11)]

단체 중 법인인지는 해당 조직체가 권리능력을 가졌는지에 따라 판단하여야 한다.[12)] 자연인 이외 권리주체의 속성을 지닌 단체의 모습은 매우 다양하게 나타날 수 있다. 단체는 때에 따라 권리능력을 부여받아 법인이 되거나 그렇지 못하여 법인이 아닌 단체에 머물기도 한다.[13)] 법이 어떠한 단체에 대하여 권리능력을 부여할지는 입법자가 해당 국가 법체계의 특성을 반영하여 결정할 문제이다.[14)] 만약 단체가 법인이 되고자 한다면, 해당 국가의 법률이 요구하는 실체적 기준을 충족하여야 하고, 그 과정에서 법이 정한 절차를 따라야 함은 당연하다. 어떠한 형태의 단체를 법인으로 할 것인지는 입법례에 따라 차이가 발생할 수 있는데, 가령 합명회사나 합자회사의 경우 독일법에 의하면 법인이 아니나 우리나라, 일본, 프랑스 등의 법에 의하면 법인으로 인정된다.[15)] 법인에 관한 법은 비영리법인을 중심으로 하는 민법, 영리법인인 회사를 규율하

---

9) 노혁준 (2022), 115면; 편집대표 김용덕, 위의 책(총칙2), 544면; Reinier Kraakman et al. (2017), 5-9면.
10) 이러한 기능은 현실에서는 필요에 따라 변형이 이루어지는데, 이른바 권리능력 없는 사단 혹은 재단은 법인이 아님에도 단체의 명의로 부동산등기를 하거나(부동산등기법 제26조), 민사소송에서 당사자가 될 수 있다(민사소송법 제52조). 그리고 법인의 재산과 구성원의 재산은 엄격히 구분하는 것이 원칙이나 법인 제도를 악용하는 경우 법인의 재산 이외에도 법인의 배후에 있는 사원의 재산에 대해서도 책임을 물을 수 있는 경우가 있다(이른바 '법인격부인의 법리', 대법원 2001. 1. 19. 선고 97다21604 판결 등 참조).
11) 노혁준 (2022), 115면; 편집대표 김용덕, 「주석민법」[총칙2] [2019], 544면; Reinier Kraakman et al. (2017), 5면.
12) 편집대표 김용덕, 위의 책, 543면.
13) 위의 책.
14) 노혁준 (2022), 115면; 위의 책.
15) 노혁준 (2022), 115면; 위의 책.

는 상법을 포함하여 학교법인, 의료법인, 사회복지법인 등 특수한 비영리법인에 관한 각종의 법률뿐만 아니라 각종 협동조합에 관한 법률 등 특수법인에 관한 법률을 포함한다.16) 법인이 아닌 단체 중 민법상의 조합과 권리능력 없는 사단은 일반적으로 그 단체성의 강약을 기준으로 판단하는데, 조합은 구성원 사이의 법률관계에 의하여 성립하므로 어느 정도 단체성에서 오는 제약을 받는 것이나 구성원의 개인성이 강하게 드러나는 인적 결합체인 데 비하여 권리능력 없는 사단은 구성원의 개인성과는 별개로 권리·의무의 주체가 될 수 있는 독자적 존재로서의 단체적 조직을 가지는 특성이 있다.17)

II. 기업과 회사

1. 기업의 의의

영리사업의 주체가 어떠한 형태의 기업조직을 선택할지는 여러 사정을 고려하여 결정할 문제이나 법적으로 가장 일반적인 분류는 상인이 단독으로 사업을 영위하는 개인기업과 자본의 형성과 경영에 여러 사람이 참여하는 공동기업으로 나눌 수 있다.18) 기업은 영위하는 사업의 목적에 따라 사기업과 공기업으로 분류할 수 있는데, 회사는 여러 사람이 관여하는 전형적인 공동기업이면서 영리를 추구하는 사기업에 해당한다.19) 개인기업은 영업주(owner)가 모든 권한과 책임을 지고 사업을 영

---

16) 위의 책, 545면.
17) 대법원 1999. 4. 23. 선고 99다4504 판결.
18) 김홍기 [2024], 257면; 송옥렬 [2023], 705면; 오성근 [2023], 4면; 이철송 [2022], 4면; 장덕조 [2023], 3면; 정경영 [2022], 3면; 최준선 [2022], 37면.
19) 김건식·노혁준·천경훈 [2024], 3면; 편집대표 권순일, 「주석 상법」[2021], 5면.

위하는 기업으로, 그로부터의 모든 손익은 영업주에게 직접 귀속하고, 사업으로부터 얻은 소득에 대한 세금도 영업주 개인이 직접 부담한다.[20] 개인기업은 소유와 경영이 기업주 개인에게 집중되어 있어서 투자자와 경영자 사이에 이해관계의 충돌이 발생할 여지가 없다.[21] 공동기업은 특정한 사업을 영위하기 위하여 자본의 형성과 경영에 여러 사람이 참여하고 경영활동의 위험도 여러 사람에게 분산되는 기업형태이다.[22] 공동기업은 법인격의 유무에 따라 회사(corporation)와 조합(partnership)으로 분류할 수 있다.[23] 우리 법상 조합형 공동기업에는 민법상의 조합(민법 제703조부터 제724조까지), 상법상의 익명조합(상법 제78조부터 제86조까지), 합자조합(상법 제86조의2부터 제86조의9까지) 등이 있는데, 이러한 기업들은 소규모의 사업에 적합하고 법인격도 부여되지 아니한다. 회사형 공동기업은 인력과 자본이 합리적으로 결합한 영리 단체로, 기업의 독자적인 생존력을 높이고 유지하는데 가장 적합하다.[24] 그밖에 공동기업에는 각종 협동조합, 보험업법상 상호회사, 특별법상의 각종 특수목적회사 등이 있다.

2. 회사의 의의

인간의 생존에는 다양한 재화와 서비스가 필요하고, 인류 문명의 진보에 따라 인간이 원하는 재화는 종류와 규모 면에서 모두 급속도로 확장하고 있다.[25] 재화의 자급자족이 어려워지면서 자연스럽게 생산이나 유통을 전문으로 영위하는 기업이 등장하였고, 회사는 이러한 기업의 대

---

20) 임재연 [회Ⅰ 2024], 41면; 편집대표 권순일, 위의 책, 6면.
21) 김건식·노혁준·천경훈 [2024], 4면; 편집대표 권순일, 위의 책.
22) 김건식·노혁준·천경훈 [2024]; 편집대표 권순일, 위의 책, 7면.
23) 임재연(2022), 앞의 책, 40면; 편집대표 권순일, 위의 책.
24) 임재연(2022), 위의 책; 편집대표 권순일, 위의 책.
25) 김건식·노혁준·천경훈 [2024], 3면.

표적인 형태이다.[26] 회사는 여러 사람이 공동의 사업 목적을 설정하고 경제적 이익을 추구하는 공동기업의 전형적인 형태이고, 자본주의 시장 경제에서 핵심적인 역할을 한다.[27] 기업은 상인이 영리를 목적으로 인적요소(인력)와 물적요소(자본)를 유기적으로 결합해 조직한 경제적 단체이다.[28] 회사는 가장 전형적인 공동기업으로, 자본과 인력의 결합을 통하여 개인기업이 수행하기 어려운 사업을 영위한다.[29] 연혁적으로는 합명회사, 합자회사, 주식회사의 순서로 발전하였고, 비교적 근래에 들어 소규모·폐쇄적인 형태인 유한회사가 등장하였다. 우리나라의 경우 2011년 상법 개정 시에 인적회사와 물적회사의 성질을 함께 가지는 유한책임회사제도가 도입되었다.[30] 상법이 정하는 회사 중 가장 많이 활용되는 것은 단연 주식회사이다. 이를 반영하듯 주식회사는 자본주의의 꽃이라고 불리기도 한다.[31]

III. DAO가 선택할 수 있는 법적 조직체의 형태

1. 법인이 아닌 단체와 DAO

대다수의 DAO는 법적 형식 없이 조직·운영하는 것을 선택하고 있다.[32] 그렇다고 하여 법인이 아닌 DAO가 법의 테두리 밖에서 자유롭게 운영된다는 것을 의미하지는 아니한다. 대부분 국가에서 법인 아닌 DAO

---

26) 위의 책.
27) 편집대표 권순일, 「주석 상법」[2021], 5면.
28) 위의 책, 6면.
29) 위의 책, 8면.
30) 위의 책, 9면.
31) 이영종 (2008), 148면.
32) Brummer·Seira (2022), 6면.

는 조합 또는 비법인사단으로 평가될 가능성이 크다.[33] 이에 의하면 DAO의 활동으로 인한 영향은 그 구성원들에게 직접 미친다. 이는 DAO의 구성원들과 그 운영에 핵심적인 역할을 하는 사람들에게 잠재적·실질적으로 중요한 법적 결과를 초래할 수 있다.[34] DAO가 법인격 없이 오프체인(off-chain)[35] 세계와 상호 작용하는 것은, 그 목적 사업을 수행하는데 필요한 사람의 고용, 용역의 계약, 은행 계좌의 개설, 세금의 납부 등을 매우 어렵게 만든다.[36] 법인격을 취득하지 못한 대표적인 DAO로 Maker DAO를 들 수 있는데, Maker DAO는 초기에는 재단(Maker Foundation)으로 운영되다가 의사결정권한을 구성원들에게 이전하기 위하여 의사결정 프로토콜을 수정한 후 이에 따라 가상자산 보유자들에 의하여 운영되는 시스템으로 전환하였다.[37]

법인 아닌 DAO는 이러한 한계를 극복하기 위하여 별도의 헌장(charter)을 도입하여 법적 보호 수단을 고안하기도 한다.[38] 여기서 헌장의 모델 양식은 비법인 DAO의 증권(securities)이 아님을 강조하고, 증권인 가상자산이 DAO에 적합하지 아니함을 밝히고 있다.[39] 위 모델은 DAO를 위하여 별도로 인정된 구성원의 책임을 제한하는 법인(유한책임회사 또는 주식회사)의 형식이 없을 때는, 그 외의 방법으로 여러 가지

---

[33] 안수현 (2022), 44면.
[34] Brummer·Seira (2022), 6면.
[35] '오프체인(Off-Chain)' 개념 자체는 블록체인(On-Chain) 바깥에서 일어나는 모든 행위를 뜻하는 용어로 퍼블릭 블록체인(Public blockchain)에서 먼저 사용되기 시작하였다[이규상(삼성SDS 블록체인연구Lab), "안전하고 투명한 데이터 관리 블록체인으로 가능할까요?", 〈https://post.naver.com/viewer/postView.nhn?volumeNo=28993802&memberNo=36733075&vType=VERTICAL〉
[36] Brummer·Seira (2022), 6면.
[37] Wulf (2021), 33면.
[38] LexDAO, Simple Code Deference Agreement, 〈https://github.com/lex-node/SCoDA-Simple-Code-Deference-Agreement-/blob/master/DAO%20Charter%20with%20Qualified%20Code%20Deference.md〉
[39] LexDAO, 앞의 자료.

의 외부적인 보호장치를 마련하여야 한다고 한다.[40][41] 위 헌장은 DAO는 법인화를 의도하지 아니하고, 법인이라고 간주하지도 아니하며, DAO의 구성원과 별개의 법인격을 갖지도 아니함을 밝히고 있다. 나아가 DAO는 조합을 의도하지 아니하고, 조합으로 간주하지도 아니한다고 설명한다.[42] DAO 구성원의 권리는 스마트계약을 통하여 발행된 가상자산을 통하여 대표된다.[43] DAO 구성원은 DAO 또는 다른 구성원의 행위에 관하여 책임을 부담하지 아니한다고(또는 책임이 있는 것으로 간주하지도 아니한다고) 명시하고 있다.[44] 그러나 자체 규약을 통하여 원하는 법적 구조를 선언하는 것만으로는 법인 아닌 DAO에 그 내용과 같은 법적 지위가 부여될 가능성은 매우 희박하다. 이러한 결론은 법원이 bZxDAO 사례에서 책임의 부담 없이 조합의 장점을 취하려는 시도는 인정되지 아니하고 이 경우에도 조합으로 취급될 것이라고 판시한 것에서도 확인할 수 있다.

2. 주식회사와 DAO

주식회사는 사업을 위한 법적 조직체의 형태 중 가장 일반적이다. 주

---

40) 위의 자료.
41) 법률 및 기술 분야의 전문가들로 구성된 국제 실무그룹 'COALA'(Coalition of Automated Legal Applications)는 DAOs에 대한 법적 프레임워크를 정의하기 위한 업무를 수행하였다. COALA가 제안하고 있는 DAO 모델법(The COALA DAO Model Law)은 DAO와 그 참가자에게 필요한 법적 확실성을 제공하는 동시에 DAO의 특정 기능과 요구 사항 및 향후 개발에 맞는 유연한 법적 프레임워크를 제공하고 있다. 위 DAO 모델법은 제5조는 Maker DAO의 헌장의 내용처럼 DAO의 사원은 DAO에 의하여 발생하는 어떠한 의무에 대해서도 책임을 부담하지 아니한다고 정하고 있다(https://coala.global/).
42) LexDAO, 앞의 자료.
43) 위의 자료.
44) 위의 자료.

식회사는 투자자인 주주가 소유하나, 그 운영은 주주로부터 경영 권한을 위임받은 이사회 등 경영진이 한다. 주식회사의 주주는 소유와 경영이 분리됨에 따라 회사의 행위로 인한 결과에 관하여 제한된 책임을 부담하고, 주주의 경제적 위험은 주식의 가치 범위에 한정된다. 주식회사의 이사는 주주에 대하여 충실의무와 선관의무를 포함한 신인의무를 부담하는데, 이는 이사의 사익 추구 행위를 제한하는 기능을 수행한다.[45]

주식회사로 설립된 DAO는 거의 찾아볼 수 없다.[46] 주식회사는 이사회와 같은 중앙집중화된 기관이 있어야 하는바, 구성원 사이의 신뢰조차 필요하지 아니하고 익명성에 기반하여 탈중앙화된 환경을 추구하는 DAO와 본질적인 면에서 차이가 난다.[47] 그러나 DAO는 전체의 법적 구조 중 일정한 부분에 관해서는 주식회사의 형태를 활용하는 것이 불가능하지는 아니하다.[48] DAO 중의 일부는 가상자산을 조달하기 위하여 계열 조직으로서 주식회사를 설립하기도 하고, 가상자산의 발행이나 판매와 같은 행위, 또 세금의 납부 의무나 기타의 책임을 완화하기 위하여 주식회사를 설립하기도 한다.[49]

이와 관련하여 주식회사의 경우 정관을 변경하여 법적으로 가능한 범위 내에서 DAO의 스마트계약 프로토콜의 결과가 주주의 권리와 의무에 직접적인 영향을 미칠 수 있도록 하는 것을 생각할 수 있다.[50] 그러나 이러한 방법에는 상당한 제약이 따르는데, 기본적으로 회사법은 이사회에 회사를 경영할 수 있는 권한을 부여하고, 이사는 주주의 이익을 최우선으로 행동할 의무를 부담한다. 그러므로 회사가 정관을 변경하여 이사의 권한을 완전하게 DAO의 구성원에게 이전하는 것은 불가능하다.

---

45) Emerald Partners v. Berlin, Del. Supr., 726 A.2d 1215, 1221 (1999).
46) Brummer·Seira (2022), 8면.
47) Emerald Partners v. Berlin, Del. Supr., 726 A.2d 1215, 1221 (1999).
48) Brummer·Seira (2022), 8-9면.
49) 위의 글, 9면.
50) 위의 글.

위와 같은 방법을 전면적으로 활용하는 것은 주식회사의 특성상 어려우나, 다른 한편으로 회사가 주주인 DAO의 구성원이 전달하는 지시를 받은 회사 내 자문위원회를 통하여 이사회에 비결정적인 권고안을 제출하는 방법도 생각해볼 수는 있다.51)

3. 유한책임회사와 DAO

법인 아닌 DAO는 법적 책임이 문제가 될 경우, 법원에서 일반 조합으로 인정될 가능성이 큰 점은 앞에서 검토하였다. 이 문제를 극복하기 위해서 생각할 수 있는 것이 DAO의 본체에 유한책임의 포장지를 씌우는 것이다. 현행 회사 형태 중 DAO의 설립 취지에 가장 부합하는 것이 유한책임회사이다. DAO는 유한책임의 설정을 통하여 구성원을 효율적으로 보호할 수 있다. 그러나 DAO와 유한책임회사는 법적으로 완벽하게 일치하지는 아니한다. DAO는 프로그래밍된 스마트계약을 사용하여 자동화된 의사결정시스템을 운영하는 탈중앙화된 조직이다. 유한책임회사는 일반적으로 국가의 법률에 따라 등록된 기업형태 중 하나로, 소수의 사원이 함께 자본을 제공하여 조직을 설립한다. 그러나 DAO에 관하여 회사법적 측면에서 법적 조직의 틀을 그대로 적용하기 어려워 곧바로 유한책임회사의 형식을 씌울 수 없는 것이 현재의 상황이다.

최근 미국 내 일부 주에서는 DAO가 유한책임회사 형태로 등록되어 운영될 수 있도록 하는 법률이 제정되고 있다.52) 이 경우, DAO는 유한책임회사와 같은 법적 책임과 규칙을 따라야 할 것이다. 그러나 DAO는 여전히 분산화된 네트워크에서 운영되는 조직이므로, 기업형태로 운영되는 일반적인 유한책임회사와는 몇 가지 차이가 있다. 그렇더라도 국가

---

51) 위의 글.
52) 실제로 미국의 와이오밍주, 테네시주, 유타주, 마셜제도공화국 등이 DAOs에 관한 법인 형태로 유한책임회사를 규정하였다.

내에서 유한책임의 결과를 부여하는 선택지는 조직체와 구성원에게 법적 확실성과 안정성을 제공하고, 해당 국가 내에서의 법령을 준수할 의지가 있는 DAO에 새로운 기회를 부여한다.

유한책임회사는 조합과 같은 유연성과 세무적 이점을 제공하면서도 주식회사와 같이 유한책임을 제공하는 법적 조직의 형태이다. 유한책임회사의 사원은 주식회사의 주주와 마찬가지로 회사 또는 다른 사원의 채무나 기타의 책임에 관하여 개인적인 책임을 부담하지 아니한다. DAO에 있어 유한책임회사가 흥미로운 이유는, 유한책임회사가 여러 가지 면에서 다른 회사형태와 비교하여 탈중앙화된 지배구조에 적합하기 때문이다.[53] 중앙집중화된 경영진이 필요한 주식회사와 달리, 유한책임회사는 소유자가 직접 경영에 참여하는 것이 제한되지 아니한다.[54] 유한책임회사의 이러한 특성은 주식회사와 비교하여 DAO가 탈중앙화된 방식으로 의사결정을 내릴 수 있는 유연성을 제공한다.[55] 그러나 현재의 유한책임회사의 법적 구조는 초기 인터넷 시대인 1990년대 초에 미국에서 고안된 것으로, 내용적 보완 없이 DAO에 그대로 적용하는 것은 구성원이 계속하여 변화하는 특성을 가진 블록체인기술에 기반한 DAO에 정확하게 들어맞지 아니하는 한계도 존재한다.[56]

4. 합자회사·합명회사와 DAO

합명회사나 합자회사는 성질상 조합에 가까우므로, 일반적으로 조합의 성격을 가지는 것으로 인정되는 DAO를 합명회사나 합자회사로 설립하는 것도 생각해 볼 수 있다. DAO의 회사설립절차만 제도화한다면, 합

---

53) Brummer·Seira (2022), 10면.
54) 위의 글.
55) 위의 글.
56) 위의 글.

명회사나 합자회사의 형태도 DAO의 특성에 상당히 부합할 수 있다. 그러나 DAO가 조합으로 인정되는 때도 이는 그 법률관계 판단에 따른 결과이고, DAO의 구성원 스스로가 선택한 기업형태의 결과물은 아니다. DAO의 구성원이 조합을 그 기업형태로 취하지 아니한다고 보는 가장 큰 이유는, DAO를 조합으로 보면 그 구성원이 조합의 채무에 관하여 무한책임을 부담하기 때문이다. 이러한 점을 고려하면, DAO의 구성원 스스로가 무한책임사원만이 존재하는 합명회사를 선택할 가능성은 적다.

합자회사도 무한책임사원이 존재한다는 점에서 DAO 구성원들의 의사를 중심으로 기업형태를 파악하면, 그 의사에 완벽하게 부합하는 기업형태라고 보기는 어렵다. 그러나 DAO의 구성원을 무한책임사원과 유한책임사원으로 나누고, 이들의 관계를 중심으로 그 내부관계와 외부관계를 구성한다면 DAO의 법률관계를 다른 기업형태와 비교하여 더 명확하게 설명할 수 있는 장점이 있다. DAO는 현재 그 구성원 대부분이 무한책임을 부담하는 사원으로 인식하기보다는 대부분 주식회사의 투자자와 같이 인식하는 경향이 크다. 또한 DAO는 모든 구성원이 그 의사결정에 직접 참여하는 것을 표방하나, 실질적으로는 소수의 구성원이나 집단 등이 경영하는 모습을 보인다. 이러한 요소들을 DAO의 내부관계에 적용하면, 투자자에 해당하면서 경영 참여에 소극적인 구성원을 유한책임사원으로, 그 외 DAO의 경영에 직접 참여하며 비중 있는 역할을 하는 구성원을 무한책임사원으로 구성할 수 있다. 이 경우 DAO 경영의 권한과 책임, 구성원 사이의 견제 장치 등을 효율적으로 설정할 수 있는 장점이 있다. 문제는 이를 위해서는 DAO 구성원 또는 일부 집단을 무한책임사원으로 인정할 수 있어야 하는데, 당사자들 스스로 무한책임을 부담하는 내용으로 스마트계약을 구성할지에 관하여 회의적인 생각이 든다.

5. 사실상의 회사 등으로의 인정 가능성

미국의 회사법제 상 '법률상의 회사(de jure corporation)'란 제정법이 요구하는 회사설립요건을 모두 갖추어 설립의 하자가 없는 회사를 말한다.[57] 다만, 미국 법원은 회사설립요건을 충족하지 못하거나 설립의 하자로 인하여 법률상의 회사로 인정되지 아니하더라도 '사실상의 회사(de facto corporation)' 및 '하자 있는 회사설립(defective incorporation)'의 이론에 따라 적법하게 설립된 회사로 인정할 수 있다고 판단하고 있다.[58] 다만 이처럼 인정된 회사는 거래상대방과의 법률관계에서만 적용되는 것이고, 주 정부와의 관계에서는 법인격이 인정될 수 없다.[59] 한편 어떠한 단체가 사실상의 회사로 인정되기도 어려운 상태에서 회사임을 표방하는 경우 일정한 요건 하에 회사임을 표방한 단체나 그 구성원, 심지어 거래상대방까지도 그 단체의 법인격을 부인하는 것을 허용하지 아니하기도 하는데, 이를 '금반언에 의한 회사(corporation by estoppel)'라고 한다.[60] DAO가 '사실상의 회사'로 인정되기 위해서는 회사설립이 가능한 유효한 제정법이 존재하여야 하고,[61] 또 금반언에 의한 회사로 인정되기 위해서는 DAO가 스스로 법인임을 주장하여야 하는데, 이와 같은 경우는 사실상 존재하지 아니하므로 위 두 이론을 DAO에 적용하기 어렵다.[62]

---

57) 임재연 (2008), 425면.
58) Cantor v. Sunshine Greenery, Inc., 398 A.2d 571, 573-74 (N.J. Super. Ct. App. Div. 1979).
59) 임재연 (2008), 425면.
60) Wayne (1990), 527면; 임재연, 위의 글, 425-426면.
61) 임재연, 위의 글, 433면.
62) Timothy (2019), 1114면.

6. 비영리 단체와 DAO

가. 의의

전통적으로 사업적 목표에 초점을 맞췄던 법적 단체는 더 광범위한 사회적 목표를 가질 수 있다.[63] 이와 연결하여 고려해 볼 수 있는 방법은 DAO를 재단법인의 형태로 조직하는 것이다. 재단법인은 민법상의 전형적인 법인 유형의 하나이다.[64] 블록체인 조직과 재단법인 사이에는 기본적인 측면에서 유사점을 발견할 수 있다. 블록체인에 내재하여 있고 블록체인에 대한 신뢰의 기반이 되는 불변성은 재단법인에서도 유사하게 발견된다. 재단은 그 설립 이후에는 설립자의 의도를 변경하는 것이 매우 어렵다. 블록체인 조직이든 재단법인이든 모두 조건이 충족된 경우에만 변경이 가능하다는 점에서 유사성이 있는 것이다. 자율성의 측면은 재단의 법적 형태와 블록체인 기반 조직 모두에서 기본이 되는 요소이다. 재단의 자율성은 시간이 지남에 따라 재단이 독자적인 주체로 발전할 수 있게 해준다. 이러한 자율적 역학 관계는, DAO가 이전에 결정된 코드에 따라 원래 개발자로부터 독립적이고 자율적으로 행동하는 것을 목표로 하는 것과 일정 부분 부합한다.

나. 재단과 DAO

ENS(The Ethereum Name Service)[65] DAO[66]를 예로 들어보자. 온라인

---

[63] Brummer·Seira (2022), 12면.
[64] 김진우 (2012), 100면.
[65] 가상자산과 Web 3.0 기반 서비스에서는 지갑 주소 또는 트랜잭션 해시처럼 영문과 숫자가 혼용된 긴 문자열 값을 사용해야 한다. 이 문제를 해결하기 위해 이더리움 네임 서비스(ENS)가 등장했다. ENS의 기본 역할은 Web 3.0에서 복잡한 ID(예: 가상자산 지갑 주소, 해시, 메타데이터)를 읽을 수 있는 이름(도메인)

에서 조직된 ENS DAO를 현실 세계에서 대표하는 주체는 케이맨제도에 설립된 ENS 재단(Foundation Company Limited By Guarantee)이다.[67] ENS 재단은 주주가 없고 이사나 회원에게 배당금을 지급할 수 없다.[68] ENS DAO는 재단을 두는 이유를 다음과 같이 설명하고 있다.[69]

「① DAO의 행위에 관하여 그 참여자에게 유한책임을 부여한다. 만약 법인이 없다면, 참여자들은 DAO가 수행하는 모든 일에 관하여 개별적으로 책임을 질 수 있다.

② 조세에 관한 문제를 해결할 수 있다. 만약 법인이 없다면, DAO의 참여자들은 DAO 보유 자금을 직접 관리하지 않으면서도 DAO의 소득 일부에 관한 세금을 부담해야 할 수 있다.

③ 현실의 당사자와 계약을 체결하고 DAO가 보유하는 자산을 보유할 수 있다.」

ENS 재단의 정관에는 ENS DAO(정관에서는 'The Council'라고 표시함)에 상당한 권한을 부여하고 있다.[70] ENS DAO는 ① 이사, 관리자 등의 선임과 해임, ② 신규 회원 가입의 금지, ③ 이사들에 대한 재단의 해산 지시, ④ 이사들에게 재단을 대표하여 계약을 체결하거나 재단이 필요로

으로 변환하고 이더리움 블록체인에 등록하도록 지원하는 것이다. 이때 이더리움 기반 도메인은 '.com'등으로 끝나는 인터넷 도메인처럼 '.eth'로 끝나는 게 특징이다. 따라서 ENS를 사용하면, batman.eth 또는 cinderella.eth 등의 도메인을 구매하여 "0x3bsfjbk234basf8iwerb…." 같은 이더리움 지갑 주소로 연결할 수 있다. 결제금을 수령할 때마다 복잡한 지갑 주소 대신 ENS 도메인을 공유할 수 있는 것이다(https://docs.ens.domains/). ENS 토큰은 이더리움 네임 서비스의 거버넌스 토큰이다.

66) ENS는 서비스 이용자들에게 ENS 토큰을 배포하고 이를 관리할 DAO를 만들었다. ENS DAO의 토큰 보유자는 ENS DAO의 자금 관리와 그 밖의 사항에 관한 의사결정에 참여할 수 있다.

67) https://docs.ens.domains/v/governance/the-ens-foundation.

68) 위의 인터넷 사이트.

69) 위의 인터넷 사이트.

70) 위의 인터넷 사이트.

하는 사항을 위한 참여권 부여, ⑤ 이사 권한 일부의 DAO 워킹그룹에 대한 위임 지시 등을 할 수 있다. 모든 재단에는 적어도 한 명의 이사, 감독자, 총무가 있어야 한다. 이들은 자연인 또는 법인이 될 수 있으며, 원하는 경우 같은 법인이 이사와 총무를 겸할 수 있다.

다. DAO 재단의 한계

재단의 목적은 DAO의 다양한 가능성을 고려할 때 설립자가 결정할 수 있으나, 재단의 자산과 법적 구조와 관련하여 몇 가지 문제가 발생할 수 있다. 가상자산이 재단의 자산으로 적합한지 의문이다. 또한 적절한 자산관리요건에 따라 기초자산이 투기성이 높은 구성요소로만 이루어져서는 안 된다는 점에서 한계가 있다. 재단을 조직하려면 일반적으로 이사회가 필요하고, 이사회는 법적 거래에서 재단의 관리기관으로 재단을 대표한다. 완전한 탈중앙화를 목표로 하는 DAO의 경우 이사회를 구성하기 어려울 수 있다. DAO는 별도로 이사회나 이사들을 별도로 두고 있지 아니하고 이론적으로는 미리 정해진 내용에 따라 조직과 자산을 관리하는 알고리즘만 존재할 뿐이기 때문이다.

제3절 DAO에 적합한 기업형태의 검토

Ⅰ. 현행법상 기업형태의 적용 가능성

1. 서언

　DAO는 다양한 목적을 추구하는데, 만약 DAO가 영리를 목적으로 사업활동을 수행한다면 그 법적 실체는 기업형태의 하나로서 구성하는 것이 합리적이다. 영리사업의 주체가 어떠한 형태의 기업조직을 선택할지는 다양한 동기와 사정 등의 영향을 받을 것이고, 그 선택의 대상 역시 여러 기준에 의하여 구분할 수 있다. 법적으로 가장 단순한 기업형태의 분류는 자연인 상인이 단독으로 영위하는 개인기업과 자본의 형성과 경영에 다수의 당사자가 참여하는 공동기업을 들 수 있다.71) 법률은 기업주가 원하는 경영조직, 자본집중의 유형, 기업의 규모, 위험 분산의 방법 등에 따라 그에 알맞은 형태를 선택할 수 있도록 실정법상 여러 가지의 공동기업 형태를 두고 있다.72) DAO는 그 조직과 운영에 다수의 당사자가 참여하는 점에서 본질적으로 공동기업의 특성을 가진다. 상법상의 회사는 합명회사·합자회사·유한책임회사·주식회사·유한회사의 다섯 종류가 있는데, 모두 영리를 목적으로 하는 인적 결합체로서 법인격을 가지고 있다(상법 제169조). 우리나라는 DAO에 관하여 별도로 설립등기절차를 규정하고 있지 아니하므로, 그 특성을 온전히 유지한 채 설립등기를 하여 법인격을 가진 상법상의 회사로 활동하는 것이 불가능하다. 그러나 DAO가 일부의 특성을 포기하고 상법 규정에 맞춰 설립등기를 한다면, 상법상의 회사로서 DAO를 인정할 수 있지 않을까 하는 생각도 해볼 수

---

71) 이철송 [2022], 4면.
72) 위의 책, 5면.

있는데, 이를 전제로 DAO를 현행 상법에 근거하여 설립할 수 있는지 검토하고자 한다.

2. 합명회사의 경우

앞서 살펴본 DAO의 특성을 고려하면, DAO는 구성원 개인의 인적 개성이 강하게 드러나기보다는 실질적으로 가상자산의 발행을 통하여 얻은 자산을 가지고 목적 사업을 수행하는 것에 방점을 두고 있는 측면이 강하므로, 인적회사보다는 물적회사의 성향이 강하다. 따라서 합명회사는 DAO 구성원의 의사나 그 특성에 비추어 보았을 때 DAO의 기업형태로는 적절하지 아니하다.

3. 합자회사의 경우

합자회사[73]에 관하여 보면, 유한책임사원과 함께 그 업무집행을 담당할 무한책임사원이 있어야 한다. DAO에 있어서 이러한 인적 구성의 설계 자체가 불가능할 것 같지는 않다. DAO는 구성원 사이의 결합이 굉장히 낮은, 사실상 인적 신뢰관계가 없는 상태에서 주로 스마트계약 시스템에 의존하여 조직체를 운영하는 특징이 있다. 합자회사는 유한책임사원의 책임이 유한하다는 점에서 물적요소가 가미되어 있기는 하나 그 내부관계에 있어서는 합명회사와 마찬가지로 소수의 신뢰에 기초하여 조직된 조합적 기업이라고 볼 수 있다.[74] DAO 구성의 형태를 고려하면, 유한책임회사와 비교하여 그 책임관계를 더 명확히 할 수 있는 장점이

---

[73] 합자회사는 경제적으로 무한책임사원의 사업에 유한책임사원이 자본적 참가를 한다는 점에서 인적 요소와 물적 요소가 결합된 회사형태이다[김건식·노혁준·천경훈 [2024], 952면].
[74] 편집대표 권순일, 「주석 상법」[2021], 605면.

있는 기업형태이다. 일반적으로 DAO의 설립을 주도하는 세력, 그 의사결정에 있어서 중요한 경영사항을 결정할 수 있는 위치에 있는 구성원이나 집단 등을 무한책임사원의 지위에 놓고, 다른 투자자의 지위에 있는 구성원을 유한책임사원으로 설정하면, 해당 DAO를 합자회사로 설립할 수 있다. 다만, 이러한 설정을 위해서는 DAO 구성원 또는 일부 집단을 무한책임사원으로 인정할 수 있어야 하는데, 일부 당사자들이 굳이 자발적으로 무한책임을 부담하는 내용으로 스마트계약을 구성할 가능성은 그리 높지 않을 것이다.

4. 유한책임회사의 경우

유한책임회사에 관하여 보면, 사원이 유한책임을 부담한다는 점에서 DAO의 구성원의 일반적인 참여 의사에 부합한다. 유한책임사원의 지분 양도는 다른 사원의 동의를 얻지 아니하면 그 전부 또는 일부를 양도할 수 없고(상법 제287조의7 제1항), 사원의 가입을 위해서는 정관의 변경이 필요하다(상법 제287조의23). 이에 의하면 유한책임회사는 사원 사이에 조합적 결합관계를 이루고 있음을 알 수 있다.[75] 이에 의하면, 유한책임회사는 인적회사와 물적회사의 요소가 혼합되어 합명회사와 주식회사의 중간 정도에 위치하는 기업형태로 볼 수 있다.[76] 유한책임회사의 인적 요소로는 ① 1인 1의결권 원칙, ② 사원의 지분 양도 제한, ③ 사원의 가입 및 탈퇴 제도의 인정, ④ 자기지분 취득 금지 원칙, ⑤ 유연한 기관구성 인정 등을 들 수 있고, 물적요소로는 ① 1인 회사의 인정, ② 법정 자본금제도(출자목적제한, 전액납입주의 등), ③ 사원의 유한책임 원칙, ④ 엄격한 회계관리 등을 들 수 있다.[77]

---

75) 위의 책, 7면.
76) 위의 책, 6면.
77) 위의 책, 8면.

5. 유한회사의 경우

유한회사를 보면, 유한회사 사원의 지분은 지시식 또는 무기명식의 증권을 발행하지 못한다(상법 제555조). 유한회사는 주식회사와 마찬가지로 회사채무에 관하여 유한책임을 부담하는 사원으로 구성되었으나(상법 제553조), 조직과 운영 면에서 사적자치가 폭넓게 인정되어 있다는 점에서 인적회사와 유사하다.[78] 유한회사는 소수의 투자자가 참여하는 소규모 기업에 적합한 회사형태이다.[79] DAO가 기술적 신뢰관계에 기반하여 다수의 투자자가 참여하는 특성을 가진 점, DAO가 발행하는 거버넌스 가상자산이 무기명식 증권적 성질을 가질 가능성이 높은 점 등을 종합하면, 유한회사의 형태 역시 DAO의 본질에는 부합하지 아니하는 것으로 보인다.

6. 주식회사의 경우

자유롭게 양도할 수 있는 거버넌스 가상자산을 발행하면서 투자자에게 유한책임을 부담하게 하려는 DAO의 특성은 주식회사와 많이 닮았다. 그러나 가장 큰 걸림돌은 주식회사는 주주총회, 이사회, 감사 등의 중앙화된 기관을 두어야 하고, 가상자산을 일반 자산으로 볼 때는 금전출자가 아닌 현물출자가 되어 그에 따른 절차로서 설립 정관에의 기재(상법 제290조 제2호), 검사인의 검사(상법 제298조 제4항, 제299조) 또는 감정인의 감정(상법 제299조의2) 등과 같은 회사법상의 여러 규율을 따라야 한다는 것이다. DAO가 주식회사로 설립되면, 주주명부를 작성하여야 하는데, 이 경우 DAO의 확장성과 익명성을 전제로 한 구성원 모집 방법에 부합하지 아니하는 측면이 있다.

---

78) 김건식·노혁준·천경훈 [2024], 970면.
79) 위의 책.

7. 소결

DAO는 탈중앙화된 구조와 자동화된 운영으로 인하여 그에 적용할 수 있는 법률, 기업의 형태, 내외부관계 등에 관하여 여러 복잡한 문제가 제기된다. DAO에 관해서는 기존의 법이론에 따라 위와 같은 문제들에 대하여 명확하게 답을 내리기 어려운 것이 현재 상황이다. DAO를 현재의 법체계 안에서 어떠한 형태의 법적 조직체로 인정할지와 관련해서는 DAO가 커뮤니티 형태의 단계일 때 참여한 핵심 개발자 또는 창립자가 DAO의 구성을 실행하는 단계에서 주식회사, 유한책임회사 등 기존의 특정한 기업형태를 선택하지 아니하는 한 조합으로 인정될 가능성이 크다.[80]

농업협동조합(농업협동조합법 제4조 제1항), 소비자생활협동조합(소비자생활협동조합법 제3조 제1항)과 같이 다른 법률로 조합에 법인격을 부여하지 아니하는 이상, 일반적으로 조합은 민법상의 조합에 해당한다. 민법상의 조합은 2인 이상이 상호 출자하여 공동의 사업을 경영할 것을 약정하는 계약이다(민법 제703조 제1항). 조합은 계약일 뿐만 아니라 단체로서의 성질도 가지고 있다.[81] 우리나라에서는 조합이 권리능력을 가지지 아니한다는 점에 관해서는 특별한 문제의 제기가 이루어지지는 아니하고 있다.[82] 조합의 목적에는 비영리사업이나 공익을 목적으로 하는 것을 포함하고, 조합원에 대한 이익의 배분 목적이나 손익분담의무는 별도로 요건으로 되어 있지 아니하다. 민법상의 조합계약은 특정한 사업을 공동 경영하는 약정만 조합계약이라 할 수 있고, 공동의 목적 달성이라는 정도의 합의만으로는 조합의 성립요건을 충족하지 못한다.[83] 민법

---

80) Alex (2023), 988면; Crank (2021), 2면; 柳明昌 (2022), 31면.
81) 윤진수 (2023), 36면.
82) 위의 글; 독일은 2021년 민법이 개정되어 조합이 원칙적으로 권리능력을 가지게 되었는데, 우리 민법상 조합은 권리능력을 가지지 아니하므로, 우리 법이 적용되는 DAO가 조합으로 인정되는 경우에도 권리능력이 없는 것을 전제로 논의 하기로 한다.

제703조 제1항은 조합에 관하여 "2인 이상이 상호출자하여 공동사업을 경영할 것을 약정함으로써 그 효력이 생긴다."라고 정하고 있다. 민법상 조합에는 공동사업의 목적에 제한이 없고, 그 조직에서도 2인 이상의 개인 간에 순수한 채권적 구속을 가지는 것에서부터 별도의 조합재산을 갖고 총회를 개최하며 대표자에 의하여 행위를 하는 등 고도의 조직력을 갖춘 것까지 매우 다양하다.[84]

살피건대, 조합원이 무한책임을 지는 조합은 참여자의 유한책임과 자율적 지배구조를 추구하는 DAO에 부합하지 아니하다.[85] DAO의 이상적인 내용을 중심으로 검토하면, DAO는 ① 구성원의 유한책임, ② 구성원의 직접 운영, ③ 구성원의 비공개, ④ 자유로운 지분의 양도 등의 내용을 추구한다. 이러한 내용을 우리의 현행 법령상 기업형태에 관한 규정에 포섭할 수 있는지를 검토하면, 모든 특성을 포함할 수 있는 기업형태는 존재하지 아니한다. 그러므로 DAO는 현재의 법령을 그대로 적용하여 규율하는 것보다는 DAO의 특성을 반영한 새로운 규정을 마련하여 규율하는 것이 합리적이다.

II. DAO·회사·조합의 비교를 통한 법적 형태의 모색

법인격의 부여, 등기 가능 여부 등의 기술적인 부분을 제외하면, DAO의 특성을 반영한 법적 형태를 결정하기 위해서는 ① 구성원의 책임, ② 별도 업무수행자의 존재 여부, ③ 구성원의 공개(익명성), ④ 지분의 양도 등의 내용을 살펴보아야 한다.

---

83) 대법원 2010. 2. 11. 선고 2009다79729 판결.
84) 편집대표 김용담, 「주석민법」[채권각칙(5)] [2016], 39-40면.
85) 안수현 (2022), 36면.

[표 2] DAO·회사·조합의 비교

구분	DAO	회사(법령의 내용)					조합(법령의 내용)		
	DAO	합명회사	합자회사	유한책임회사	유한회사	주식회사	민법상조합	익명조합	합자조합
법인격	×	○	○	○	○	○	×	×	×
등기	×	○	○	○	○	○	×	×	○
구성원 책임	유한	무한	일부 무한 유한	유한	유한	유한	무한	일부 무한 유한	일부 무한 유한
업무 수행	×	×(규정無)	×(규정無)	업무집행자	이사 감사	주총 이사 감사	업무집행자	×(규정無)	업무집행 조합원
구성원 공개	×	등기 정관	등기 정관	정관	정관	×	×	×	등기
지분 양도	○	전원 동의	전원 동의	자유	자유	자유	원칙 자유	계약(영업자 동의)	계약 또는 전원 동의

먼저 DAO의 기업형태 설정과 관련하여 핵심으로 고려하는 요소는 구성원들의 유한책임이다. 이는 DAO를 설립하는데 현실적으로 가장 중요한 동기인 구성원의 참여와 가상자산의 조달과 관계되는 매우 중요한 사항이다. 따라서 유한책임을 충족하지 못하는 기업형태는 배제하는 것이 타당하다. DAO를 영리조직으로 성장시키려면 적어도 구성원의 유한책임을 보장하는 것은 필수이다.[86] 위에서 나열한 기업형태 중 구성원 전부의 유한책임을 충족하는 것은 유한책임회사, 유한회사, 주식회사이다. 그런데 이 3가지의 기업형태 중 유한회사와 주식회사는 이사와 같은 중앙집중화된 기관을 두고 있다는 점에서 DAO의 본질인 탈중앙화의 취

---

86) 노혁준, 앞의 글, 142면.

지에 부합하지 아니하는 한계가 있다.

결국 우리 법상 DAO의 기업형태로 취할 수 있는 것으로 남는 것은 유한책임회사밖에 없다. 유한책임회사는 내부적으로 조합의 성격을 가지고, 외부적으로는 모든 사원이 유한책임의 혜택을 누리므로, 다른 인적회사처럼 정관에 사원이 기재되고, 조합적 방식으로 운영되는 등의 인적회사로서의 속성이 있으면서도 인적회사의 필수 요소인 무한책임을 부담하는 사원이 없는 특징이 있다.[87] 상법 개정이유에 따르면 유한책임회사는 "최근 인적 자산의 중요성이 높아짐에 따라 인적 자산을 적절히 수용"할 수 있는 "회사의 형태를 취하면서 내부적으로는 조합의 실질을 갖추고 외부적으로는 사원의 유한책임이 확보되는 기업형태에 관한 수요"가 있음을 고려하여, "사원에게 유한책임을 인정하면서도 회사의 설립·운영과 기관구성 등의 면에서 사적자치를 폭넓게 인정"하고자 신설되었다.[88] 참고로 우리 법상 유한책임회사는 미국의 LLC를 참조하였다.[89]

III. DAO의 법적 형태 제안

1. 서언

DAO는 그 구성이나 운용의 방식의 특수성으로 인하여 DAO에 적용할 수 있는 법률, 법적 지위, 법률관계의 성질 등에 관하여 다양한 문제가 제기되고 있음에도, 전통적인 기업형태에서는 그 취지에 부합하는 적절한 규율이 이루어지기 어려운 점은 앞에서 설명하였다. DAO의 법적 형태의 결정은 그 구성원의 책임과도 직접 연결된다는 점에서 중요하다.

---

87) 문정해 (2015), 323면.
88) 상법(법률 제10600호 2011. 4. 14. 일부개정, 2012. 4. 15 시행) 제·개정이유 참조.
89) 문정해 (2015), 321면.

만약 DAO가 법적으로 그 성격이나 지위가 적절하게 구성되지 아니하면, DAO의 참여자들은 DAO의 행위에 관하여 개인적인 책임을 부담할 가능성이 크다.[90] 일반 참여자들은 DAO의 사업을 공동으로 운영하려는 의사가 아닌 단지 투자의 목적으로 거버넌스 가상자산을 취득하였을 뿐인데 본래의 의사와 다른 내용으로 체결된 계약에 따라 책임을 부담해야 하는 상황이 발생하게 되는 것이다. DAO를 조직하기 위하여 준수해야 하는 일련의 기본 규칙이 있으면 정보의 공개, 가상자산의 조달 방법, 투자자 보호 조치 등에 관한 기준이 마련될 것이다.[91] DAO가 발행하는 가상자산의 판매 및 양도와 관련하여 적용할 수 있는 규정을 마련하고, 그 준수를 의무화하면 DAO에 투자하는 투자자 또는 가상자산 보유자 보호를 우선시하는 더욱 투명한 DAO의 설립을 촉진할 수 있을 것이다.[92] DAO를 활용한 가상자산의 모집활동이 늘어나면서 해외에서는 최근 DAO를 조직법제에 포섭하는 입법이 이루어지는 추세이다.

2. 고려사항

법인의 설립은 새로운 조직 구조의 성장과 발전을 지원할 수 있다. 새로운 조직 구조의 확산이 증가하면, 그에 상응하는 법적 자격에 대한 필요성이 커진다. DAO의 행위로 인해 발생하는 책임의 부담 및 채권자 보호 개념 등의 문제에 관해서도 회사법적 논의를 시작해야 한다. DAO를 위한 법적 구조를 만드는 것은 규제당국 간의 경쟁에서 우리나라를 블록체인 시스템 활용의 중심지 중 하나로 만드는 측면에서도 필수적이다. DAO의 성장은 필연적으로 법적 환경에 따라 달라질 수밖에 없다. DAO의 법적 지위는 DAO 코드가 어떻게 사용되는지, 어디에 사용되는

---

90) Boss (2023), 17면.
91) Timothy (2019), 1106면.
92) 위의 글.

지, 누가 사용하는지 등 여러 요인에 따라 달라질 것이다. 우리나라에서 합법적이고 생산적인 설계가 가능하도록 노력하는 것이 이 혁신 모델의 발전을 위해 매우 중요하다. DAO는 본질적으로 국제 지향적이고 이동성이 높다. DAO가 LLC와 같은 법적 형태를 통해 사원 책임의 제한의 효과를 누릴 수 있다면, DAO는 이러한 법적 형태를 선택할 것이다. 일반적으로 회사는 ① 법인격, ② 유한책임, ③ 양도 가능한 지분, ④ 이사회 구조의 중앙 집중식 경영, ⑤ 지분 투자자의 공동 소유 등과 같은 요소들을 적절히 분배하여 다양한 형태로 나타난다. DAO를 기업형태의 하나로 인정하고 회사법적으로 취급하기 위해서는 위와 같은 요소들과 DAO의 특성을 조화롭게 배치할 필요가 있다. 그래야만, DAO를 기존의 법체계 내에 안정적으로 적응시키고 그와 함께 DAO가 가진 특성까지도 보존할 수 있기 때문이다.

3. 현행 상법상 수정된 유한책임회사의 인정 필요성

가. 의의

DAO의 법적 지위를 둘러싸고 많은 논의가 있는 것은, 이미 조직되어 활동하고 있는 단체가 대내외석으로 법률관계를 맺으면서 일으킬 수 있는 수많은 법적 문제가 있기 때문이다. DAO의 법률관계를 판단하기 위해서는 최우선으로 DAO의 법적 지위, 더 세부적으로 그 독립적인 법적 주체성을 인정할 수 있는지를 확인하여야 한다. 결국 이에 관한 논의는 DAO에 관하여 법인격을 인정할 수 있는지와 연결이 되는데 그것을 인정할 수 없다면, 계약이나 소송의 당사자적격이 인정되지 아니하고, 각종 인허가의 취득 주체가 될 수 없으며, DAO의 활동에 관하여 과세의 대상이 불명확해지는 문제가 발생한다. DAO에 관하여 법인격을 인정하지 아니한다면, 기본적으로 DAO의 구성원들이 무한책임을 부담할 가능성이 크다.[93] 이러한 경우 DAO를 이용함으로써 얻을 수 있는 각종 중개·거래비용의 감소에 관한 이점이 상실될 수도 있다. 이러한 문제점으로 인하여 DAO에 대하여 법인격을 부여하여 구성원에 유한책임을 인정하려는 법적 설계의 시도가 이루어지는 것이다.

나. DAO와 유한책임회사의 연결

DAO 구성원 전체가 디지털 방식으로 경영에 참여하는 것은 기존의 회사법체계에서는 보기 어려운 새로운 방식이다. 그러나 DAO가 법적 조직체로서 갖추고자 하는 지향점은 유한책임을 기본으로 하는 회사임에는 의문이 없다. 그런데 DAO를 위한 새로운 기업형태를 인정하지 아니하면, DAO는 현행 법체계상 조합에 유사한 성격을 가진다고 보는 것이 일반적이다. 그러므로 만약 DAO를 위한 조직체의 법적 형태를 새롭게 설계해야 하면, 회사와 조합의 경계 영역에서 결정될 것이라고 예상할 수 있다. 유한책임회사는 모든 사원이 회사채권자에 대하여 출자액의 한도 내에서 책임을 부담하면서(유한책임), 경영에 참여할 수 있는데, DAO의 특성을 잘 반영하는 기업형태로 제시되고 있음은 앞에서 검토하였다.

이러한 조치는 미국 버몬트주에서 이미 취해졌다. 2018년 중반부터 버몬트주에서 이른바 블록체인 기반 유한책임회사(BBLLC)를 설립할 수 있게 하면서 처음으로 유한책임 DAO를 설립할 가능성이 열렸다. DAO를 BBLLC에 연결함으로써 DAO는 공식적인 법적 지위를 갖게 되어 독립적으로 계약을 체결하고 사원에게 책임 보호를 제공할 수 있게 되었다. 미국 델라웨어주의 OpenLaw라는 회사도 LAO(Legal DAO)를 설립하여 비슷한 길을 걷고 있다. LAO는 회원들이 가상자산화된 주식 또는 유틸리

---

93) 柳明昌 (2022), 25면.

티 가상자산과 교환하여 블록체인 기반 프로젝트에 투자할 수 있는 법적 구조를 제공한다. 이는 DAO를 유한책임회사로 구조화하여 계약, 세금 및 법률 위반에 대한 책임을 해당 회사가 부담하도록 한다.

다. 상법의 개정 필요성

(1) 상법상 유한책임회사의 내용

유한책임회사는 모든 사원이 유한책임을 지므로, 회사채권자를 보호하기 위하여 설립 당시부터 자본금이 정관에 기재되고(상법 제287조의3 제3호), 사원은 신용이나 노무를 그 출자의 목적으로 할 수 없으며(상법 제287조의4 제1항), 정관 작성 후 설립등기를 하는 때까지 출자를 모두 이행하여야 한다(상법 제287조의4 제2항). 유한책임회사는 사원의 유한책임에도 사실상 폐쇄적인 운영이 가능하도록 도입된 것이므로 상법은 사원의 변동을 일으키는 지분의 양도에도 엄격한 규정을 두고 있다.[94] 유한책임회사의 사원은 다른 사원의 동의 없이는 자신이 보유한 지분의 전부 또는 일부를 타인에게 양도할 수 없다(상법 제287조의8 제1항). 다만, 업무를 집행하지 아니하는 사원이 지분을 양도하는 데는 업무를 집행하는 사원 전원의 동의가 있으면 지분의 전부 또는 일부를 양도할 수 있도록 하고(상법 제287조의8 제2항), 정관에 의하여 위와 다르게 규정하는 것을 가능하게 하여(상법 제287조의8 제3항) 지분 양도에 관하여 일정 범위 내에서 자율적 운영을 허용하고 있다.

유한책임회사의 업무집행은 정관으로 정하는 업무집행자가 담당한다. 업무집행자는 유한책임회사를 대표하여 회사의 영업에 관하여 재판상 또는 재판외의 모든 행위를 할 수 있다(상법 제287조의12 제1항, 제287조의19 제1항·제5항, 제209조 제1항). 만약 업무집행자가 그 업무집행

---

[94] 문정해 (2015), 323면.

으로 타인에게 손해를 입히면 회사는 그 업무집행자와 연대하여 배상할 책임이 있다(상법 제287조의20). 유한책임회사는 그 사원 또는 사원이 아닌 자를 업무집행자로 선임할 수 있다(상법 제287조의12 제1항). 이는 합명회사 또는 합자회사에서 업무집행을 담당하는 업무집행사원 또는 무한책임사원이 모두 회사의 사원 자격이 있어야 하는 것과 차이가 있다(상법 제201조, 제273조). 유한책임회사의 업무집행자는 1인 또는 복수로 선임될 수 있고, 이때 업무집행자는 각자 회사의 업무를 집행할 권한과 의무를 가지나, 어느 업무집행자의 업무집행에 관하여 다른 업무집행자가 이의를 제기하면, 해당 업무집행자는 그 업무의 집행을 중지하고 업무집행자 전원의 과반수 결의에 따라 의사결정을 하여야 한다(상법 제287조의12 제2항, 제201조 제2항). 업무집행자 선임 시 여러 명의 업무집행자를 선임하고 이들을 공동업무집행자로 정하여 업무집행을 하게 하는 것도 가능하다(상법 제287조의12 제3항). 또한 유한책임회사의 업무집행자를 선임할 때 자연인 이외에 법인을 업무집행자로 선임하는 것도 가능하다(상법 제287조의15).

유한책임회사의 사원 중 업무집행자가 아닌 사원은 회사의 경영에 참여하지 못한다. 상법은 업무집행자가 아닌 사원의 이익을 보호하기 위하여 업무집행자의 업무집행을 감독할 수 있고, 이를 위하여 상법상 합자회사의 규정을 준용하여 업무집행자가 아닌 유한책임회사의 사원에 대하여도 감시권을 부여하고 있다. 업무집행자가 아닌 유한책임회사의 사원은 영업연도 말에 영업시간 내에 한하여 회사의 회계장부, 대차대조표 기타의 서류를 열람할 수 있고, 회사의 업무와 재산 상태를 검사할 수 있으며, 중요한 사유가 있는 때에는 언제든지 법원의 허가를 받아 그 열람과 검사를 할 수 있다(상법 제287조의14, 제277조).

(2) 상법 규정의 개정 필요성 검토

유한책임회사는 내부적으로 조합의 성격을 가지고 외부적으로는 모든 사원이 유한책임의 혜택을 누린다. DAO의 기본적인 법적 성격이 조합에 가까운 점은 앞서 설명하였고, DAO가 그 외부관계에서 구성원의 유한책임을 지향하는 점을 고려하면, DAO 구성원의 조직구성 의사에 맞게 내외부관계를 형성할 수 있는 기업형태는 앞에서 본 것처럼 유한책임회사가 적절하다. 다만, 상법상 유한책임회사의 형태를 곧바로 DAO에 적용하는 것은 그 기술적 특성을 고려할 때 쉽지 아니하다. 상법상 유한책임회사는 기본적으로 인적회사인 합명회사를 회사 운영의 기초로 삼으면서도(상법 제287조의18), 그 구조와 운영에 있어 물적회사의 속성을 가지고 있다. 이러한 점들은 DAO에 현행 상법상 유한책임회사에 관한 규정을 곧바로 적용할 수 없는 걸림돌로 작용한다.[95]

일단 DAO에 관하여 설립등기 또는 이에 준하는 방식으로 기업의 설립을 인정할 수 있는 제도를 도입한다는 것을 전제로 현행 유한책임회사의 규정을 어느 범위까지 DAO에 적용할 수 있는지 검토한다. 일반적인 고려 요소 중 '① 법인격, ② 유한책임, ⑤ 지분 투자자의 공동 소유' 부분은 DAO를 유한책임회사로 설립함과 동시에 충족될 수 있다. '③ 양도 가능한 지분' 관련해서는 업무를 집행하지 아니하는 사원이 지분을 양도하는 데는 업무를 집행하는 사원 전원의 동의가 있으면 지분의 전부 또는 일부를 양도할 수 있도록 하고(상법 제287조의8 제2항), 정관에 의하여 위와 다르게 규정하는 것이 가능하므로(상법 제287조의8 제3항), 사원들의 합의로 설정한 스마트계약을 통하여 양도할 수 있는 지분의 범위를 확대할 수 있을 것으로 보인다. '④ 이사회 구조의 중앙 집중식 경영' 관련해서는 DAO 뿐만 아니라 유한책임회사에서도 일반적인 경영방식은 아니므로 DAO에 있어서는 그 적용의 배제 또는 수정이 필요하다. 유한책임회사에 있어서 3인 이상의 업무집행자를 공동업무집행자로 선임하면 그 실질적인 운영의 모습이 주식회사의 이사회처럼 보일 수

---

[95] 같은 취지 김주호·정병호, 17면.

있다. 여기에 대표 업무집행자까지 선임하는 경우 해당 유한책임회사는 사실상 주식회사와 같은 모습을 띠게 될 것이다.

이러한 결과는 유한책임회사를 어떻게 운영할지에 관한 것으로 그 사원들의 합의의 결과이다. 즉, 법으로 강제된 것이 아니라 유한책임회사의 사원들이 자발적으로 만들어 낸 운영체계이므로 굳이 배척할 것은 아니다. DAO에 있어서도 마찬가지이다. DAO의 기업형태로 유한책임회사를 인정함에 있어서의 핵심은 DAO의 특성을 반영한 특유의 유한책임회사제도를 인정하는 것이고, 그중 가장 중요한 특성은 탈중앙화의 이념을 최대한 반영하기 위하여 DAO의 사원이 그 경영 및 의사결정에 직접 참여할 수 있어야 한다는 것이다. 그런데 상법의 유한책임회사에 관한 규정은 회사의 내외부적 법률관계를 맺기 위하여 업무집행자를 선임하도록 하고 있다. 이에 의하면, 그 사원이 회사의 업무집행자가 되지 못하면 회사의 경영에서 배제되는 결과가 초래된다. 이는 DAO와 상법상 유한책임회사의 내용이 불일치하는 지점이다. 이 지점에 있어서는 상법상 유한책임회사의 규정 중 일부를 DAO의 특성에 맞게 수정하여 도입할 필요가 있다. 즉, DAO의 구성원 전원으로 이루어진 회의체 조직을 인정하여 그로 하여금 DAO의 의사결정이 가능하도록 할 필요가 있는 것이다.

참고로 DAO에 관하여 비교적 상세한 규정을 두고 있는 유타주의 DAO법은 사원으로 이루어진 총회를 인정하고 있다.[96] 이때 DAO의 총회는 사원이 DAO와 관련한 사항을 논의하고 이에 따라 행동하기 위한 절차를 말한다. 구체적으로 DAO는 조직의 내규로 정한 대로 총회를 개최할 수 있고,[97] 그 회칙에 명시되어 있지 아니하는 한 반드시 대면으로 개최할 필요는 없다.[98] 회칙에 총회의 절차가 규정된 경우, 회칙에는 관

---

96) Utah Code §48-5-402.
97) Utah Code §48-5-402(1).
98) Utah Code §48-5-402(2).

리자, 사원 또는 참여자가 총회에 대한 통지를 제공하는 명시적이고 투명한 메커니즘과 관리자, 사원 또는 참여자가 제출한 제안을 심의하기 위한 기간을 포함해야 한다.[99] 총회의 공지는 그래픽 사용자 인터페이스(Graphical User Interface, GUI)를 통하여 전달하고,[100] 총회의 정족수와 결의요건은 정관 등에 명시한다.[101]

 DAO를 수정된 형태의 유한책임회사로 설립할 수 있도록 하고, 원칙적으로 사원총회를 두도록 하면서 예외적으로 사원의 합의로 이를 배제할 수 있도록 하거나 처음부터 사원들의 선택으로 총회를 둘지 결정하게 함으로써 사원들에게 직접적인 경영 참여에 관한 선택권을 부여하는 내용으로 상법을 개정하는 것을 생각해 볼 수 있다. 이러한 수정은 DAO의 본질인 탈중앙화 정신을 후퇴시키는 것으로도 볼 수 있으나, DAO를 제도권의 영역 내로 끌고 오는 과정에서 할 수밖에 없는 불가피한 결정이기도 하다. 여기서 강조할 것은, DAO의 경영에 있어서 중앙화의 가능성을 열어두었다는 것이 아니라, DAO를 법적 절차를 거쳐 설립함에도 사원들이 직접 경영에 관한 의사결정에 참여할 가능성을 남겨두었다는 점이다. DAO의 사원들이 회사 경영 참여에 대한 의욕이 강하면, 업무집행자 회의처럼 이사회와 같은 별도의 조직을 만들지 아니하고 사원총회를 통하여 직접 경영을 통제하려 할 것이고, 이 경우 그 운영에 있어서 비효율은 발생할 수 있어도 기존의 DAO가 가지는 탈중앙화의 특성을 잘 발휘할 수 있는 장점은 유지될 수 있다.

---

99) Utah Code §48-5-402(3).
100) Utah Code §48-5-402(4).
101) Utah Code §48-5-402(5).

제7장 DAO에 관한 단계별 구체적 쟁점

제1절 개관

　DAO를 법적으로 인정하는 것은 그 법적 지위에 정당성을 부여하고, DAO와 그 구성원에게 법인격과 유한책임의 혜택을 누릴 수 있는 명확한 방향성을 제시하는 효과를 발생시킨다. DAO를 통하여 새로운 기업형태를 도입하고 그 성장을 촉진하기 위해서는 그것을 규율하는 법과 제도를 신중하게 설계할 필요가 있다. DAO의 지배구조나 그 법률관계를 고려할 때 현행 법령상 DAO에 부합하는 기업형태는 유한책임회사임을 확인하였다. 다만, 디지털세계를 중심으로 활동하는 DAO는 현행 상법상 유한책임회사의 설립요건을 충족하기 어려운 근본적인 한계가 있다. 그러므로 DAO를 우리 법상 제도화하기 위해서는 현행법상 기업의 형태나 회사 종류의 내용 중 일부를 DAO의 특성에 맞게 수정하거나 그에 맞는 새로운 내용을 추가하여 규정할 필요가 있다. DAO의 법률관계에 관한 검토는, DAO가 현재 마주하고 있는 한계를 보완하기 위한 논의와 아직 제대로 법적 규명을 하지 아니하여 법적 불안정성을 내포하고 있는 문제의 해결을 중심으로 다루어야 한다. 구성원의 자발적인 참여를 전제로 하는 DAO 운영의 특성상 구성원 전원의 참여가 이루어질지 확신하기 어렵고, 그 절차 진행 과정에서 적지 않은 시간이 소요될 가능성이 크다. DAO는 앞서 검토한 것처럼 그 사원이 사적자치를 전제로 자유롭게 정한 운영약정이나 운영규칙의 내용에 기초하여 규율하여야 한다. 이러한 논의를 전제로 DAO의 법률관계를 구체적으로 설명하면서, 필요한 경우 상법의 유한책임회사 규정도 함께 확인하고자 한다.[1]

---

1) 현재 미국의 일부 주를 제외하고는 DAO를 회사형태로 인정하는 국가는 없다. 따라서 이하의 기업조직형 DAO의 법률관계에 관한 논의는 앞에서 검토한 바와 같이 영리 목적 DAO의 하나로 회사형 DAO(유한책임회사형)가 인정되는 것을 가정하고, 이에 따라 전개될 수 있는 일반적 법률관계를 전제로 한 것이다. 따라서 현재 조합형 DAO에 적용되는 법률관계 중 회사형 DAO에 적용될 수 있는 논의에 대해서도 회사형 DAO에 관한 것으로 인정하고 설명하기도 하였음을 밝힌다.

제2절 DAO의 설립

I. DAO 플랫폼을 이용한 설립 절차의 진행

    회사가 이사회와 같은 중앙화된 기관에 의존하여 기업의 조직·운영을 설계하는 반면, DAO는 그 조직과 운영을 위하여 탈중앙화된 기술적 구조를 개발하는 데 집중하는 경향이 있다. DAO는 초기 구성 단계에서 전 세계의 다양한 개발자들이 관여할 수 있는 오픈소스 프로젝트를 통하여 만들어진다. 개발자들은 DAO의 목표, 사업의 방향, 의사결정구조 등을 비롯한 운영시스템 전반을 설정하고, 그 내용을 반영한 블록체인상의 시스템을 구축하여 관련 코드를 공개한다.[2] 다만, DAO가 진정한 자율성을 확보하기 위해서는 특정한 조건하에 초기 참여자 집단으로부터 독립하여 기본 코드를 수정할 수 있어야 한다. DAO를 설립하는 기술적인 방법으로는 그 참여자가 처음부터 DAO를 직접 설립하거나 기존의 DAO에 참여하는 것 등이 있다.[3] DAO가 법적 조직체로 인정받기 위해서는 그 설립을 위하여 기술적 장벽이 존재하여서는 아니 된다. 일반 대중이 목적 사업을 영위하는데 필요한 회사 또는 그 밖에 법인을 어렵지 않게 설립할 수 있는 것처럼, DAO 역시 일반 대중이 기존의 회사처럼 필요하다면 최소한의 비용을 투입하여 구성할 수 있어야 한다. 이때 DAO를 조직함에 있어서 혹시 존재할 수 있는 기술적 위험을 제거하여 주는 것이 DAO 플랫폼이다. DAO 플랫폼은 아라곤(Aragon),[4] 콜로니(Colony),[5] 다오하우스(DAOHaus),[6] 다오스택(DAOstack)[7] 등과 같이 매

---

2) 유영운 (2023), 245면.
3) 최선미 (2023), 68면.
4) https://aragon.org.
5) https://colony.io.

우 다양한데, 이러한 플랫폼들은 DAO의 조직, 운영, 지배구조에 관한 기술적 구현을 지원하고, 온체인 등록, 가상자산 발행, 제안 생성, 투표 및 자금 관리 등의 기능을 종합적으로 제공한다.[8] 참고로 2023년 10월을 기준으로 아라곤(Aragon) DAO 플랫폼에서 6,000개 이상의 DAO가 조직되었고, 그 구성원만 30만 명에 이르고 있다.[9]

Ⅱ. 스마트계약을 활용한 규칙의 설정

DAO는 이론적으로 세 가지의 의사결정규칙을 가지고 있다. 첫째, 목적 사업을 수행하기 위한 제안을 하는 것이다. 구체적으로 집단적 의사결정을 위한 사항의 '제안'을 하는 것으로, 가령 투자DAO가 일정한 사업에 투자하기 위하여 DAO의 전자지갑에서 특정 사업을 위한 블록체인 주소로 이더리움을 전송하는 취지의 제안을 하는 것을 들 수 있다. 이러한 작업은 일반적으로 거버넌스 가상자산 보유자에 의하여 이루어진다. 거버넌스 가상자산 보유자가 거버넌스 스마트계약을 통하여 사업 제안을 하면, 다른 구성원들은 해당 제안에 관하여 찬성 또는 반대 투표를 한다. 만약 해당 DAO가 정한 바에 따라 사원의 과반수가 그 제안을 승인하면, 스마트계약을 통하여 해당 제안의 내용이 자동으로 실행된다. 둘째, DAO의 참여자가 DAO의 전자지갑으로 이더리움을 전송하고, DAO로부터 거버넌스 가상자산과 같은 가상자산을 배정받는 것을 들 수 있다. 셋째, 모든 가상자산 보유자가 언제든지 자신의 DAO 가상자산을 DAO의 전자지갑으로 전송하면, 그에 상응하는 이더리움을 돌려받을 수

---

6) https://daohaus.club.
7) https://daostack.io.
8) 최선미 (2023), 68면.
9) https://aragon.org.

있도록 하는 것을 들 수 있다.

스마트계약은 DAO의 의사결정에 관한 규칙을 정하고 있다. DAO의 이러한 규범은 해당 조직체의 내규 또는 정관에 해당하고, 구체적으로 DAO와 그 사원의 상호작용을 규율하는 규정으로 정의할 수 있다. 따라서 DAO를 설립하기 위해서는 먼저 의사결정규칙으로서 코드화된 일련의 규칙을 설정하여야 한다.[10] DAO의 초기 참여자, 개발자 등은 이러한 규칙을 만들어 스마트계약으로 인코딩하는 절차를 밟는다.[11] 이러한 개별 스마트계약은 DAO의 프로토콜을 구성하고, 각 스마트계약을 전체적으로 관리·운용하기 위해서는 이를 통할할 수 있는 거버넌스 스마트계약의 설정이 필요하다. DAO의 자치규범에는 기본적으로 자본금의 규모, 거버넌스 가상자산의 발행, 의결권 행사절차, 사업제안의 방식, 그밖에 DAO를 운영하는 데 필요한 일련의 절차들이 포함될 것이다.[12] 스마트계약을 통하여 이러한 규칙이 설정되면, 그 구성원은 스마트계약을 블록체인에 배치하고 블록체인에 저장이 이루어지면 각 노드에 분산·저장되는 절차가 진행된다.[13] 블록체인은 각 노드가 데이터베이스 사본에 접속할 수 있으므로 데이터베이스에 저장된 모든 트랜잭션에 투명성을 제공하고, 컴퓨터 네트워크의 여러 노드에 데이터를 분산시킨다.[14]

---

10) Ali·Brian (2021), 2면.
11) 위의 글.
12) 안수현 (2022), 90면; Biyan (2022), 80면.
13) 위의 보고서; 위의 글.
14) 위의 보고서; 이석민 (2022), 65면.

III. 사원의 확정: 가상자산 발행 절차

1. 의의

DAO는 스마트계약의 설정을 완료하면 가상자산의 조달 절차를 진행하는 것이 일반적이고, 이를 위해서 DAO 내에서 사용하거나 의사결정에 참여할 수 있는 권리가 표창된 거버넌스 가상자산을 발행·판매하는 방식을 취하는 것이 일반적이다.15) DAO의 사원16)은 그 조직체에 관한 의사결정권한 등을 보유하는 자이다. DAO의 설립자나 개발자들을 제외한 참여자들은 그 가상자산을 취득하는 방법으로 DAO에 참여한다. 가상자산 보유자들은 DAO가 설정한 스마트계약의 내용을 수정하는 것을 비롯하여 자산의 사용·분배, 그 밖에 조직의 운영에 관한 의사결정절차에 참여할 수 있다.17) DAO는 개방성을 표방하므로 가상자산의 취득을 통하여 그 사원으로 참여하는 것에 특별한 어려움은 없다. 참고로 와이오밍주 DAO법에 따르면, 그 구성원은 정관, 스마트계약, 운영약정에서 별도로 정한 바가 없으면, 사원의 지분이나 의결권·경제적 권리를 부여하는 자산을 구매하거나 승계하는 경우 사원의 지위를 취득한다.18)

2. 사원의 출자

DAO의 조직과 활동에 있어서 가상자산의 조달은 매우 중요한데, 일

---

15) 유영운 (2023), 246면.
16) DAO는 구성원을 표현함에 있어 구성원, 사원, 회원, 참여자, 조합원 등과 같은 용어들을 혼용해서 사용할 수 있다. 그 조직법적 지위가 불명확함을 보여주는 예이기도 하다. 이 글에서는 DAO에 관한 의사결정권한을 가진 자에 관해서는 사원이라는 용어를 사용하였다.
17) 유영운 (2023), 246면.
18) Wyoming Code §17-31-113(d).

반적으로 조직의 운영을 위하여 활용할 수 있는 가상자산을 모으거나 특정 활동에 관한 보상으로 가상자산을 발행하고, 그 가상자산을 보유한 자에 대하여 DAO의 의사결정에 참여할 수 있는 투표권도 함께 부여한다. 가상자산 보유자는 그 가상자산을 가지고 DAO의 운영에 영향을 미칠 수 있다. DAO의 가상자산 조달기간이 끝나면, DAO의 운영은 자율화되고, 그 개발자는 물론 그 누구로부터도 독립적인 존재가 된다. DAO의 조직과 운영에 관한 규칙을 정하면, 그 활동 목적을 달성하는 데 필요한 가상자산을 조달하는 단계에 들어간다. DAO를 조직하고 운영하는 데 사용되는 코드들은 모두 공개되므로 누구라도 이를 확인할 수 있다. 나아가 DAO가 발행한 가상자산과 관련한 거래 역시 블록체인에 기록된다. DAO는 가상자산의 사용처와 사용방법에 관한 모든 의사를 사원 사이의 합의를 통하여 결정하고, 그 사원은 가상자산의 집행 이외에도 DAO의 운영에 관한 제안을 할 수 있다. 또한 DAO의 가상자산을 보유한 사람들은 그 가상자산을 다른 사람들에게 양도할 수 있는데, 블록체인기술의 특성상 그 거래는 중개자의 개입 없이 이루어질 것이다.

일반 회사는 대중으로부터 자금을 조달할 때 주식, 사채 등의 유가증권을 발행하는데, 이는 부채와 자본 또는 이 둘의 혼합물로 구성된다. 그러나 DAO는 블록체인기술과 스마트계약을 활용하여 새로운 방식으로 권리를 결합한 가상자산을 대중에게 판매할 수 있다. 이때 가상자산에는 경제적 권리, 의사결정권, 그 밖에 다양한 종류의 권리 등을 연결할 수 있고, 이렇게 발행한 가상자산은 기업공개와 유사한 방식으로 대중에게 판매된다. 이 장에서의 DAO는 조직법적으로 유한책임회사임을 전제로 설명하고 있으므로, 자본시장법상 증권의 발행 주체가 될 수 있다. DAO가 발행한 가상자산은 이에 포함된 권리의 내용에 따라 그 법적 규율이 크게 달라진다. 우선 DAO가 의결권 등 거버넌스의 기능이 포함된 가상자산을 발행하면, 이는 유한책임회사의 지분을 표시하는 지분증권으로서 자본시장법상의 증권에 해당하므로 그에 따른 규제를 받게 된다.[19]

DAO가 거버넌스 기능이 포함되지 아니한 다른 가상자산(가령 순수 전매차익형)을 발행하면, 이에 관해서는 가상자산법이 적용될 것이다.

3. 자본금의 액 관련

DAO는 가상자산을 발행하는 방식으로 자본을 조달한다. 이때 투자자들은 대부분 현금이 아닌 이더리움이나 비트코인과 같은 가상자산을 DAO에 투입하는 방식으로 참여한다. DAO를 유한책임회사로 보면, 자본금의 액을 정관에 기재해야 하는데 현재 상법 규정상으로는 가상자산을 자본금으로 기재하는 방법이 없다(상법 제287조의3). 이 부분은 입법적 보완이 필요하다.

IV. 기관의 구성

1. 업무집행사원

DAO가 완벽하게 탈중앙화를 실현하는 것은 현실적으로 불가능하므로, 그것을 제도화하든 그렇지 않든 실질적인 운영을 위해서는 탈중앙화의 정신을 일부 후퇴시킬 수밖에 없음은 이미 설명하였다. 그 과정은 보통 DAO의 업무집행자의 선임을 통하여 나타날 것이다. DAO가 유한책임회사에 해당하면 사원 또는 사원이 아닌 자에게 업무집행을 맡길 수 있다. 이때 업무집행사원은 회사를 대표하게 된다. DAO는 그 운영에 관

---

19) 일본의 경우 DAO가 유한책임회사 사원의 권리가 담긴 거버넌스 가상자산을 판매할 때에는 회사법, 금융상품거래법의 규제 대상이 된다(SO&SATO INNOVATIVE LAWYERS, Decentralized Autonomous Organization under Japanese Law, 2022). 〈https://innovationlaw.jp/en/dao-under-japanese-law/〉

한 결정을 하기 위하여 정관에 명시된 방식으로 임명한 관리자를 둘 수 있다. DAO의 정관에서 관리자를 선임하도록 하는 규정이 없는 한, 관리자의 권한과 의무는 DAO의 사원 집단에 귀속한다. DAO의 업무수행과 관련하여 의사결정은 원칙적으로 그 사원 전원의 권한에 속하고, 정관으로 별도의 기관을 두어 그 의사결정과 업무집행을 맡기는 것도 가능하다. 물론 사원이 보유하는 의사결정 및 업무집행에 관한 권한이 어느 범위에서 그 기관에 이전되는지에 따라 탈중앙화의 정도나 그 조직체의 성격이 달라질 것이다.

2. 사원총회

DAO의 사원은 별도의 기관이 아니라 DAO의 소유자로서 그 운영에 직접 참여한다. 그러나 DAO가 정관으로 업무집행사원을 둘 경우에는 그에 대응하여 별도의 기관으로서 사원총회를 둘 필요가 있다. DAO가 상법상의 유한책임회사라면, 그 업무집행은 정관으로 정하는 업무집행자가 담당한다. 이때는 유한책임회사의 사원 중 업무집행자가 아닌 사원은 회사의 경영에 참여하지 못한다. 업무집행자가 아닌 유한책임회사의 사원은 영업연도 말에 영업시간 내에 한하여 회사의 회계장부, 대차대조표 기타의 서류를 열람할 수 있고, 회사의 업무와 재산 상태를 검사할 수 있으며, 중요한 사유가 있는 때에는 언제든지 법원의 허가를 얻어 그 열람과 검사를 할 수 있을 뿐이다(상법 제287조의14, 제277조). 그러므로 DAO가 현행법상 유한책임회사에 해당하고 그 업무집행자를 선임하면, DAO의 구성원이 그 업무를 직접 수행하는 것은 물론 그 경영사항을 직접 결정하는 것 역시 일정 부분 제한된다. 이때는 DAO의 사원으로 이루어진 총회의 설치를 인정할 필요가 있다. 사원이 DAO의 의사결정에 적극적으로 참여하는 것은 DAO를 가장 DAO답게 만들어주는 요소이다. 사원총회는 DAO에 관한 기업형태를 새롭게 제도화함에 있어서도 반드시 포함해야 하는 본질적인 요소에 해당한다.

3. 업무집행자 회의의 인정 여부

DAO에서 독립적인 업무집행기관으로 이사회에 준하는 업무집행자 회의를 정식으로 설치할 수 있을지에 관해서는 논의가 필요하다. DAO의 경영사항에 관한 일반적인 의사를 결정하고, 또 이를 집행하는 기관으로서 업무집행자 회의의 설치를 인정하면 DAO는 사실상 주식회사와 비슷해진다. DAO의 사원들이 직접 결정한 내용을 집행하기 위한 집행기관으로 업무집행자를 선임하는 것은 필수 불가결한 측면이 있으나, 사원총회를 사실상 대체할 수 있는 별도의 회의체기관을 두는 것은 DAO의 기본 취지에 반할 수 있다. DAO가 그 업무의 집행을 위하여 업무집행자를 복수로 선임하고 이들을 공동업무집행자로 정하여 업무를 집행하도록 하면, 사실상 이들이 이사회의 임무를 수행할 여지도 없지 아니하다. 그러나 이 경우에도 DAO의 업무수행구조는 사원 총회의 의사결정과 업무집행자의 그 집행 단계로 구성되므로, 그 업무집행에 있어서 사원들의 의사가 충분히 반영될 수 있다. 참고로 유타주 DAO법에 의하면, DAO는 정관에 규정하지 아니하는 한 이사회나 수탁자를 포함한 관리자를 둘 필요가 없다.[20] 이 경우 별도의 규정을 두면 이사회와 관리자 등을 두는 것이 가능하다.

---

20) Utah Code §48-5-305(1).

V. 소결

DAO의 가상자산이 배포되면 개발자 등을 비롯한 초기 참여자들이 가지고 있던 조직 운영에 관한 의사결정권한이 포함된 거버넌스 스마트계약의 운용권한이 가상자산 보유자인 사원에게 분산되고, DAO는 이때부터 본격적으로 탈중앙화된 지배구조를 가진 조직으로 성립한다.[21] 구체적으로 DAO가 설정한 정관, 운영약정 등의 구체적 내용에 따라 탈중앙화의 정도가 달라질 것이다. 사원 전원이 경영에 관한 모든 의사결정에 직접 참여하는 DAO부터 조직의 운영에 관한 주요한 의사는 사원 전원이 결정하되 그 외의 일상적인 업무집행에 관한 의사는 업무집행자 또는 소수의 업무집행자 그룹이 결정하도록 하는 DAO 등이 존재할 수 있다. 전자의 경우 탈중앙화의 정도가 강할 것이고, 후자는 탈중앙화의 정도가 상대적으로 약할 것이다.

---

21) David·Miles (2021), 12면.

제3절 운영

Ⅰ. 의사결정과 집행

1. 개요

이더리움과 같은 블록체인 플랫폼의 스마트계약 기능을 활용하여 DAO를 조직하면, 해당 플랫폼에서 사용할 수 있는 프로그래밍 언어로 작성한 DAO의 프로그램코드를 해당 플랫폼의 클라이언트를 통하여 블록체인에서 사용할 수 있다.[22] 이후 프로그램코드는 중앙집중화된 통제기구 없이 실행되고, 그 상태는 시스템 내의 합의절차를 통하여 관리·유지된다. DAO는 프로토콜 개발자에 의한 운영으로부터 커뮤니티 내에서 운영의 분산화를 진행하기 위하여 거버넌스 가상자산의 보유자에 의한 온체인의 운영을 맡기는 방식을 택한다.[23] The DAO 사례도, 해당 DAO는 이더리움 블록체인을 기반으로 조직체를 운영하였고, 최고 경영자를 선출하거나 조직의 지배권을 이사회 등에 이전하지도 아니하였다. DAO는 디지털세계에서 인간의 개입 없이 컴퓨터 프로그램에 의하여 자율적으로 활동하는 것으로 알려졌으나, 때에 따라서는 DAO 스스로 할 수 없는 일은 인간이 대신하여 수행해 줄 필요가 있다.

---

22) 이더리움(Ethereum), 앞의 자료; Biyan (2022), 79면.
23) 野口香織·藤井康太 (2022).

2. 운영 방식

가. 서언

DAO의 운영 방식과 관련해서는 사원 경영형과 알고리즘 경영형 등으로 나눌 수 있다. 초기 단계에 있는 DAO는 기본 스마트계약이 DAO의 전체 운영을 결정하는 알고리즘에 기반하는 것을 목표로 한다.[24] 알고리즘 DAO는 비트코인, 이더리움, 기타 탈중앙화된 블록체인 기반 프로토콜과 같은 맥락에서 사회적 상호작용을 구조화하고 조정하기 위해 전적으로 소프트웨어에 의존한다. 이러한 측면에서 DAO의 이상적인 운영 모델은 자율형 알고리즘에 의하여 의사결정을 하는 것이다. 이때 '자율형'이란 단순히 보조적인 의사결정의 방식이 아니라 독립적인 방식에 의하여 이루어지는 것을 말한다. 인공지능 분야의 발전 속도를 고려할 때 기술적으로는 가능해 보이나, 아직은 법적 장애물이 존재하여 완전한 의미의 자율형 알고리즘 경영 DAO는 출현하기 어렵다. 한편, DAO의 운영 방식은 현행 법령에 규정되지 아니한 사항들이므로 별도로 입법적 보완을 할 필요가 있다. 참고로 와이오밍주 DAO법은 사원 경영형 DAO와 알고리즘 경영형 DAO 등 2가지 형태의 DAO를 규정하고, DAO 법인이 그 유형을 별도로 규정하지 아니한 경우에는 사원 경영형 DAO로 추정한다.[25]

나. 구체적 유형

(1) 알고리즘 경영형 DAO

DAO가 자율형 알고리즘에 의하여 조직을 대표할 수 있도록 하기 위

---

24) Primavera (2018), 131-145면.
25) Wyoming Code §17-31-104(e).

해서는 그 자체의 법인격 또는 법적 능력을 인정하여야 하는데, 현재 법령상으로는 자연인 또는 법인의 관여 없는 조직체의 경영방식을 인정하지 아니하고 있다. 알고리즘 자체의 법적 능력을 인정할 근거도 없다. 그러나 법적 근거의 부재에 따라 규제를 적용할 수 없는 것과는 별개로, 기술적으로는 시스템이 점점 더 자율적으로 행동하는 것과 관련하여 현실적으로 책임의 공백이 발생하는 것은 곧바로 문제가 될 수 있다. 이와 관련하여 책임의 공백을 줄이기 위하여 인공지능 시스템을 법적 능력이 있는 디지털 법인(전자 인격체)으로 간주하여 자체 자산을 보유하고 스스로 법적 의무의 수취인이 될 수 있도록 하자는 의견이 제기되기도 한다.[26]

(2) 사원 경영형 DAO

사원 경영형 DAO는 DAO의 알고리즘에 기반한 경영에 수반되는 몇 가지 문제를 완화하는 데 도움을 준다. 스마트계약 기반 프로토콜의 초기 개발자는 DAO에 의존함으로써 지속적인 의사결정을 다양한 소프트웨어 사용자와 지지자 그룹에 이전할 수 있다. DAO의 사원은 일반적으로 기본 스마트계약에 필요한 매개변수를 설정할 수 있는 권한을 가지고, 스마트계약 자체를 업데이트할 수 있는 권한도 가지고 있다. 조직의 운영사항에 관한 결정은 스마트계약의 사용자, 스마트계약의 초기 개발자, 때로는 투자자에게 배포되는 '가상자산'으로 측정되는 투표를 통하여 이루어진다. 사원 경영형 DAO는 오픈소스 기술이 사용자 또는 기타 거버넌스 가상자산 보유자에 의해 관리되는 상황을 지향한다.

---

26) Biyan (2022), 209면.

3. 운영에 관한 의사의 결정

가. 구체적 내용

DAO의 의사결정절차는 기본적으로 스마트계약에 의하여 구현되고, 이는 블록체인에 기록된다.[27] DAO는 조직의 정관 또는 규칙을 스마트계약으로 구성하고, 그 사원의 합의가 이루어지는 즉시 스마트계약을 통하여 그 내용을 집행한다.[28] 사원은 그 과정에서 공동의 목표를 위하여 암호화된 지갑을 공유하고 제어할 수 있고, DAO의 활동으로 얻은 가치는 다시 스마트계약을 통하여 사원에게 배분한다.[29] DAO의 사원 관리, 재무, 의사결정 등의 일상적인 운영은 스마트계약과 함께 블록체인의 트랜잭션에 의하여 정의된다.[30] 따라서 새로운 사원을 추가하거나 용역제공자에게 비용을 지급해야 하는 경우, 이 역시 블록체인의 트랜잭션을 사용하여 수행한다. DAO를 통하여 스마트계약이 활성화되면, 원칙적으로 사원의 투표를 제외하고는 그 누구도 규칙을 변경할 수 없는 것이 원칙이다.[31] DAO 사원의 의사결정 및 집행에 관한 권한이 업무집행자에게 일부 이전될 수는 있으나 이에 관한 별도의 정함이 없는 한 사원의 의사에 의하는 것이 원칙이다. DAO의 사원이 직접 그 의사를 결정해야 하는 경우, 그 의사를 어떠한 방식으로 결정하는지에 관해서도 검토할 필요가 있다. 보통은 사원 1인당 1개의 의결권을 가지는 것으로 볼 것이나 정관으로 이와 달리 출자액에 비례하여 의결권을 부여하는 것도 가능하다.

---

27) Aaron (2021), 9면.
28) 노혁준 (2022), 94면; Biyan (2022), 80면.
29) 최선미 (2023), 66면.
30) 위의 글; Biyan (2022), 80면; 김선미, 앞의 기사.
31) 이더리움(Ethereum), 앞의 자료.

나. 의사결정 모습의 예

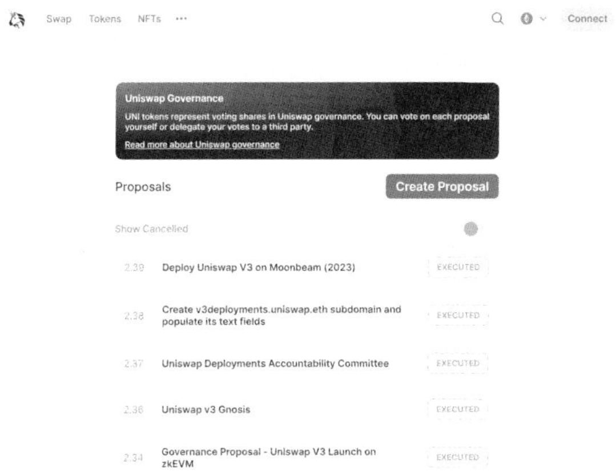

[그림 5-1] 유니스왑 DAO의 사업 제안의 모습

유니스왑DAO는 위와 같은 의사결정절차를 통하여 유니스왑 재단을 설립하는 것을 의결하였는데, 그 제안에 관한 의결의 내용은 다음과 같다. 유니스왑 재단 설립과 관련하여 제안은 결의요건을 충족하여 압도적 찬성표를 얻어 통과되었다(그림5-2. 유니스왑 DAO의 의사결정의 모습).

[그림 5-2] 유니스왑 DAO의 의사결정의 모습

다. 의사의 결정을 위한 투표의 유형

(1) 사원당 1개의 투표권을 부여하는 방식

일부의 DAO는 한 명의 사원에게 한 표의 의결권을 제공하는 방식을 취하기도 한다. 다만, 사원의 신원을 객관적으로 확인할 수 있는 조합과 달리 DAO는 익명성을 전제로 운영되고 사원의 신원을 객관적으로 확인하지 아니하는 것이 일반적이므로, 실질적으로는 한 명의 사원이 아닌 한 개의 계정당 1표의 의결권을 제공하는 것이 된다.

(2) 가상자산 1개당 1개의 투표권을 부여하는 방식

DAO가 가장 일반적으로 사용하는 투표 방식은 1가상자산당 1표의 의결권을 부여하는 방식이다. 이는 주식회사가 취하는 방법과 같다. 그러므로 주식회사가 가지는 의결권 행사 과정에서의 문제가 유사하게 해당 DAO에 발생할 수 있다. 일부 DAO는 주식회사와 같이 보통결의, 특별결의로 나눠 의결정족수를 가중하여 설정하기도 한다.[32]

(3) 가상자산의 스테이킹을 요구하는 방식

일부 DAO는 가상자산 보유자에게 투표를 위하여 가상자산의 스테이킹을 요구할 수 있다.[33] 이때 '스테이킹'은 일정기간 가상자산의 보유를 고정시키는 것으로 그 동안 해당 가상자산을 매매하거나 양도할 수 없다.[34] 스테이킹은 일반적으로 1가상자산 1표를 기준으로 스테이킹된 가상자산의 수에 따라 운영되고, 스테이킹된 가상자산이 많을수록 투표권과 투표 보상이 증가하고, 가상자산을 오래 스테이킹할수록 점진적으로

---

32) Gabriel et al. (2019).
33) Kyber Network, "Katalyst and KyberDAO are now LIVE!", 2020. 〈https://blog.kyber.network/katalyst-and-kyberdao-are-now-live-19ee6a6eb77e〉
34) Alexandra (2021), 30면.

투표권을 가중시킬 수 있다.[35]

4. 의사의 집행

DAO의 스마트계약이 모든 결정의 집행을 완벽하게 해결할 수 있는 것만은 아니다.[36] DAO는 실질적으로 소프트웨어의 일종으로 직접 제품을 생산하거나 하드웨어를 개발하거나 코드를 작성할 능력이 없다. 그러므로 DAO는 외부행위를 대신하여 줄 행위자가 필요하다. 만약 DAO의 의사결정이 외부 자산의 이전에 관한 것이거나 그 밖의 사항을 확인하여야만 조건의 성취 여부를 확정할 수 있는 것이라면, 외부에서의 자산의 이전절차를 밟아줄 또 그 밖의 사항을 외부에서 확인해 줄 제3의 기관이 필요하다. DAO는 스마트계약 시스템을 통하여 외부의 대리인과 별도의 위임계약을 체결하여 외부행위를 할 수 있다. 그럴 뿐만 아니라 DAO의 행위를 보조하는 별도의 회사를 두어 그가 DAO의 행위를 대신하도록 할 수도 있다.

Ⅱ. 업무집행사원의 의무

1. 서언

DAO가 현행법상 유한책임회사일 경우 업무집행자는 유한책임회사를 대표하여 회사의 영업에 관하여 재판상 또는 재판 외의 모든 행위를 할 수 있다(상법 제287조의12 제1항, 제287조의19 제1항·제5항, 제209조 제1항). 상법은 유한책임회사의 업무집행자에 부과되는 기본적인 의무나 요

---

35) 위의 글, 145면.
36) 노혁준 (2022), 94면.

구되는 주의의 정도에 관한 규정을 두고 있지 아니하다. 그러나 업무집행자에게는 민법상 수임인과 마찬가지로 선관주의의무가 적용된다(상법 제287조의18, 제195조, 민법 제707조, 제681조). 업무집행자의 충실의무에 관해서는 별도로 규정을 두고 있지 아니하나 이를 뒷받침하는 경업금지나 자기거래에 관한 규정은 존재한다. 업무집행자는 사원 전원의 동의 없이는 회사의 영업부류에 속하는 거래를 하거나 같은 종류의 영업을 목적으로 하는 다른 회사의 업무집행자·이사 또는 집행임원이 될 수 없다(상법 제287조의10 제1항). 업무집행자는 다른 사원 과반수의 결의가 있는 경우에만 자기 또는 제3자의 계산으로 회사와 거래할 수 있다(상법 제287조의11).

2. DAO와 신인의무

가. 문제점

대리문제는 일반 회사에 적용되는 이사의 신인의무 발생의 이론적 근거이다.[37] 신인의무는 본인으로부터 의사결정권한 등을 위임받은 대리인에게 도덕적 해이 등이 발생하는 것을 방지하기 위한 목적으로 대리인에게 부여된다.[38] 신인의무는 충실의무와 선량한 관리자의 의무 등을 포함한다. 이는 연혁적으로나 기능상으로 미국 판례법과 밀접한 관련이 있는데, 신인의무의 내용은 구체적 판결을 통하여 구체화하고 있다.[39] DAO가 업무집행자를 두면 그 업무집행자가 신인의무를 부담하는지, 신인의무를 부담한다면 누구에 대하여 부담하는 것인지 등을 검토할 필요가 있다. 이는 DAO의 법률관계에서 신인의무를 적용할 수 있는지,

---

37) Alex (2023), 977면.
38) 위의 글; 장근영 (2008), 282면.
39) 김건식·노혁준·천경훈 [2024], 424면; 문정해 (2015), 332면.

적용할 수 있다면, 어느 범위에서 어떠한 방법으로 적용하여야 하는지 등에 관한 문제로 연결된다.

나. DAO와 신인의무의 관계

일단 위탁자와 수탁자가 상호 합의를 통하여 신인관계를 형성하면 수탁자는 자신의 이익이 아닌 타인(위탁자 또는 수익자)의 이익을 위하여 행동할 것이 요구된다. 이때 신인의무의 법리는 수탁자 자신의 이익을 추구하는 행위와 같이 신인관계에서 발생할 수 있는 여러 위험 요소를 제거할 수 있도록 수탁자의 행위를 제한하는 규범을 마련하는 데 초점을 둔다.[40] 이러한 규범은 회사법의 영역에 포함되는데, 그 구체적 규정들은 기업의 내부관계에 관한 것으로 강행규정적 성격을 가진다고 보는 것이 기존의 견해이었다. 그러므로 회사법에서 명시적으로 인정되는 경우를 제외하고는 정관이나 당사자의 합의에 의한 변경은 허용되지 아니하였다.[41] 그러나 최근에 회사를 계약의 연결점으로 파악하는 계약주의적 회사관의 확산에 따라 회사규정의 임의법규성이 강조되고 있다.[42] 이에 의하면, 회사는 주주, 경영자, 채권자, 종업원, 거래처 등의 이해관계자들 사이에 체결된 다양한 계약의 네트워크에 불과하다.[43] 이와 같은 계약주의적 관점에 의하면, 기업에 투입되는 이해관계자들의 계약체결 과정에서 발생하는 거래 비용이 이들의 계약관계를 실질적으로 방해할 수 있으므로, 일련의 임의규정을 통하여 그 비용을 제거하거나 줄이는 것이 법의 역할이다.

DAO의 경우 업무집행자 또는 제3의 기관(대리인)을 통하여 그 업무

---

40) Tamar (1995), 1225-1230면.
41) 김건식·노혁준·천경훈 [2024], 28면.
42) 위의 책; Michael·William (1976), 311면.
43) 위의 책, 29면.

를 집행할 수 있으므로, 이 경우에는 그 업무집행자 또는 대리인과의 관계에서 업무수행의 위탁관계에 따른 신인관계가 형성될 수 있다. 구체적으로 그 신인관계는, DAO를 유한책임회사로 본다면, 회사와 업무집행자 사이에 형성될 것이다. 또한 보통의 DAO는 그 의사결정체계와 관련하여 1가상자산 보유자 1표의 원칙을 따르지 아니하고 1가상자산 1표의 원칙을 설정하는 것이 일반적이다. 따라서 현실적으로 한 명 또는 소수의 가상자산 보유자가 DAO의 의사결정을 통제할 수 있을 정도의 충분한 가상자산을 보유하면, 결국 기존 회사의 지배주주-소수주주의 관계와 같은 대리문제가 발생할 가능성이 커진다. 가상자산 보유자가 자신의 투표권을 다른 주체에게 위임할 때도 DAO에 대리문제가 발생할 수 있다.[44] 이러한 대리문제가 발생하는 경우에도 대리인의 지위에 서는 주체에 대해서도 신인의무를 부과하는 것도 가능하다. 다만 이러한 논의의 적용은 신인관계와 신인의무의 발생에 반드시 당사자 사이에 계약관계를 필요로 하지 아니하는 미국법상 신인의무에 부합하는 것이다.[45] 상법상의 선관주의의무는 기본적으로 계약을 바탕으로 하고 있는 개념이므로 회사와 위임관계가 없는 지배사원에 대해서는 그 의무를 인정하기 어려운 한계가 있다.[46]

다. DAO에서 신인의무의 지위

현실적으로는 DAO가 어떠한 법적 조직체로서 인정되는지가 신인의무에 중요한 영향을 미친다. DAO를 조직함에 있어서 그에 맞는 특유한 법인화 제도를 두든 그렇지 않든 DAO가 직·간접적으로 또 내외부관계에서 법률관계를 맺는다면, DAO의 법적 지위를 검토할 수밖에 없다. 미

---

44) Alex (2023), 983면.
45) 김건식·노혁준·천경훈 [2024], 426면.
46) 위의 책.

국의 와이오밍주, 테네시주, 유타주 등과 같이 DAO 자체에 대한 LLC제도를 두고 있고, 해당 법률에서 설정한 요건을 충족하여 DAO LLC를 설립한다면, 그 근거 규정에 따라 신인의무를 판단하면 된다. 그 외의 경우라면, 일반적으로 DAO의 창립자가 최초에 그 조직의 형태를 어떻게 설정하려고 하였는지에 따라 그 구성원 사이에 부담하는 신인의무의 내용이 달라진다.47)

DAO에 있어서 주식회사에서 논의되는 것과 같은 신인의무이론을 적용할 수 있는지에 관해서는 논의가 더 필요하다. 주식회사는 주주가 되기 위한 단계에서 주주가 회사와의 협상의 여지가 거의 없는 반면, 유한책임회사는 그 구성원인 사원이 그 법률관계를 구성하면서 협의할 내용의 범위가 상대적으로 더 넓기 때문이다. 유한책임회사인 DAO는 그 업무집행자에 DAO의 사원을 선임하는 것이 보통인데, 이 경우 통상 주주로부터 독립적인 제3자를 이사로 선임하는 주식회사에서보다 업무집행자 자신이 사원으로 있는 조직체의 이익을 위하여 업무를 수행할 가능성이 크다. 이러한 내용들을 고려하면, DAO에 있어서 업무집행자 등의 신인의무는 주식회사에서의 그것보다 유연한 성격을 가진다고 봄이 타당하다. 이에 따라 와이오밍주와 테네시주의 DAO법은 LLC의 구성원 간 그리고 DAO에 대한 신인의무를 면제할 수 있도록 함으로써 주식회사보다 유연한 지배구조의 설정을 가능하게 하였다.48) 델라웨어주는 LLC 사원들이 신인의무의 변경 또는 면제에 관하여 합의하지 아니하는 경우에는 형평법에 따라 위 의무를 강행적으로 부과하고 있다.49) 이에 의하면, LLC 업무집행자가 부담하는 신인의무의 적용에 대한 유연한 접근의 허

---

47) Alex (2023), 989면.
48) 위의 글; Brummer·Seira (2022), 11면.
49) Delaware Limited Liability Company Act §18-1104
　　In any case not provided for in this chapter, the rules of law and equity, including the rules of law and equity relating to fiduciary duties and the law merchant, shall govern.

용은 그 운영계약을 통하여 LLC 사원들이 그 변경 또는 면제를 명백하게 합의한 경우에만 해당하는 것이고, 운영약정상 그 내용을 규정하지 아니한 때에는 다른 신인관계와 마찬가지로 신인의무가 강행적으로 적용된다.[50]

3. DAO와 자기거래

가. 문제점

DAO가 회사로서 독립적인 법인격을 가지면 그 업무집행사원과의 관계에서 자기거래의 문제가 발생할 가능성이 있다. 한편, ① DAO에는 의사결정에 대한 낮은 참여율, ② 규범 적용의 어려움, ③ 코드 문맹(code illiteracy)이라는 문제가 발생할 수 있는데, 이는 DAO를 자기거래의 도구로 활용하기 쉽게 만든다.[51] DAO는 일반적으로 익명성을 주요 특징으로 한다. 사원이 익명성에 기반하여 활동할 수 있으므로, 자신의 신원이 드러난 상태에서 거래행위를 할 때보다 비교적 자유롭게 비규범적 행위를 할 수 있다. 현실 세계에서의 일반적인 단체이었다면, 법적 규제가 적용되지 아니하더라도 경영진이 공식적으로 자신의 신원을 외부에 밝히고 활동하고 이외에도 구성원과 긴밀한 사회적 관계를 맺기 때문에 그 단체와 구성원의 이익을 해하는 내용의 위법적·비도덕인 자기거래행위를 하는 것을 자제할 가능성이 크다. 또한 사원의 일부가 익명성에 기대어 점진적으로 수많은 익명의 계정을 만들어 거버넌스 가상자산을 계속하여 취득하면서 그 과반수에 해당하는 수량을 갖게 되었을 때, 이른바 '51%의 공격'을 통하여 노골적으로 자기거래를 행할 가능성도 있다.[52]

---

50) 문정해 (2015), 342면.
51) Alex (2023), 993면.
52) 위의 글, 995면.

DAO는 사원 모두가 주인이라는 슬로건을 걸었는데, 정작 그 주인들은 이런저런 이유로 DAO의 사업수행에 관심을 가지지 않는다. 이때 특정한 사원 또는 소수의 사원 집단이 그 의사결정을 확정하는 데 필요한 투표권의 수를 확보한 경우를 가정해 보자(그 사원을 DAO의 '지배사원'이라 하기로 한다). 일단 현재의 규제체계라면 지배사원이 자기 또는 제3자의 이익을 위하여 DAO와 거래하는 것을 금지하는 명문의 제도는 없다. 이때 지배사원은 수백억 원 상당의 가상자산을 보유한 DAO를 자신이 완전하게 지배하는 다른 DAO에 헐값에 매각하거나 반대로 자신이 완전하게 지배하고 있는 다른 DAO를 비싼 가격에 매수하는 제안을 하여 거래를 성사시킬 수 있다. 소수사원들이 DAO의 의사결정에 적극적으로 참여하지 아니하는 것은 DAO의 운영에 적극적으로 참여하는 사원이 자기 또는 제3자의 이익을 위하여 DAO를 이용하기에 좋은 기회를 제공한다.[53] 당연한 결론으로 사원의 참여율이 낮을수록 특정 사원의 제안에 대한 통제가 훨씬 쉽다.

참고로 합자조합의 경우 업무집행조합원은 다른 업무집행조합원 과반수의 결의가 있는 때에만 자기 또는 제3자의 계산으로 조합과 거래를 할 수 있다(상법 제86조의8 제2항, 제199조). 합명회사의 사원은 다른 사원 과반수의 결의가 있는 때에만 자기 또는 제3자의 계산으로 회사와 거래를 할 수 있다(상법 제199조). 이에 의하면, DAO가 유한책임회사로 인정되더라도 그 실질은 조합과 유사한 측면이 있는 이상 그 업무집행사원이 자기 또는 제3자의 계산으로 DAO와 거래관계를 맺는 경우 자기거래로 보고 이에 대한 제한을 가할 수 있다고 봄이 타당하다.

---

[53] 2022. 11. 20.을 기준으로 상위 3개 DAO 플랫폼의 평균 토큰 보유자 참여율은 16.35%이다[Alex (2023), 993면].

나. DAO에서의 자기거래 제한과 그 한계

만약 DAO의 사원이 스마트계약의 제안을 코딩하는 데 필요한 표준언어인 솔리디티(solidity)를 완전히 이해하지 못하였다면, 해당 사원은 자신이 참여하는 그 제안의 내용을 완전히 이해하지 못한 상태에서 투표권을 행사해야 한다. 이때 코드를 잘 모르는 사원은 실제로 코드의 내용과 일치하지 아니할 수 있는 일반 자연어의 설명에 의존할 수밖에 없다.[54] 만약 DAO에서 사원 사이의 신인의무가 인정되지 아니한다면, 코드를 잘 모르는 사원이 스마트계약의 제안에 관한 자연어 설명에 의존하였을 때는 이를 이유로 코드 작성자에게 책임을 묻지 못할 수도 있다.[55] 신인의무가 위와 같은 상황을 통제하지 못한다면, DAO가 현재 활용할 수 있는 수단은 무엇이 있을까? 일단 가장 기본적으로 DAO 자체적으로 위와 같은 자기거래를 방지하기 위하여 스마트계약을 통하여 규율하는 것을 생각할 수 있다.[56] 이때 스마트계약에 포함할 수 있는 수단으로는 사원의 탈퇴권, 거부권의 행사 등을 들 수 있다.[57] 먼저 DAO의 사원은 DAO의 의사결정 내용이나 지배구조가 본인의 생각과 다르면, 당연히 자신의 가상자산을 양도하거나 DAO에 반환하고 그에 상응하는 대가를 받고 DAO로부터 탈퇴할 수 있다. 그러나 이러한 사원의 탈퇴권은 소수사원을 보호하기에 충분한 수단이 되지 못한다. 지배사원이 DAO의 의사결정권을 지배하는 상태라면, 자기거래의 시점도 임의로 정할 수 있는데, 소수사원이 이를 확인하고 탈퇴하려고 할 때는 이미 그로 인한 손해를 입은 이후일 가능성이 크다. 이때는 이미 지배사원이 자기거래를 마쳐 소수사원에게 반환하여 줄 가상자산이 없는 상태일 수도 있다. 다

---

[54] Alex (2023), 995면.
[55] 위의 글.
[56] 위의 글, 998면.
[57] 위의 글, 999면.

음으로 지배사원의 자기거래에 관한 거부권의 설정이 모든 자기거래를 막기는 어렵다. 일단 별도의 기관인 이사회 등에 거부권을 수여하면, 지배사원이 이사회에 대한 지배권까지 취득한 후 자기거래를 진행할 수 있다. 또한 사원들에게 거부권을 부여하면 지배사원은 거부권의 행사를 저지하거나 별도로 거부권의 행사기간이 경과한 후에 자기거래를 계속 진행하는 것도 배제할 수 없다.[58]

III. 사원의 지위

1. 의의

DAO의 참여자는 능력을 바탕으로 커뮤니티의 성장을 지원하고, 그에 따른 보상을 얻을 것을 기대하고 활동한다.[59] 보상의 형태는 금전적일 수도 있으나 조직을 위한 활동에서 오는 정서적 만족, 명예 등이 될 수도 있다.[60] DAO는 목적 사업에 관한 아이디어, 기술 등을 제공한 사람, 노동력을 제공한 사람, 가상자산을 제공한 사람, 상품이나 서비스를 소비함으로써 그 목적 사업의 성공에 공헌하는 사람들을 모두 사원으로 삼을 수 있다. DAO는 사원의 공헌을 중요시하고, 그 공헌도를 기준으로 이익을 환원하는 구조를 설정하는 것이 가능하므로 종래의 기업들과 비교하여 이해관계인의 자발적 헌신을 더 쉽게 끌어낼 수 있는 장점이 있다.[61] 이처럼 DAO에 대한 참여는 무조건 해당 DAO가 발행한 가상자산의 보유를 전제로 한 것은 아니나 DAO의 의사결정에 직접적으로 참여

---

58) 위의 글.
59) 최선미 (2023), 68면.
60) 위의 글.
61) 殿村桂司·近藤正篤·丸田颯人 (2022).

하기 위해서는 사원의 자격을 얻을 필요가 있다.[62]

DAO의 사원은 공동의 목적을 위하여 공동으로 계약을 체결하고 그 단체에 대하여 발생한 채무에 대하여 책임을 부담한다. 단체의 규모나 목적 사업의 내용, 활동의 방식 등에 따라 DAO에서 사원은 그 개성이 뚜렷하게 나타날 수 있고, 그렇지 아니할 수 있다. 전자의 경우라면, 그 사원은 DAO가 의사를 결정하고 집행하는 데 핵심적인 역할을 할 것이고, 후자의 경우라면, 사원과는 별개로 존재하는 의사결정기관이나 집행기관을 두고 정해진 규칙에 따라 DAO의 업무를 집행하도록 할 것이다.

2. 사원의 참여 방식

DAO는 일반적으로 블록체인 플랫폼에 의하여 만들어진 DAO의 지갑주소로 이더리움이나 그 밖의 가상자산을 전송하고, 그 대가로 스마트계약을 통하여 일정한 수의 거버넌스 가상자산을 배정받는 방식으로 참여가 이루어진다. 이때 거버넌스 가상자산의 보유자는 DAO의 운영이나 그 대상 사업과 관련하여 일정한 제안을 제출할 수 있고, 그 제안이 DAO의 규칙이 정한 요건을 충족하면 실제로 집행까지 이루어진다. 그 실행은 스마트계약에 의하여 이루어진다. DAO에 대한 참여 및 의사결정절차는 ① 가입, ② 참여, ③ 제안, ④ 투표, ⑤ 제출 등으로 이루어진다. 이때 참여자의 활동 내용은 다음과 같이 정리할 수 있다(표3. DAO에 대한 참여 및 의사결정 절차).

---

[62] 최선미 (2023), 68면.

[표 3] DAO에 대한 참여 및 의사결정 절차[63]

	주요 활동
참여	· 가입한 DAO 내의 역할 탐색 · 커뮤니티 활동 등에 참여
제안	· 신규 프로젝트의 공식 제안과 이에 대한 의견 교환 · 해당 제안을 논의할 포럼 개시, 커뮤니티 소통
투표	· 제안에 관한 의사결정을 위한 공식적인 투표 절차 개시 · 토큰 보유자들이 스마트계약에 정해진 절차와 내용에 따라 투표 참여
제출	· 제안에 관한 의견수렴 완료 · 토큰을 활용하여 공식 의사를 결정하여 집행

DAO에서 참여자의 익명성은 공개형 블록체인상에서 형성된 DAO에 있어서는 매우 중요한 문제이다. 그러나 참여자의 익명성은 사원의 권리·의무, 그 책임 등을 구체적으로 법제화하는 데 장애가 된다. 이에 대해서는 유한책임회사 형태를 기반으로 사원의 이름·주소 대신에 해당 사원의 본인 확인 완료 지갑 주소를 정관기재사항으로 함으로써 사원의 익명성을 유지하는 방법도 생각할 수 있다. 다만, 회사 관련 법령상 유한책임회사에 관하여 정관의 기재사항으로 사원의 성명과 주소를 기재하도록 하는 경우가 있는데, 이때 DAO의 참여자가 유한책임회사의 사원이 되면 그 익명성을 특징으로 하는 DAO의 본질과 상충된다는 지적도 있다.[64] 그런데 참여자들이 익명화 되어 있는 상태로 DAO에 참여하면 해당 법률관계에 구속되는 것이 현실적으로 불가능하다.[65]

3. 참여의 법적 의미

DAO의 모든 참여자가 항상 법적 구속력을 전제로 공동의 사업을 수

---

63) 위의 글, 69면.
64) Web3.0研究会 (2022), 26면.
65) Biyan (2022), 103면.

행하려는 의사를 가지는 것은 아니므로 그들 사이에 관계가 언제나 계약관계로 이어지는 것은 아니다. 법적 구속을 당할 의사는 기술적인 측면에서의 참여 의사와는 구별하여야 한다. 왜냐하면 DAO의 의사결정 및 집행은 기술적으로 그 프로그램 자체 설정에 따라 실행되므로 법적으로 당사자의 의사가 완벽하게 반영된 것이라고 볼 수도 없을 뿐만 아니라 DAO에 대한 단순 참여와는 구별할 필요가 있기 때문이다. DAO의 참여자들이 거버넌스 가상자산을 취득하는 것에 동의하고, 공동의 목적 달성을 위하여 그 의무를 수행하는지 여부 등이 참여자의 법적 구속 의사를 추정하는 데 중요한 역할을 한다.

IV. 운영에 관한 감시

1. 의의

DAO는 그 운영에 관하여 사후적인 감독에 의존하기보다는 사원이 주도하는 사전적인 예방시스템을 통하여 DAO의 운영과정에서 발생할 수 있는 위험을 방지하는 것을 지향한다. DAO에 대한 감시에 스마트계약을 잘 활용하면, 감시 업무수행에 드는 노력과 비용을 상당 부분 줄일 수 있다. 상법은 유한책임회사 사원의 감시권에 관하여 회사의 회계장부, 대차대조표, 기타 서류를 열람할 수 있고 회사의 업무와 재산 상태를 검사할 수 있도록 하고 있다(상법 제287조의14, 제277조). 따라서 DAO에 대한 감독에 관하여 특별한 규정을 두지 아니한다면, 위와 같은 정도로 사원의 감시권을 인정할 가능성이 크다. DAO는 기본적으로 그 경영에 사원이 직접 참여할 수 있다. 이러한 경영방식의 전제는 DAO 운영에 관한 정보를 사원에게 공개하는 것이다. 이에 의하면, DAO에서는 회계자료 등이 사원에게 공개되는 것이 일반적이다. 따라서 회계자료에 대한 접근과 감시권 행사를 주요 사항으로 정하고 있는 상법의 규정은, 사원이 DAO의 운영에 관한 감시를 함에 있어 큰 실효성을 가지지 못할 가능성이 크다.

DAO에 대한 감시는 사원들이 그 업무집행사원의 경영활동과 DAO가 보유하고 있는 자산, 그 재무상태 등을 검사하고 감독하는 내용으로 이루어질 것이다. 이때 사원의 감시 방법은 일정 부분은 기존 회사의 사원이 취하는 방법과 유사할 것이나 디지털세계에서 주로 활동하는 DAO의 특성을 고려하면 그 감독의 방식 역시 기존 회사와 달라지는 부분이 발생할 수밖에 없다. 후자의 경우에는 사원의 효과적인 감독권한 행사를 위하여 DAO에 특유한 감시방식을 인정할 필요성이 있다. 이 부분에서 사적자치의 이념을 폭넓게 인정할 필요성이 제기된다. DAO에 대한 감시는 사원이 합의로 설정한 자체 규칙이나 운영계약에 따라 해당 조직의 특성에 맞는 방식으로 이루어질 수 있도록 하는 것이 바람직하다. 이러한 특성을 반영하여 DAO 사원이 수행할 수 있는 DAO 운영에 관한 감시의 방법으로 '커뮤니티' 감사를 제시할 수 있다. 이른바 '커뮤니티' 감사는 DAO 지배구조의 핵심 요소 중의 하나이다.[66]

중앙집중화된 조직은 부패하지 아니하는 완벽한 내부통제가 사실상 불가능하므로, 외부의 감시와 검증이 필수적이다.[67] 역사적으로 기업지배구조 전략은 충돌하는 이해관계를 완화하기 위하여 통제매커니즘을 사용해 왔는데, 이는 상당한 대리비용을 초래한다.[68] 그 과정에서 외부 감시를 위하여 상당한 비용을 들여 감사를 시행할 필요성이 제기된다. DAO의 탈중앙화 특성은 그 구성원이 일반적으로 다른 사용자를 평가하는 방법을 잘 알고 있으므로 조정의 효율성을 향상시킨다.[69] DAO는 거

---

66) Wulf (2021), 15면.
67) 위의 글.
68) Nathan (2020), 322면.
69) Wulf (2021), 15면.

버넌스의 정보(가령 DAO의 의사결정지표와 거버넌스 프로토콜 요구사항)가 구성원 사이에 직접 교환·평가되므로 지배구조의 설계에서 정보의 대칭을 가능하게 한다.70) DAO 사원의 결정은 모든 사원이 감사할 수 있도록 공개되어 있어 의사결정에 대한 절차적 규칙을 준수했는지 확인할 수 있다. DAO는 이를 통하여 잘못된 투표를 통한 의사결정과 관련된 잠재적 위험을 줄일 수 있다.71)

2. 사원에 의한 감시의 한계

가. 문제점

DAO 사원의 직접적인 감시권 역시 한계는 존재한다. 사원의 무관심이 증가할수록 소수에 의한 DAO 지배가 가능하고, 그것이 일부 사원의 전횡으로 연결되면, 필연적으로 의사결정의 형해화를 초래한다. 기존 회사에 발생하는 내부통제의 문제가 DAO에도 발생할 수 있는 것이다. 일반 회사라면, 외부감사시스템이 작동하여 이를 보완할 수 있으나, DAO는 이를 구축하지 못하였을 가능성이 크므로 결국 DAO의 자정능력이 기존 회사에 비하여 더 떨어지는 상황이 초래될 가능성도 있다.

나. 한계의 보완

(1) 외부기관을 통한 통제

DAO 사원에 의한 감시의 한계를 극복하기 위하여 외부 전문가의 감사제도 도입을 통하여 DAO의 코드 보안 및 규정 준수 여부를 감독하는 것을 생각해 볼 수 있다.72) 외부감사의 대상이 되는 내용은 기본적으로

---

70) 위의 글.
71) Aaron (2021), 9면.

DAO의 재무사항과 은행거래내역 등일 것이고, 특수하게는 DAO의 코드의 정합성(규정 준수)과 오류(보안 등) 여부 등이 포함될 수 있다.73)

(2) 내부통제기능의 강화

회사에서 내부통제는 대체로 "회사의 자산보호, 회계자료의 정확성 및 신뢰성 확보, 조직운영의 효율성 증진, 경영방침 및 법규의 준수를 위하여 회사의 모든 구성원들에 의하여 지속적으로 실행되는 일련의 통제과정"으로 이해되고 있다.74) 일반 회사에서 내부통제는 업무집행 영역에 속하는 사항이므로 적절한 내부통제체계를 구축할 의무는 이사회가 부담한다.75) 내부통제는 회사에 대한 감독 측면에서도 중요하게 작용한다. 따라서 회사에서는 감사 또는 감사위원회 등이 경영자가 설치한 내부통제시스템이 적절한지를 검토하고 그 개선을 촉구할 의무를 부담한다.76) DAO는 스마트계약을 통하여 규칙을 만들어 조직을 관리하는 방식으로 내부통제시스템을 구축할 수 있다.77) 가령 DAO는 구성원 간에 조직과 업무를 나누고, 여러 당사자의 명시적 승인 없이는 DAO 관련 거래가 발생하지 않도록 하는 스마트계약코드를 설정하는 것을 생각할 수 있다. 사원의 참여형 투표에 의존하는 DAO는 특정한 목적에 가상자산을 사용할지와 그 시기를 결정하기 위해 공식적인 투표를 요구하는 것도 가능하다. 또한 DAO는 그 운영내용이 기존 참여의 목적에 부합하지 아니하는 방향으로 구성되면 사원에게 이미 투입한 자산의 전부 또는 일부를 반환받을 수 있는 권리를 부여함으로써 DAO 운영과정에서의 전횡을 방지할 수 있는 통제시스템을 구축할 수도 있다.

---

72) https://www.lobby.so/solutions/what-is-a-dao-audit.
73) 위의 인터넷 사이트.
74) 김건식·노혁준·천경훈 [2024], 442면.
75) 위의 책.
76) 위의 책, 556면.
77) Aaron (2021), 10면.

제4절 해산

I. 의의

이론적으로 DAO에 자원이 계속 제공되고 블록체인이 존재하는 한 DAO는 원래 개발자 및 사원의 의지와 무관하게 영구적으로 존재할 수 있다. 그러나 DAO를 법적 조직체로 인정하면, 그 설립 목적을 설정하는 것이 일반적이므로 그 범위 안에서 존재의 의의가 있다. 사원 스스로 DAO의 영속성을 부정하고 그 조직 목적의 달성 여부에 따라 조직체의 운명을 결정할 가능성도 충분히 존재한다. DAO의 의사결정은 스마트계약이 정한 방법에 따라 사원의 자발적 참여를 통하여 이루어지므로, 사후적으로 사원의 의사에 따라 DAO가 해산하는 것도 가능하다. 참고로 판다(PANDA)DAO는 프로젝트 자체 해산 및 투자자의 자산 반환 제안이 안건으로 올라갔고, 투표를 통하여 안건이 통과되기도 하였다.[78]

II. 해산의 사유

DAO는 조직 구성·운영의 체계를 스마트계약으로 설계한다. 따라서 DAO의 해산 역시 스마트계약에 의하여 이루어지고, 통상적으로는 그 해산 사유를 사전에 스마트계약의 내용으로 포함할 것이다. 스마트계약에 포함할 수 있는 해산사유는 DAO의 조직 구성의 목적 달성, 존립기간의 만료, 사원들의 해산결의, DAO의 구조 개편 등을 들 수 있다.

---

[78] 토큰포스트, "판다DAO, '내부 갈등' 자체 해산 및 자산 반환 제안 통과", 2022. 9. 24. 〈https://www.tokenpost.kr/article-106489〉

Ⅲ. 기술적 절차

　DAO는 기술적으로 해산 기능이 스마트계약코드에 프로그래밍되어 있는 경우에만 블록체인에서 해산하거나 완전히 삭제할 수 있다. DAO의 프로그램코드에 자체 소멸 연산 코드가 없거나 접근할 수 없는 경우, 스마트계약과 DAO는 일반적으로 블록체인에서 삭제할 수 없다. DAO의 수명 주기가 끝나는 것은 실질적으로 기본 스마트계약에 의하여 해산되는 것이다. 스마트계약은 자체 특수 EVM 연산코드를 통해 파기된다. 스마트계약에서 호출되면 해당 스마트계약과 계약 관련 스토어에 저장된 스마트계약이 제거된다. 자체소멸기능이 DAO를 완전히 삭제할 수 있는 현실적인 옵션이더라도 DAO를 '실질적으로' 해산시키는 다른 방법도 있다.

　DAO 스마트계약을 파기하는 것 외에도, 가령 투자DAO의 경우 기존의 모든 가상자산을 '소각'하여 DAO가 블록체인상에서 '빈 껍데기'로만 존재하게 하는 것도 생각할 수 있다. 소위 가상자산 '소각'은 스마트계약의 경우처럼 기존의 자체소멸기능을 활성화하거나 아무도 접근할 수 없는 검증되지 않은 주소로 가상자산을 전송하여 의도적으로 가상자산을 소각할 수 있는 가능성을 의미하는 것으로 이해된다.[79] 블록체인의 투명성으로 인해 '소각'은 탐색기를 통해 거래 ID를 추적하여 누구나 확인할 수 있다. 이렇게 하면 트랜잭션이 의심할 여지 없이 전송되었고, 전송된 주소가 실제로 사용 가능성이 없거나 누군가의 소유임을 증명할 수 있는 주소인지 확인할 수 있다. 따라서 가상자산 '소각'의 결과로 DAO의 '해산'은 블록체인을 통해 증명되고 보장될 수 있다.

---

79) Andreas Antonopoulos, Gavin Wood, Mastering Ethereum, 2018, 554면.

제8장 입법론적 제언

제1절 입법의 방향

　DAO에 관해서는 이제 막 그 현상을 확인하고, 그 법적 성격, 지위, 내용 등의 논의를 시작하는 단계에 있다. 현 단계에서는 DAO를 직접적으로 규율할 수 있는 규정이 존재하지 아니하여 DAO를 둘러싼 많은 법적 문제에 효과적으로 대응하기 어렵다. DAO를 현재의 법 테두리 내에서 인식하고 인정하기 위해서 아직 해결해야 할 문제들이 많다. DAO가 새로운 형태의 위험을 수반할 수 있으므로 거래당사자 및 제3자 보호를 위한 법적 장치의 제도적 고안도 필요하다.[1] DAO는 블록체인기술의 발전과 함께 새로운 비즈니스 모델로 자리 잡을 가능성이 있다. 이를 위해서는 법적 지원과 규제 등의 제도적 조치가 필요하다. DAO가 기업의 정의를 확대하고 동시에 유례없는 탈중앙화된 규제방안을 촉진할 수 있는 만큼,[2] 그에 관한 제도를 고안함에 있어 DAO의 자율성을 폭넓게 인정하는 것이 바람직하다.

　우리의 경우 구체적인 입법화 이전에 DAO의 법적 지위를 명확하게 규명하고, 이를 우리의 제도에 맞게 받아들일 수 있는 방법을 논의하여야 하고, 나아가 정책적으로 DAO를 활성화할 수 있는 방안 역시 함께 고민할 필요가 있다. 이 글에서는 전자의 내용을 중심으로 설명하였고, 후자의 내용은 이 글의 연구 범위를 벗어나므로 직접 다루지는 아니하였다. DAO에 관한 입법적 규율과 관련하여 외국에서는 이미 DAO에 관한 입법이 이루어지기도 하였고, 개별 단체가 DAO에 관한 모델법을 제시하기도 하였다. 그러나 DAO에 관하여 제대로 된 공적 논의가 이루어지지 아니하고 있는 우리나라의 경우, 개별 법조문을 제시하는 것은 아직 이르다. 따라서 이하에서는 구체적인 입법 내용을 제시하는 대신 앞에서 논의한 내용들을 고려하여 입법의 체계와 방향을 중심으로 정리하고자 한다.

---

1) Boss (2023), 17면.
2) 정순섭 (2021), 12면.

제2절 구체적 내용

Ⅰ. 체계의 개요

회사법은 회사의 설립, 운영에 관한 기본 규칙을 규정한다.[3] 회사법은 회사의 설립, 그 시기, 사원권, 구성원의 권리·의무 등에 관한 최소한의 기준을 설정한다.[4] 다른 한편으로 조직체의 시작과 끝을 연결하는 그 사이의 활동을 중심으로 생각하면, DAO를 ① 어떠한 형태의 법적 조직체로 인정할 것인지, ② 그 형태를 결정하였다면, DAO의 설립을 어떻게 할 것인지, ③ 이렇게 설립된 DAO를 누가 관리·운영하여야 하는지, ④ DAO를 운영하는 과정에 있어 어떠한 방법으로 의사를 결정한 것인지, ⑤ DAO가 그 목적을 달성하기 위한 사업을 영위하는데 필요한 가상자산을 어떻게 조달할 것인지, ⑥ DAO가 사업을 영위하여 얻은 이윤을 구성원에게 어떻게 배분할 것인지, ⑦ DAO의 사원은 DAO에 투입한 가상자산을 어떻게 회수할 것인지, ⑧ DAO를 운영하는 과정에서 발생한 채무는 누가 부담하여야 하는지, ⑨ DAO의 운영을 어떻게 마무리할 것인지 등을 검토하여야 한다. 참고로 상법은 제3장의2에서 유한책임회사에 관하여 규정하는데, ① 설립, ② 내부관계, ③ 외부관계, ④ 사원의 가입 및 탈퇴, ⑤ 회계 등, ⑥ 해산, ⑦ 조직변경, ⑧ 청산 등에 관하여 정하고 있다. 위와 같은 쟁점을 중심으로 DAO에 관한 입법사항은, ① 기업형태, ② 설립, ③ 기관, ④ 운영, ⑤ 사원의 지위, ⑥ 해산 등을 생각해볼 수 있다. 그 입법의 방식과 관련하여 DAO만을 규율하는 특별법을 별도로 제정하는 것보다는 현행 법령에 DAO의 특성을 반영한 별도의 규정을 두는 것이 더 합리적이다.

---

3) Timothy (2019), 1113면.
4) 위의 글.

II. 기업형태

　DAO의 조직법적 형태의 결정은 그 구성원의 책임과도 직접 연결된다. DAO의 법적 지위를 적절하게 구성하지 아니하면, DAO의 참여자는 DAO의 행위에 관하여 개인적인 책임을 부담한다. DAO를 회사로 설립함에 있어 가장 핵심 유인으로 제시되는 것이 사원의 유한책임이다. 즉, DAO가 법적 조직체로서 갖추고자 하는 지향점은 유한책임을 기본으로 하는 회사이다. 유한책임회사는 모든 사원이 채권자에 대하여 출자액의 한도 내에서 책임을 부담하면서(유한책임), 경영에 참여할 수 있으므로 DAO의 특성을 잘 반영해주는 기업형태이다. 이를 반영하여 DAO에 관한 기업형태는 블록체인기술에 기반한 "탈중앙화조직형 유한책임회사"로 상법의 별도 장으로 그 내용을 구성하는 것이 합리적이다. 또한 DAO 사원의 유한책임을 인정하기 위한 별도의 규정을 두어 그 내용을 확인하는 것이 바람직하다.5) 사원의 유한책임은 DAO에 투입한 가상자산을 한도로 한다.6) 참고로 상법 제287조의7은 사원의 책임에 관하여 "이 법에 다른 규정이 있는 경우 외에는 그 출자금액을 한도로 한다."라고 정하고 있는데, 이러한 취지의 규정을 DAO에 관해서도 두는 것을 생각해 볼 수 있다. 이에 따르면, DAO의 사원은 자신이 DAO에 제공한 가상자산의 범위 내에서 책임을 부담할 것이다.

---

5) Utah Code §48-5-202 참조.
6) Utah Code §48-5-202 참조.

III. 설립

1. 개관

한 명 이상의 발기인이 DAO를 회사로 설립하는 데 필요한 절차를 수행한다.[7] 이때 DAO를 조직하는 사람(이하 '설립자'라 함)은 해당 DAO의 사원일 필요는 없으나,[8] DAO에는 적어도 1명 이상의 사원이 있어야 한다.[9] 설립자는 법인설립등기, 법인설립신고, 사업자등록에 관한 절차를 수행한다. 이러한 절차는 DAO만의 특유한 절차를 만드는 것보다는 다른 회사들과의 통일적인 규율을 위하여 다른 법인들과 마찬가지로 기존의 설립등기, 설립신고 방식 등을 준수하도록 하는 것이 타당하다. DAO 회사 설립절차의 입법 방향은 유한책임회사 형태를 전제로 상법상 특별한 설립요건과 절차에 관한 내용을 정하는 형태가 합리적이다. DAO의 법률관계에 관한 일반적인 내용은 상법상의 유한책임회사 규정을 비롯한 여러 회사에 관한 규정을 준용하면 충분하다. 이에 더하여 DAO의 특수성을 반영하여 DAO만을 규율하기 위한 특별 규정도 정해야 하는데, 이는 현재 상법에 규정하지 아니한 기술적·기능적 요소에 관한 것들이다. 이에 관해서는 항을 달리하여 설명한다.

2. 특수성의 고려 필요성

가. 블록체인기술을 기반으로 한 조직

DAO의 기술적 기초는 블록체인기술 위에서 성립한다. 블록체인기술

---

[7] Utah Code §48-5-201(1)(a) 참조.
[8] Wyoming Code §17-31-105(a) 참조.
[9] Utah Code §48-5-201(3)(g) 참조.

의 도입은 DAO의 설립에 관한 내용을 정함에 있어 가장 핵심이 되므로, DAO 설립을 전제로 블록체인기술을 적용한다는 점을 밝힐 필요가 있다. 이때 블록체인은 공개형과 비공개형 중 어느 것을 의미하는지 검토할 필요가 있다. 비공개형은 특정한 DAO의 관리자가 그 참여를 승인할 때만 참여가 가능하나, 공개형은 누구든지 해당 DAO가 정한 규칙에 따라 자유롭게 참여할 수 있다. DAO의 조직을 공개형 블록체인에 구축하더라도 그 조직의 구성과 운영은 스마트계약이 정한 바에 따라 사원이 된 자들이 수행한다. 공개형 블록체인에서 DAO를 설립하는 것과 큰 차이가 없다. 양자의 차이는 사원이 아닌 자가 DAO의 구체적 정보에 접근할 수 있는지에 있다. DAO를 독립한 법적 주체로 인정하고 그와의 거래관계에서 법적 권한과 책임의 명확성을 부여하기 위해서는 비공개형 블록체인을 기반으로 DAO를 설립하는 것이 타당하다.[10] 참고로 유타 DAO법은 DAO를 비허가형(공개형) 블록체인[11]에 구축하는 것을 요건으로 두고 있다.[12]

나. 스마트계약의 활용 가능성

스마트계약은 DAO의 의사를 결정하고 집행하는 데 있어서 매우 중요한 수단이다. 스마트계약은 기술적 요소인 측면이 강하나, 그 시스템을 의사결정과 집행에 사용하는 만큼 그 내용을 명시적으로 입법화하는

---

10) 이에 의하면, DAO의 의사결정에 있어서 탈중앙화 정신이 후퇴한다고 주장할 수 있으나, 비공개형 블록체인이더라도 DAO의 운영을 전체 사원이 수행하는 점에는 제한이 없으므로 그 의사결정에서의 탈중앙화와 자율성은 충분히 보장할 수 있다.
11) 우선 누구나 자유롭게 데이터베이스에 참여할 수 있는 공개형 블록체인은 그 참여에 관리자의 허가를 얻을 필요가 없다는 점에서 비허가형(permissionless) 블록체인이라고도 한다[노혁준 (2022), 87면; 김병필·전정현 (2019), 159면].
12) Utah Code §48-5-201(3)(a) 참조.

것이 타당하다. DAO는 스마트계약을 기술적 수단으로 사용하므로, 그 방식이나 내용을 모두 정할 필요는 없다. DAO가 스마트계약을 활용하는 그 법적 근거를 제공하는 범위에서 개념을 정의하고, 그 사용을 인정하는 정도면 충분하다. 스마트계약의 구체적 활용 방법은 보통 정관으로 정할 것이나 확인적 규정으로 DAO 설립 이후에 스마트계약을 사원들의 합의로 변경할 수 있다는 점을 선언하는 것도 고려해볼 수 있다.

다. 운영을 감시할 수 있는 고유의 공개주소 제공

DAO는 누구든지 그 운영과 활동을 감시할 수 있도록, 그것이 가능한 고유한 공개주소를 제공하여야 한다.[13] 이를 통하여 DAO가 사용하는 스마트계약 및 여기서 발생하는 거래를 모두 확인할 수 있다. 사원의 입장에서 스마트계약은 DAO에 관한 의사를 결정하는 동시에 그 운영을 감시할 수 있게 하는 중요한 수단이다. 그러나 DAO는 그 내용을 공개하는 것에서 그쳐서는 안 되고, 사원들이 스마트계약에서 발생하거나 그것으로 이행하는 모든 거래를 효율적으로 감시할 수 있게 해주는 그래픽 사용자 인터페이스(GUI)[14]를 제공해야 한다.[15]

라. 행정절차 수행을 위한 등록 대리인의 선임

DAO에 대한 통일적 규율을 위해서는 DAO의 행정적인 업무의 처리, 대외적 연락 등을 대신 수행하여 줄 대리인을 두도록 하는 것이 바람직

---

[13] Utah Code §48-5-201(3)(b) 참조.
[14] 사용자가 컴퓨터에 명령을 내리고, 컴퓨터가 사용자에게 정보를 출력할 때 문자가 아닌 그래픽에 의하여 화면에 표시하는 시스템을 말한다. 예를 들어 개인용 컴퓨터와 관련하여 마이크로 소프트의 윈도우즈를 들 수 있다.
[15] Utah Code §48-5-201(3)(e) 참조.

하다. DAO는 그 설립절차의 기타 행정절차의 수행과 관련하여 직접 논의할 수 있는 등록 대리인을 둘 필요가 있고, 그 대리인과 외부 담당자가 연락할 수 있는 방법을 별도로 마련해 두어야 한다.[16]

3. 정관의 작성

DAO의 정관에는 자본의 규모, 거버넌스 가상자산의 발행, 의결권 행사절차, 사업제안의 방식, 그밖에 DAO를 운영하는데 필요한 일련의 절차들을 규정한다. 이때 정관은, 사원들이 GUI를 통하여 그 내용을 쉽게 확인할 수 있어야 한다.[17] 사원들은 보통 스마트계약을 통하여 정관을 작성하는데, GUI를 통하여 그 내용을 확인하지 못하면 컴퓨터 프로그램 사용에 문외한인 사원은 그 내용을 이해하기 어렵기 때문이다. 이에 더하여 DAO의 자율성을 보장해 주기 위하여 정관의 내용이 법령을 위반하지 아니하는 범위 내에서 자유롭게 구성될 수 있다는 점을 명시하는 것도 생각할 수 있다. 정관기재사항으로는 다음의 내용을 참고할 수 있다.[18]

- 목적, 상호(회사가 탈중앙화 자율조직이라는 점을 명시하여야 함)
- 구성원의 권리가 보통의 유한책임회사와는 상당히 다를 수 있고, 스마트계약, 정관, 운영계약 등에서 신인의무를 부정하거나 달리 정할 수 있으며, 구성원의 지위, 그 양도, 탈퇴, 출자금의 반환, 해산을 제한할 수 있다는 내용
- 단체 명칭에 관하여 탈중앙화 자율형 유한책임회사, 유한책임 딜중잉화 자율형 회사 등과 같은 표현을 명시하여야 함
- 운영·관리에 사용되는 모든 스마트계약[19]을 확인할 수 있는 공개식별 정보
- 일반적인 정보[20]
  - 사원의 권리·의무
  - 사원 지분의 양도 가능성·사원 지위의 탈퇴 가능성

---

16) Utah Code §48-5-201(3)(h), Wyoming Code §17-31-105(b) 등 참조.
17) Utah Code §48-5-201(3)(e)(iv) 참조.
18) 와이오밍주 DAO법을 중심으로 정리하였다.

> - 해산 전 재산의 분배
> - 정관의 수정
> - 스마트계약의 업데이트, 수정, 변경에 관한 절차

정관기재사항을 정함에 있어 상법의 규정과 연결하여 고민할 부분이 있다. 상법상 유한책임회사는 정관에 사원의 성명·주민등록번호 및 주소 등을 기재하도록 하고 있다(상법 제287조의3 제1호, 제179조 제3호). DAO에도 이를 그대로 적용해야 하는지에 관해서는 논의가 필요하다. 일단 DAO를 비공개형 블록체인에 기반하여 설립하고, 사원 모집 시 스마트계약을 통하여 참여자가 일정한 범위의 신분확인절차를 통과[21]하였을 때 비로소 거버넌스 가상자산을 배정받을 수 있도록 하면 사원의 인적사항은 어렵지 않게 확인할 수 있다. 그런데 DAO를 공개형 블록체인에 기반하여 설립하는 때도 같은 기준과 절차를 적용할 수 있는지에 관해서는 의문이 있다. 참고로 와이오밍주와 유타주의 DAO법은 공개형 블록체인[22]에 관한 사항을 정하고 있으나,[23] 사원에 관한 정보를 별도로 기록하거나 공개하여야 한다는 취지의 규정을 두고 있지는 아니하다.

현행 상법상 유한책임회사는 정관에 자본금의 액을 기재해야 하는데 (제287조의3 제3호), DAO는 가상자산으로 자본을 조달하므로 위 규정과는 다른 규정을 둘 필요가 있다. 비트코인이나 이더리움과 같이 범용성이 있는 가상자산의 경우 그 자체를 자본으로 기재하는 것을 생각할 수 있다. 그 외의 가상자산의 경우 일정한 규모의 가상자산거래소에서 거래

---

19) 스마트계약이라는 용어를 '자동화된 컴퓨터 프로그램'으로 기재하는 것도 가능하다.
20) Wyoming Code §17-31-106(e).
21) 이때 통과란 그 비공개형 블록체인상에 DAO를 구축한 운영자가 그 인적사항을 확인하고 추가절차의 진행을 승인하는 것을 전제로 한 표현이다.
22) 유타주는 비허가형 블록체인(permissionless blockchain), 와이오밍주는 개방형 블록체인(open blockchain)이라는 표현을 사용한다.
23) Utah Code §48-5-101(23), Wyoming Code §17-31-105 참조.

되는 가상자산이거나 해당 거래소에서 비트코인이나 이더리움의 가치로 환산한 자본을 기재하는 것을 생각할 수 있다.

4. 설립의 등기

유한책임회사인 DAO를 상법상 인정하면, DAO는 그 대표 업무집행사원이나 대리인이 그 본점 소재지에 설립등기를 신청해야 한다(상법 제285조의5 제1항, 제287조의19 제1항). 이때 DAO는 인터넷 등기소를 통하여 전자적 방식으로 등기할 수도 있다. 그런데 DAO는 디지털세계에서 주로 활동하므로 현실의 사무소를 두지 아니할 가능성이 크므로, 이때 설립등기절차를 행할 등기소 등을 확정하기 어려운 문제가 발생할 수 있다. 이와 관련해서는 DAO에는 그 특수성을 고려하여 사무소를 별도로 두지 아니하도록 예외를 인정하고 이에 따라 등기절차의 일부 수정을 가하는 방법과 와이오밍주나 유타주의 등록대리인[24]과 같은 절차 수행에 관한 대리인을 의무적으로 두게 하고, 그 대리인의 사무소를 관할하는 등기소에서 등기 절차를 진행하게 하는 방법 등을 생각해 볼 수 있다.

DAO 설립 시 등기사항은 유한책임회사의 등기사항을 준용할 수 있는데, 그 내용 중 본점과 지점 소재지, 자본금의 액 등에 관해서는 DAO에 그대로 적용하기 어려운 문제가 있다. 본점의 소재지에 관한 내용에 관해서는 관할 등기소 결정에 관하여 검토한 내용을 그대로 적용하면 될 것이다. 자본금의 액 관련해서는 앞에서 설명한 것처럼 입법적 보완이 필요하다. 상법에 따르면 유한책임회사의 사원은 금전이나 그 밖의 재산을 출자할 수 있는데, DAO를 회사로 인정하면서 가상자산을 단순히 금전 아닌 재산으로 보고 가치 평가 절차를 밟도록 하는 것은 부당하다.

---

24) Utah Code §48-5-106, Wyoming Code §17-31-112 참조.

DAO 사원의 지위를 취득하기 위하여 가상자산의 출연을 일반적인 사항으로 정하는 이상, 그 재산적 기초 역시 가상자산 그대로를 표시하는 방법을 제공하는 것이 바람직하다.

Ⅳ. 기관

1. 업무집행자

DAO는 그 조직법적 형태를 유한책임회사로 삼더라도 사원 모두가 그 의사결정에 참여하는 것을 기본 전제로 하므로 중앙의 기관에 해당하는 업무집행사원이나 이사회를 둘 필요가 없다.[25] 상법은 유한책임회사에 관하여 정관으로 사원 또는 사원이 아닌 자를 업무집행자로 정하도록 하고 있으므로(제287조의12 제1항), 이에 관해서는 DAO에 관한 규정을 일반 유한책임회사의 규정과 다르게 정해야 한다. 입법론으로는 정관에 업무집행사원을 둔다는 규정이 없는 경우 DAO 운영의 모든 권한과 업무는 그 사원이 가진다는 취지의 내용을 확인적으로 규정하는 것을 생각할 수 있다. DAO는 주식회사에서 볼 수 있는 수직적 위임 경영과 달리 사원들이 수평적으로 직접 의사결정하는 것을 기본 원칙으로 삼고 있다.[26] 의사결정권한과 업무를 분배하는 구체적인 방식은 법률이 아닌 DAO 스스로 정관을 통하여 결정하도록 하는 것이 바람직하다. 그 내용에는 DAO가 그 의사결정권한을 누구에게 어떻게 위임할 것인지 등

---

[25] 'The COALA DAO Model Law' 제13조는 정관에 명시하지 아니하는 한 DAO는 이사회 또는 수탁자를 포함한 관리자(Administrators)를 둘 필요가 없고, 이를 정하는 규정이 없는 경우 관리자의 모든 권한과 업무는 DAO의 사원들이 가진다는 취지로 규정하였다.

[26] 'The COALA DAO Model Law' 제13조에 관한 해설 부분 참조.

도 포함된다. 만약 DAO가 업무집행사원을 두는 때는 그 선임 절차에 관한 규정을 정관에 두도록 해야 할 것이다. 참고로 와이오밍주 DAO법은 DAO의 운영에 관하여 사원 또는 알고리즘에 의한 운영방식만을 정하고 있을 뿐 별도의 대표기관을 두어야 한다는 취지의 규정은 없다.

사원들이 DAO를 직접 운영하는 것은 온체인[27]에서 이루어지는 것을 전제로 한다. 반면에 DAO가 오프체인에서 활동할 때는 사원의 관여만으로는 완벽한 법률행위를 행할 수 없다. 사원이 DAO를 운영하더라도 현실적으로 DAO가 대외적 법률관계를 맺기 위해서는 DAO를 대리할 수 있는 자가 필요하다. 이러한 한계로 인하여, DAO가 추구하는 탈중앙화의 이상에도 불구하고, 중앙의 기관에 해당하는 업무집행사원을 둘 필요성이 강하게 제기되는 것이다. 한편, 유타 DAO법은 DAO가 '온체인에서 수행할 수 없는 업무'를 수행하기 위하여 법적 대표자(legal representatives)를 두어야 한다고 정하고 있다.[28][29] 이때 법적 대표자의 권한은 특정 업무로 제한할 수 있고, 더 넓은 범위의 업무에 관한 것일 수도 있다. 특히 유타 DAO법은 법적 대표자가 그 권한의 범위 내에서 모든 행위를 할 수 있다는 취지의 규정을 두어 그 대외적 행위의 효력에 관한 근거를 제시하고 있다.[30] 이때 법적 대표자는 유한책임회사의 업무집행사원과 구별하여 대외적 행위만을 대표하는 지위를 누리는 당사자로 DAO에 특별히 인정되는 기관으로 이해할 수 있다.[31]

---

27) On-chain이란 블록체인에 기록되고 검증되는 모든 작업을 의미한다[Utah Code §48-5-101(19)].
28) Utah Code §48-5-306 참조.
29) 'The COALA DAO Model Law' 제14조에도 유사한 취지로 정하고 있다.
30) Utah Code §48-5-306 참조.
31) 'The COALA DAO Model Law' 제14조 해설 부분 참조.

2. 사원총회

DAO는 사원들이 모든 의사결정에 직접 참여하는 것을 원칙으로 하므로, 사원으로 이루어진 별도의 기관을 둘 필요가 없다. 이때 DAO의 사원 참여는 별도의 기관이 아니라 DAO의 소유자로서 그 운영에 직접 참여하는 것일 뿐이다. 그러나 DAO가 정관으로 업무집행사원을 둘 때는 그에 대응하여 별도의 기관으로서 사원총회를 둘 필요가 있다. DAO가 그 운영과정에서 업무집행사원을 필두로 중앙화되는 경향을 보인다면, 사원총회의 법적 지위 및 그 권한 등에 다툼의 여지가 생길 수 있으므로, 법률상 그 법적 지위를 명시하여 이해관계를 조정하는 것이 합리적이기 때문이다. DAO의 사원으로 이루어진 사원총회는 DAO에 관한 기업형태를 제도화하면서 새롭게 인정하여야 하는 기관에 해당한다. 사원총회는 기본적인 형태로서 온체인뿐만 아니라 정관으로 정할 때에는 오프체인으로도 소집할 수 있다.[32]

3. 업무집행사원 회의

주식회사의 이사회에 대응하는 업무집행사원 회의와 관련해서는 DAO의 성격에 부합하는 기관은 아니나 DAO가 개별적으로 내부규정을 통하여 업무집행사원 회의를 두는 것을 금지할 필요까지는 없다고 본다.

---

[32] 'The COALA DAO Model Law' 제12조 참조. 다만 DAO 운영의 모습을 고려할 때, 현실에서의 총회 소집은 그리 선호되지 아니할 것이다.

V. 운영

1. 의사의 결정

사원의 권한이 업무집행사원에게 일부 이전될 수는 있으나 별도의 정함이 없는 한 사원의 의사에 의하는 것이 원칙이다. 사원이 직접 그 의사를 정하는 경우, 그 의사를 어떠한 방식으로 결정하는지에 관해서도 규정하여야 한다. 보통은 사원 1인당 1개의 의결권을 가진다고 볼 것이나 정관으로 이와 달리 가상자산의 투입 정도에 비례하여 의결권을 부여하는 것도 가능하다. DAO에 내재하는 대리문제의 발생 가능성을 줄이기 위해서 전자의 방식으로 그 의사를 결정하는 것이 합리적이나 DAO에 대한 적극적인 참여를 유도하기 위해서는 그 기여에 비례하여 의사결정권한을 부여하는 후자의 방식을 더 선호할 것으로 보인다.[33] 사원이 의결권을 직접 행사하는 것이 일반적이나 대리인에게 의결권 행사를 위임하는 것도 특별히 금지해야 할 이유가 없다. 따라서 이에 관한 내용을 확인하기 위하여 상법에 규정하는 것이 합리적이다.

2. 의사의 집행

사원이 정한 의사는 스마트계약을 통하여 자동 실행하는 것이 원칙이나 현실적으로 그 원칙을 완벽하게 실현하는 것은 현재의 기술과 거래 환경에 비추어 사실상 불가능하다. 이에 대비하기 위하여 DAO는 부

---

33) 와이오밍주 DAO법은 가상자산의 출연한 사원과 그렇지 아니한 사원을 구분한 다음, 전자에는 그 출자한 가상자산의 양에 비례하여 지분을 부여하고, 후자에는 하나의 투표권을 부여한다(Wyoming Code §17-31-111). 이때 DAO의 의사는 사원의 지분 과반수 또는 정관, 운영약정이 정한 비율 이상으로 결정한다(Wyoming Code §17-31-109).

득이하게 스마트계약을 보완하여 그 의사를 집행할 수 있는 업무집행사원을 둘 수밖에 없을 것이다. 그러므로 상법에는 DAO가 정관으로 사원 또는 사원이 아닌 자를 업무집행자로 선임할 수 있다는 취지의 규정을 두는 것이 바람직하다. 이때 업무집행자가 DAO를 대표하여 그 업무를 수행한다는 점 역시 규정해야 할 것이다.

3. 보론: DAO와 공시

상법상 유한책임회사는 회사 경영의 주요한 사항(목적, 상호, 업무집행자의 인적사항, 공동 대표업무집행자의 선임, 자본금의 액, 해산사유 등)을 등기의 방식으로 공시한다(상법 제287조의5). 문제는 DAO를 유한책임회사로 설립하는 경우 위와 같은 내용을 어떻게 적용할 것인가이다. 설립등기에 관한 내용에서 본 것처럼 업무집행사원 또는 대리인을 통하여 위의 정보에 관하여 현실의 등기절차를 밟도록 한다면, 위의 규정을 적용하는 것 자체가 불가능하지는 않다.[34] 이에 의하면, 상법상 등기의 효력에 관한 내용을 DAO에도 적용할 수 있는 장점이 있다. 참고로 와이오밍주 DAO법은 DAO는 공개형 블록체인에 그 정보를 제공하는 한 그 활동, 재정상태, 기타 상황에 관한 정보를 제공할 의무는 없다는 취지로 정하고 있다.[35] 입법론으로 DAO에 관한 내용을 정함에 있어 블록체인에 그 정보를 공개하는 것으로 공시제도 또는 상업등기부를 대체할 수 있는지도 생각할 수 있다. 이는 공시제도 또는 등기제도 자체의 법적 변경을 전제로 한 것이므로 단순히 DAO만의 특별 규정으로 해결할 수 있는 성질의 것은 아니다. 특히 등기제도는 법이 정한 사항을 일정한 기준

---

34) 다만, 본점의 소재지나 자본금의 액과 같이 DAO에 부합하지 아니하는 내용은 예외이다. 이에 관해서는 설립등기나 운영 부분에서 검토한 논의에 따라 결론이 달라질 것이다.
35) Wyoming Code §17-31-112

에 맞춰 등기부에 기재하고 공시하는 것이므로, 공개형 블록체인상에서 DAO가 정한 일정한 조건에 맞춘 정보를 공개하는 것과 내용상 통일성을 기하기 어려워 그 자체를 등기부의 기재와 같이 인정하는 것은 무리가 있다. 다만, 등기소가 비공개형 블록체인에 등기소가 설정한 일정한 조건의 충족을 전제로 DAO가 그 정보를 기재하는 것을 등기의 효력으로 인정할 수 있을 것이나 이는 실질적으로 현재의 등기제도와 큰 차이가 없고, 그 실무적 운용 방법과 수단만을 변경하는 것이다.

VI. 사원

DAO 사원은 그가 보유한 가상자산의 범위 내에서 유한책임을 부담한다.[36] DAO 사원은 가상자산을 취득, 상실하는지에 따라 그 사원의 지위 역시 취득하거나 상실한다. DAO의 자율성을 고려하면, 사원 지위의 득실에 관한 구체적 내용은 개별 DAO의 사정에 맞게 정관으로 자유롭게 구성하는 것이 타당하다. 보통의 경우 가상자산의 출연이 사원의 지위를 얻기 위한 가장 일반적인 방법일 것이다. 그러므로 상법에는 그 전제로서 DAO의 지분을 자유롭게 양도할 수 있다는 것과, 사원의 지위 취득과 관련하여 가상자산의 보유를 일반적인 내용으로 정하고, 그 구체적인 내용은 정관으로 정하도록 하는 것을 생각할 수 있다.[37] 현행 상법이 유한책임회사의 사원이 다른 사원의 동의를 받지 아니하면 그 지분 또는 일부를 타인에게 양도하지 못한다고 정한 것[38]과 구별되는 점이다 (상법 제287조의8). 유한책임회사는 사원의 동의를 전제로 그 지분의 양도를 인정하고 사원의 성명, 주민등록번호, 주소 등을 정관에 기재하여

---

[36] Utah Code §48-5-202 참조.
[37] Utah Code §48-5-301, Wyoming Code §17-31-113(d) 참조.
[38] 다만, 정관으로 그 사항을 달리 정하는 것은 가능하다(상법 제287조의8 제3항).

야 하므로, 그 양도가 제한적이다. 그러나 DAO 사원은 지분의 양도가 자유로움에도 그 사원의 인적사항을 정관기재사항으로 정하면, 정관의 변경 절차를 고려할 때 사원의 지분 양도에 연동하여 정관을 변경하게 하는 것은 매우 비효율적이다. 이 부분에 관해서는 DAO의 특별 규정을 두는 것이 타당하다. 이와 관련하여 DAO를 유한책임회사로 인정하더라도 그 사원의 인적사항을 정관기재사항에서 제외하고, 별도로 블록체인상에 사원명부 형식으로 기록하도록 하는 방안을 생각할 수 있다. DAO 사원이 그 지분을 양도할 때는 스마트계약이 정한 바에 따라 거래할 것이므로 그 코드의 설정을 통하여 양도·양수 기록과 그 양수인의 인적사항을 표시하도록 하면, 그 정보처리절차를 거쳐 자동으로 사원명부가 작성·변동될 것이고, 그 기록은 위·변조가 어려우므로 해당 명부 자체에 법적 효력을 인정하더라도 거래의 안전에는 특별히 문제가 없을 것이다.

Ⅶ. 해산

DAO를 유한책임회사로 설립하더라도 그 지분을 자유롭게 양도할 수 있는 이상 물적회사로서의 성격이 더 강화되어 사원의 구성과 상관없이 존재할 수 있다. 그러나 DAO가 회사로 설립되는 이상 일정한 설립 목적을 가지고 활동하므로, 기본적으로 그 목적을 실현하면 해당 DAO의 존재 의의는 사라진다. 그럴 뿐만 아니라 사원이 DAO의 의사를 직접 결정할 수 있으므로, 그 운영과정에서 사원의 의사에 따라 DAO를 해산할 가능성 또한 존재한다. 문제는 어느 경우에 DAO의 해산을 인정할 것인가이다. DAO에 관하여 생각할 수 있는 해산사유는 ① DAO가 정한 존립기간이 만료하는 경우, ② 사원들의 해산결의가 있는 경우, ③ 기본 스마트계약, 정관 등에 명시되어 있는 사유가 발생한 경우, ④ DAO가 일정한 기간 사원의 제안을 승인하지 아니하거나 그 결의에 따른 조치를 취하지 아니하는 경우, ⑤ DAO가 더 이상 합법적인 목적을 수행하지 아니하는 것으로 간주하는 경우 등을 들 수 있다.[39] DAO는 실질적으로 거버넌스 스마트계약이 정한 바에 따라 해산업무를 수행한다. 시스템 자체를 소멸시키는 것, DAO가 전자지갑에 보유하는 가상자산을 사원들에게 분배하는 것 등은 스마트계약을 통하여 자동으로 수행할 수 있을 것이다. 그러나 DAO가 현실 세계에 재산을 보유하고 있는 경우에는 별도의 청산인을 두어 청산절차를 진행하는 것도 고려해야 한다. 이때는 유한책임회사의 해산과 청산에 관한 규정을 필요한 범위 내에서 준용하여야 할 것이다.

---

[39] Wyoming Code §17-31-114 참조.

제3절 소결론

　DAO에 기업형태를 씌워 법적 조직체로 만든다는 전제하에 그 설립부터 해산까지의 법률관계에 포함할 입법 사항에 관하여 검토하였다. 미국의 일부 주에서 입법까지 이루어졌더라도 그 외 국가에서는 실질적 논의조차 하지 못하고 있는 DAO에 관하여 입법적 제안을 한다는 것이 조금은 이른 것이 아닌가 하는 생각이 들기도 한다. DAO는 오랜 기간 엄격한 법적 논의를 거쳐 만든 결과물이 아니고, 법의 영역 밖에서 조직체의 이상을 실현하려는 동기에서 만들어졌다. 그러므로 DAO를 법적 조직체로 인정하는 과정은 완벽한 논의의 결과물을 제도화하는 것이 아니라 그 이상(理想)에서 논의를 시작하여 그 한계를 확인하고, 이를 기초로 그 이상을 수정·보완하는 작업이다. 앞서 설명한 DAO의 쟁점들은 DAO를 제도화하기 위한 구체적 방안의 제시이나, 실상은 그 법적 한계점을 보여주는 측면도 분명히 존재한다. DAO에 관하여 보다 단단한 법적 논의를 진행하기 위해서는 이처럼 확인한 한계점을 극복해 나가야 한다. 이것이 현재의 시점에서 DAO에 관한 입법 사항을 검토하는 가장 큰 실익이다. Web3.0을 이끄는 가상자산 열풍의 이면(裏面)을 생각하면, DAO 역시 혁신이라는 이름을 내걸고 실상은 가상자산 투기의 장으로 내몰리는 것은 아닌가 하는 의심도 든다. 법률은 기술의 혁신보다 앞서 나갈 수 없다. 그러나 법률은, 사회가 혁신적인 기술의 적용을 두려워하지 아니하고 큰 혼란 없이 수용할 수 있게 적절한 기준을 세워 그 혁신을 올바른 방향으로 안내하는 역할을 충분히 수행할 수 있다.

제9장 결론

DAO는 우리에게 상당히 생경한 개념이다. DAO에 관한 정밀한 법적 논의를 위해서는 그 전에 DAO가 무엇인지를 구체적으로 확인할 필요가 있다. 본 연구는 DAO가 출현한 배경과 과정을 설명하는 것으로부터 시작한다(제2장). DAO의 출현 과정은 그 개념과 구성요소의 실체를 파악하는 데 중요한 기능을 수행한다. DAO는 블록체인기술, 가상자산, 스마트계약이라는 기술적 구성요소들과 함께 등장할 수 있었다. 이러한 기술적 요소들은 DAO의 실체와 그 운영의 모습을 구성하고, 우리는 이를 확인하고 체계화하는 과정을 거쳐 DAO의 존재 의의와 그 일반적 개념을 도출할 수 있었다. DAO의 개념에서 확인할 수 있는 문언적 요소는 '탈중앙화·자율·조직'인데, 이는 DAO를 법적으로 정의하는 데 있어서 규율하여야 하는 내용들을 제시하는 근거가 된다. DAO의 등장, 기술적 구성요소, 일반 개념 등의 내용이 DAO의 실체를 확인하는 데 중요한 역할을 하였다면, DAO의 법적 정의는 이 논문의 핵심 쟁점인 DAO의 법률관계를 확인하는 과정의 초석 역할을 하였다. DAO는 법적인 개념으로 '공동의 목적을 달성하기 위하여 1인 이상의 구성원이 블록체인기술에 기반을 둔 자동화된 컴퓨터 프로그램코드를 이용하여 직접 단체의 설립·운영 등에 관한 의사를 결정할 수 있는 단체'로 정의할 수 있다. DAO의 법적 개념을 파악하는 과정에서 구성원이 직접 단체의 의사를 결정할 수 있는 부분, 즉 탈중앙화가 DAO의 핵심임을 확인하였다. 이러한 핵심 요소를 법적으로 구현하는 것이 DAO 제도화의 열쇠이다. 그러나 DAO가 추구하는 탈중앙화는 이를 온전히 현실화하기 어려운 이상적인 개념이다. 그 이상적 개념에 얽매여 DAO를 법적으로 연구한다면, 그 결과물은 법의 규율과 멀리 떨어진 곳에 홀로 떨어질 가능성이 크다. 이러한 결과를 막기 위해서는 DAO 이상의 일부를 양보할 수밖에 없다. 그 양보의 과정은 DAO를 규율하기 위한 방향의 설정 즉, DAO가 추구하는 이상과 현실의 절충으로 이어진다(제3장). 이 논문은 DAO를 우리 법에 어떠한 모습으로 반영해야 하는지에 관한 방향을 제시하는 입법론적 논의로 결론을 맺고 있다. DAO의 규율 방향과 입법적 논의 사이의 공백은 DAO에 관한 법적 쟁점의 검토 결과로 채워야 한다. 그 법적 쟁점이 무엇인지 확인하는 지름길은 DAO에 관한 실제 사례와 입법례를 검토하는 것이다(제4장). 다행히도 DAO에 관해서는 주요 사례와 부족하나마 외국의 입법례도 존재한다. 본 연구에서 그에 관한 검토를 하면서 DAO에 관하여 어떠한 법적 쟁점들이 문제가 되는지를 파악할 수 있었다. DAO의 탈중앙화 이념은 대리문제의 극복으로, DAO의 제도화는 그 조직법적 형태의 확정 문제로 이어진다(제5, 6장). DAO와 대리문제, 그 조직법적 형태는 현재 DAO가 직면한 법적 문제인데, 전자의 해결 과정에서 DAO 전체를 관통하는 규율의 이념으로서 사적자치원칙, 후자를 검토하는 과정에서 DAO와 상법의 관계 등을 설정할 수 있었다. DAO의 조직법적 형태까지 확인한 후에는, 이를 근거로 DAO의 법률관계를 구체적으로 검토·분석하였다(제7장). 그 과정에서 DAO에 대하여 제도적으로 보완이 필요한 내용을 확인하여 DAO에 대한 입법적 사항을 제언하였다(제8장).

DAO는 블록체인기술과 스마트계약을 사용하므로 조직 내의 모든 거래가 투명하게 기록되며 위조나 부정행위를 저지르기 어렵다. DAO의 추종자들은 DAO가 분산화된 구조로 운영되고, 구성원은 직접 투표 등의 방식으로 의사결정에 참여할 수 있으므로 기존 회사가 가진 한계를 모두 극복할 수 있다고 주장한다. DAO에 관한 기존 논의들이 이러한 주장을 답습하는 것에 그치고 있다면, 이 논문에서는 그 한계를 분명히 인식하고, 그 한계를 어떻게 극복하고 보완할 것인지를 중심으로 논의하였다. DAO는 표면적으로는 전통적 논의로서 회사의 지배구조에 관한 본인-대리인 문제를 극복하여, 우리가 지배구조를 인식하는 방식을 변화시킬 가능성을 내재하고 있다고 알려져 있으나 이러한 가능성을 완벽하게 실현할 수 있을지에 관해서는 의문이 있다. 기술적 완벽성이 인간의 생각과 행동에 부합하지 아니한다면, 결국 그 기술의 실현도 인간에 맞추어 운영될 수밖에 없다. DAO의 사원이 경영에 관한 모든 의사결정에 직접 참여할 기회를 제공받더라도 정작 본인이 참여를 거부한다면, DAO 역시 기존의 회사처럼 소수에 의한 지배에 의존할 수밖에 없다. 이에 따라 DAO에 있어서도 대리문제가 발생할 가능성이 큰데, 이를 극복하기 위해서는 DAO의 기술적 요소들을 활용하여 DAO 구성원의 적극적인 참여를 유도해야 한다. 디지털세계의 DAO가 현실에서 거래하기 위해서는 현실적인 존재로 인정받아야 한다. 그 과정에서 DAO에 관한 법적 인식의 작업, 즉 법적 지위의 확정 필요성이 제기된다. DAO는 조직의 내용과 구성에 따라 단순 모임, 조합, 법인 아닌 사단, 회사 등의 성격을 가질 수 있다. 일반적인 DAO는 조합의 성격을 가질 가능성이 크나, 영리를 목적으로 일정한 사업을 영위하고자 한다면, 그것을 회사로 인정하여 독립적인 거래 주체로서 인정할 필요가 있다. 이때 DAO를 기존의 회사형태로 활동하게 할지, 아니면 DAO의 특성을 반영한 회사형태로 활동하게 할지 등에 관해서 단체법적 검토 과정을 거쳐야 한다. 기업조직형 DAO의 조직 및 운영에 관한 법제가 뒷받침되면, 설립, 운영, 사원의 지위, 감독 등 DAO의 회사법적 법률관계를 비교적 명확하게 설정할 수 있다. 이는 궁극적으로 DAO가 법적 조직체로서 우리 사회에 안정적으로 정착하는 데 이바지할 것이다. 나아가 DAO의 조직법적·거래법적 규율 체계의 정립 과정에서 그 혁신성을 최대한으로 유지하게 하는 것이 DAO에 대한 법적 검토 논의에서의 핵심 과제라고 할 수 있다. DAO는 그 설립과 운영이 실험적인 단계에 있는 미완의 조직체가 아니고, 디지털세계에서 실제로 구성되어 활동하고 있는 조직체이다. DAO의 활용에 의한 새로운 형태의 인적·경제적인 연결을 통하여 초래될 수 있는 효용과 위험을 검토하면서, 그것을 둘러싼 사회적 과제를 해결하거나 새로운 가치를 창조할 수 있도록 기존의 환경을 분석하고 그 결과에 따라 문제점을 보완하는 노력이 필요하다. 사회적 현상에 관하여 그 법률관계를 검토하여 그 현상으로 인하여 발생할 수 있는 위험에 대비하고 부작용에 대응하는 수단을 마련하는 것이 법률가의 책무이다.

참고문헌

* 개별 참고문헌 뒤에 약어를 기재하였고, 본문에서 문헌을 인용할 때에는 이 약어를 사용하였다.

[국내문헌][1]

[단행본]

강태성, 「민법총칙」, 대명출판사, 2017 = 강태성 [2017]
김건식·노혁준·천경훈, 「회사법」, 박영사, 2024 = 김건식·노혁준·천경훈 [2024]
김건식·정순섭, 「자본시장법」, 박영사, 2023 = 김건식·정순섭 [2023]
김정호, 「회사법」, 법문사, 2023 = 김정호 [2023]
김홍기, 「상법강의」, 박영사, 2024 = 김홍기 [2024]
송옥렬, 「상법강의」, 박영사, 2023 = 송옥렬 [2023]
오성근, 「회사법」, 박영사, 2023 = 오성근 [2023]
이시윤, 「신민사소송법」, 박영사, 2021 = 이시윤 [2021]
이철송, 「회사법강의」, 박영사, 2022 = 이철송 [2022]
임재연, 「자본시장법」, 박영사, 2024 = 임재연 [자 2024],
_____, 「회사법 Ⅰ」, 박영사, 2024 = 임재연 [회Ⅰ 2024]
장덕조, 「회사법」, 법문사, 2023 = 장덕조 [2023]
정경영, 「회사법학」, 박영사, 2022 = 정경영 [2022]
천위루·양천(하진이 옮김), 「금융으로 본 세계사」, 시그마북스, 2014 = 천위루·양천 [2014]
최준선, 「회사법」, 삼영사, 2022 = 최준선 [2022]
황정훈 외 5명, 「미래사회 with 블록체인」, 박영사, 2021 = 황정훈 외 5명 [2021]
편집대표 권순일, 「주석 상법」[회사1], 한국사법행정학회, 2021 = 편집대표 권순

---

[1] 이 글에서 참고문헌의 인용방법은 "사법정책연구원, 법률문헌의 인용방법 표준안(증보판), 2017"를 주로 참조하였다.

일, 「주석 상법」[2021]
편집대표 김용덕, 「주석민법」[총칙1], 한국사법행정학회, 2019 = 편집대표 김용덕, 「주석민법」[총칙1] [2019], 「주석민법」[총칙2], 한국사법행정학회, 2019= 편집대표 김용덕, 「주석민법」[총칙2] [2019]
편집대표 김용담, 「주석민법」[채권각칙(5)], 한국사법행정학회, 2016 = 편집대표 김용담, 「주석민법」[채권각칙(5)] [2016]

[논문]

고유강, "부동산 거래에의 스마트계약 도입과 관련된 법적 문제들 - 코드와 자연어 사이의 괴리, 블록체인과 현실세계 사이의 간극 -", 법조 제69권 제4호, 법조협회, 2020 = 고유강 (2020)
고형석, "스마트계약에 관한 연구", 민사법의 이론과 실무 제22권 제1호, 민사법의 이론과 실무학회, 2018 = 고형석 (2018)
김건식, "상법 - 주제발표 (21세기를 맞는 우리 회사법과 회사법학:그 한계와 과제)", 저스티스 제92호, 한국법학원, 2006 = 김건식 (2006)
김동민, "블록체인기술을 이용한 스마트계약의 구조와 그 특징에 관한 소고", 비교사법 제28권 제3호, 한국사법학회, 2021 = 김동민 (2021)
김동섭, "분산원장 기술과 디지털통화의 현황 및 시사점", 한국은행 금융결제국 결제연구팀, 2016 = 김동섭 (2016)
김병필·전정현, "블록체인기술의 활용범위에 관한 비판적 고찰", 정보법학 제23권 제1호, 한국정보법학회, 2019 = 김병필·전정현 (2019)
김새로나·양동훈·조광희, "대리인비용과 보수주의의 관련성", 회계학연구 제36권 제3호, 한국회계학회, 2011 = 김새로나 외 2명 (2011)
김성호, "블록체인기술 기반의 스마트계약에 대한 민사법적 검토", 한양법학 제30권 제3집, 한양법학회, 2019 = 김성호 (2019)
김우성, "가상자산의 법적 성격", 서울대학교 법학 제64권 제1호, 서울대학교 법학연구소, 2023 = 김우성 (2023)
김은수, "블록체인 및 분산원장 기술 수용에 관한 법적 연구", IT와 법 연구 제16집, 경북대학교 IT와 법 연구소, 2018 = 김은수 (2018)
김정애, "기업지배구조가 회계부정에 미치는 영향", 회계·세무와 감사 연구 제45호, 한국공인회계사회, 2007 = 김정애 (2007)
김제완, "블록체인기술의 계약법 적용상의 쟁점-스마트계약(Smart Contract)을 중심으로-", 법조 제67권 제1호, 법조협회, 2018 = 김제완 (2018), "블록체인과 스마트계약(Smart Contract): 민사법학과 법조실무에 던지는 도전과 응전-비가역적·탈중앙화 거래에 관한 민사법적 쟁점과 법률가의 역할-", 비교사법 제28권 제4호, 한국사법학회, 2021 = 김제완 (2021)

김종호, "탈중앙화 자율조직(DAO)의 거버넌스와 스마트계약의 법적 성질", 법이론실무연구 제12권 제1호, 한국법이론실무학회, 2024 = 김종호 (2024)

김주호·정병호, "블록체인 기반 탈중앙화자율조직(DAO)의 법적 지위에 관한 소고", 법과 기업 연구 제14권 제1호, 서강대학교 법학연구소, 2024 = 김주호·정병호 (2024)

김중길, "스마트계약 성립의 계약법적 정합성에 관한 고찰", 민사법의 이론과 실무 제24권 제2호, 민사법의 이론과 실무학회, 2021 = 김중길 (2021)

김진우, "스마트계약을 통한 분쟁의 예방·해결 및 법적 한계", 소비자법연구 제8권 제2호, 한국소비자법학회, 2022 = 김진우 (2022), "재단법인의 조직과 의사결정", 법조 제61권 제11호, 법조협회, 2012 = 김진우 (2012)

김현수, "스마트 컨트랙트(Smart Contract)와 계약법적 과제", 비교사법 제28권 제4호, 한국사법학회, 2021 = 김현수 (2021)

김홍기, "EU의 암호자산시장규정(MiCA)과 우리나라 디지털자산법의 제정방안", 상사법연구 제41권 제2호, 한국상사법학회, 2022 = 김홍기 (2022)

남궁주현, "중소벤처기업의 지배구조에 관한 법적 쟁점", 경제법연구 제21권 제1호, 한국경제법학회, 2022 = 남궁주현 (2022), "탈중앙화 자율조직(DAO)의 법적 정의에 관한 연구-DAO의 기술적 구성요소에 관한 검토를 중심으로-", 상사법연구 제42권 제2호, 한국상사법학회, 2023 = 남궁주현 (2023a), "탈중앙화 자율조직(DAOs)의 조직법적 형태에 관한 연구 -회사법적 법률관계를 중심으로-", 상사법연구 제42권 제3호, 한국상사법학회, 2023 = 남궁주현 (2023b), "탈중앙화 자율조직(DAO)과 대리문제에 관한 연구 -회사법적 관점에 기초하여-", 성균관법학 제35권 제4호, 성균관대학교 법학연구원, 2023 = 남궁주현 (2023c)

남도현, "미국증권집단소송의 최근 현황과 주요 사례 분석", 가천법학 제15권 제2호, 가천대학교 법학연구소, 2022 = 남도현 (2022)

노혁준, "블록체인과 회사법-DAO를 중심으로 한 시론적 고찰", 상사법연구 제41권 제3호, 한국상사법학회, 2022 = 노혁준 (2022)

류지민, "주주평등원칙의 변화에 따른 기업지배구조 문제의 이해-미국의 차등의결권주식(Dual-class stock) 제도를 둘러싼 논의를 중심으로-", 상사법연구 제39권 제2호, 한국상사법학회, 2020 = 류지민 (2020)

문정해, "유한책임회사 업무집행자의 신인의무 적용 면제에 대한 비교법적 고찰", 법학논총 제39권 제4호, 단국대학교 법학연구소, 2015 = 문정해 (2015)
민기호, "가상자산의 증권성 판단기준 및 규제방향", 기업법연구 제37권 제1호, 한국기업법학회, 2023 = 민기호 (2023)
박종찬, "Enron의 재무회계와 기업지배구조에 관한 사례연구", 회계저널 제18권 제2호, 한국회계학회, 2009 = 박종찬 (2009)
배한수·배병한, "기업지배구조와 내부회계관리제도의 상호작용이 회계부정에 미치는 영향", 세무와회계저널 제15권 제1호, 한국세무학회, 2014 = 배한수·배병한 (2014)
손영화, "미국 기업개혁법(The Sarbanes-Oxley Act)의 회사지배구조에 관한 영향", 한양법학 제24호, 한양법학회, 2008 = 손영화 (2008)
서정호·이대기·최공필, "금융업의 블록체인 활용과 정책과제", KIF 금융리포트 2017-02, 한국금융연구원, 2017 = 서정호 외 2명 (2017)
서완석·이영철, "비상장회사의 지배구조와 감사제도", 경영법률 제29권 제4호, 한국경영법률학회, 2019 = 서완석·이영철 (2019)
신지혜, "블록체인의 성립과 운용에 있어서 민사법적 쟁점 -블록체인에 대한 기술적 이해를 기초로-", 비교사법 제28권 제3호, 한국사법학회, 2021 = 신지혜 (2021), "가상자산의 특성과 법적 규율-블록체인 기반 가상자산의 위험성과 규율의 방향을 중심으로-", 소비자법연구 제8권 제3호, 한국소비자법학회, 2022 = 신지혜 (2022a), "스마트 컨트랙트에 관한 민사법적 쟁점", 민사법학 제99호, 한국민사법학회, 2022 = 신지혜 (2022b)
심인숙, "ICO(Initial Coin Offering)에 대한 미국 연방증권법상 쟁점에 관한 고찰 -연방증권규제당국(SEC)의 접근방법을 중심으로-", 중앙법학 제20권 제4호, 중앙법학회, 2018 = 심인숙 (2018)
안수현, "탈중앙화 금융(De-Fi)의 기업·금융 규제 법제 연구 -탈중앙화 자율조직(DAO)의 조직구조와 참여자 보호-", 규제혁신법제 연구 22-21-②-2, 한국법제연구원, 2022 = 안수현 (2022)
유영운, "탈중앙화된 자율조직(DAO)의 국내 단체법상 지위-법인 아닌 사단으로서의 성격-", 서울대학교 법학 제64권 제1호, 서울대학교 법학연구소, 2023 = 유영운 (2023)
윤승영, "적대적 M&A 방어수단으로서의 초다수결의제", CGS Report 2014년 4권 8호, 한국ESG기준원, 2014 = 윤승영 (2014)
윤주호, "전자문서와 블록체인", 한국인터넷진흥원, 블록체인 규제 개선 연구반 결과보고서, 2018 = 윤주호 (2018)

윤진수, "민법상 조합의 권리능력에 관한 독일의 동향", 법조 제72권 제1호, 법조협회, 2023 = 윤진수 (2023)
윤태영, "블록체인기술을 이용한 스마트계약(Smart Contract)", 재산법연구 제36권 제2호, 한국재산법학회, 2019 = 윤태영 (2019)
이규옥, "블록체인기술 기반 스마트 컨트랙트에 관한 법적 연구", 박사학위논문, 성균관대학교 대학원, 2019 = 이규옥 (2019)
이석민, "DAO의 법제적 이슈 및 시사점-미국(와이오밍주법) 사례를 중심으로-", 최신외국법제정보 2022년 제5호, 한국법제연구원, 2022 = 이석민 (2022)
이영종, "주식회사의 사회경제적 기능-주식회사의 기능과 그 기초로서의 주식의 유용성에 관한 시론-", 경제법연구 제7권 제2호, 한국경제법학회, 2008 = 이영종 (2008)
이정수, "토큰이코노미(Token Economy)의 입법과제", 금융법연구 제19권 제3호, 한국금융법학회, 2022 = 이정수 (2022), "가상자산의 증권성 판단기준 -서울남부지방법원 2020. 3. 25. 선고 2019가단225099 판결-", 상사판례연구 제36권 제2호, 한국상사판례학회, 2023 = 이정수 (2023), "미국 LLC, LLP제도의 도입과 세법상 대응", 조세법연구 제13권 제2호, 한국세법학회, 2007 = 이정수 (2007)
이준호 외 5명, "블록체인 기반 혁신금융 생태계 연구보고서", 과학기술정보통신부·한국인터넷진흥원, 2021 = 이준호 외 5명 (2021)
임동원, "동업기업과세제도에 대한 연구", 박사학위논문, 한양대학교 대학원, 2014 = 임동원 (2014)
임재연, "사실상의 회사 이론에 관한 연구 -미국의 판례와 제정법을 중심으로-", 성균관법학 제20권 제2호, 성균관대학교 법학연구원, 2008 = 임재연 (2008)
전우정, "가상자산의 증권성에 관한 소고-테라·루나 사건을 중심으로-", 법조 제72권 제4호, 법조협회, 2023 = 전우정 (2023)
장근영, "영미법상 신인의무의 법리와 이사의 지위", 비교사법 제15권 제1호, 한국사법학회, 2008 = 장근영 (2008)
정경영, "스마트계약에 의한 분산형 자율조직(DAOs)의 회사법제에의 포섭에 관한 시론", 금융법연구 제16권 제3호, 한국금융법학회, 2019 = 정경영 (2019), "암호통화(cryptocurrency)의 본질과 스마트계약(smart contract)에 관한 연구" 상사법연구 제36권 제4호, 한국상사법학회, 2018 = 정경영 (2018) ·백명훈, 디지털사회 법제연구(Ⅱ) -블록체인 기반의 스마트계약 관련 법제연구, 글로벌법제전략 연구 17-18-①, 한국법제연구원, 2017 = 정경영·백명훈 (2017) 정규, "개정 전자문서법상 블록체인 기술 관련 쟁점 고찰", 법과정책연구 제21권 제1호, 한국법정책학회, 2021 = 정규 (2021)
정순섭, "블록체인과 금융", BFL 제108호, 서울대학교 금융법센터, 2021 = 정순섭 (2021), "디지털 금융혁신관련 법령분석과 향후 입법·정책과제", 국회입법조사처 정책연구용역보고서, 2020 = 정순섭 (2020)
정승화, "블록체인 기술기반의 분산원장 도입을 위한 법적 과제", 금융법연구 제13권 제2호, 한국금융법학회, 2016 = 정승화 (2016)
정진명, "블록체인 기반 스마트계약의 법률문제", 비교사법 제25권 제3호, 한국사법학회, 2018 = 정진명 (2018)
조엘 셀리그만 저/김광록 역, "엔론의 교훈", 증권법연구 제3권 제1호, 한국증권법학회, 2002 = 조엘 셀리그만 저/김광록 역 (2002)
천창민, "가상자산 거래의 물권법적 측면에 관한 연구", 서울대학교 법학 제63권 제1호, 서울대학교 법학연구소, 2022 = 천창민 (2022)
최선미, "일의 미래: 탈중앙자율조직 DAO", 전자통신동향분석 제38권 제1호, 한국전자통신연구원, 2023 = 최선미 (2023)
최용, "실무적 시각에서 본 정관상 초다수결의제(超多數決議制)의 효력과 적법성에 관한 고찰-미국, 유럽, 일본 등과의 비교법적 검토 및 判例를 중심으로-", 법학연구 제31권 제1호, 연세대학교 법학연구원, 2021 = 최용 (2021)
최정희·정헌식, "영국의 외부감사제도의 최근 동향과 한국에서의 시사점", 법학논고 제58호, 경북대학교 법학연구원, 2017 = 최정희·정헌식 (2017)
하온누리, "탈중앙화 자율조직 DAO의 현황과 이슈", 자본시장포커스 2022-07호, 자본시장연구원, 2022 = 하온누리 (2022)
한정희, "블록체인 부동산 등기와 스마트계약", 한국정보통신학회논문지 제25권 제2호, 한국정보통신학회, 2021 = 한정희 (2021)

[외국문헌]

Alexandra Sims, "Blockchain and Decentralised Autonomous Organisations (DAOs): the evolution of companies?", New Zealand Universities Law Review 28, 2019 = Alexandra (2019),
_____, "Decentralised Autonomous Organisations: Governance, Dispute Resolution and Regulation", Macquarie University, 2021 = Alexandra (2021)
Alex Dolphin, "Scaling DAOs Through Fiduciary Duties", BYU L. Rev. Vol. 48 Iss. 3,

2023 = Alex (2023)

Aaron Wright, "The Rise of Decentralized Autonomous Organizations: Opportunities and Challenges", Stanford Journal of Blockchain Law & Policy, 2021 = Aaron (2021)

Ali Dhanani and Brian J. Hausman, "Decentralized Autonomous Organizations", Intellectual Property & Technology Law Journal Vol. 34 No. 5, 2022 = Ali·Brian (2021)

Asma Alawadi, Nada Kakabadse, Andrew Kakabadse, Sam Zuckerbraun, "Decentralized autonomous organizations (DAOs): Stewardship talks but agency walks", Journal of Business Research, Vol. 178, 2024 = Asma (2024)

Axelsen, Henrik and Ross, Omri, "How Should DAOs be Regulated? A New Perspective on Decentralization", AMPLIFY, VOL. 35 NO. 10, 2022 = Axelsen,·Ross (2024)

Baptiste Perez Riaza, Jean-Yves Gnabo, "Decentralized Autonomous Organizations (DAOs): Catalysts for enhanced market efficiency", Finance Research Letters, Vol. 58 Part B, 2023 = Baptiste·Jean-Yves (2023)

Biyan Mienert, Dezentrale autonome Organisationen (DAOs) und Gesellschaftsrecht, Mohr Siebeck, 2022 = Biyan (2022)

Blaszczyk Mateusz, "Decentralized Autonomous Organizations and Regulatory Competition: A Race Without a Cause", North Dakota Law Review, 2023 = Blaszczyk (2023)

Blemus Stéphane, "Law and Blockchain: A Legal Perspective on Current Regulatory Trends Worldwide", Corporate Finance and Capital Markets Law Review No. 4, 2017 = Blemus (2017)

Boss Stefanie, "DAOs: Legal and Empirical Review", Blockchain & Society Policy Research Lab Research Nodes 2023/2, Amsterdam Law School Research Paper No. 2023-27, 2023 = Boss (2023)

Brummer Christopher J. and Seira Rodrigo, "Legal Wrappers and DAOs", 2022 = Brummer·Seira (2022)

Carla L. Reyes, "If Rockefeller were a coder", Geo. Wash. L. Rev. Vol. 87 No. 2, 2019 = Carla (2019)

Chohan Usman W, "The Decentralized Autonomous Organization and Governance Issues", 2022 = Chohan (2022),

_____, "Decentralized Autonomous Organizations (DAOs): Their Present and Future", 2024 = Chohan (2024)

Crank Joel, "Wyoming DAO LLCs: Potential Pitfalls for the Novel Entity", 2021 = Crank (2021)

David Kerr and Miles Jennings, "A legal framework for Decentralized Autonomous Organization", 2021 = David·Miles (2021)

Desai Hrishikesh, "An Auditor's Perspective on Smart Contracts and DAOs", The CPA Journal, 93(7/8), 2023 = Desai (2023)

Gabriel Shapiro et al., "MetaCartel Ventures" White Paper, 2019 = Gabriel et al. (2019)

Giuseppe Dari-Mattiacci et al., "The Emergence of the Corporate Form", The Journal of Law, Economics, and Organization, Vol. 33 Iss. 2, 2017 = Giuseppe et al. (2017)

Hassan S. & De Filippi, P., "Decentralized Autonomous Organization", Internet Policy Review Vol. 10, iss. 2, 2021 = Hassan (2021)

Henrik Axelsen et al., "When is a DAO Decentralized?", Complex Systems Informatics and Modeling Quarterly Art. 176, Iss. 31, 2022 = Henrik et al. (2022)

Jenny Cieplak & Simon Leefatt, "Smart Contracts: A Smart Way to Automate Performance" GEO. L. TECH. REV. Vol. 1;2, 2017 = Jenny·Simon (2017)

Jean Bacon et al., "Blockchain Demystified: A Technical and Legal Introduction to Distributed and Centralised Ledgers", Richmond Journal of Law & Technology Vol. 25, 2018 = Jean et al. (2018)

Kondova Galia and Barba Renato, "Governance of Decentralized Autonomous Organizations", Journal of Modern Accounting and Auditing, Vol. 15 No. 8, 2019 = Kondova·Barba (2019)

Kumar Saurabh, Neelam Rani, Parijat Upadhyay, Towards novel blockchain decentralised autonomous organisation (DAO) led corporate governance framework, Technological Forecasting and Social Change, Vol. 204, 2024 = Kumar et al. (2024)

Laila Metjahic, "Deconstructing the DAO: The Need for Legal Recognition and the Application of Securities Laws to Decentralized Organizations", CARDOZO LAW REVIEW Vol 39, 2018 = Laila (2018)

Michael C. Jensen and William H. Meckling, "Theory of the Firm: Managerial Behaviour, Agency Costs and Ownership Structure", Journal of Financial Economics 3 No. 4, 1976 = Michael·William (1976)

Nathan Tse, "Decentralised Autonomous Organisations and the Corporate Form", Victoria University of Wellington Law Review Vol. 51 No. 2, 2020 = Nathan (2020)

Naudts Ellen, "The Future of DAOs in Finance - in Need of Legal Status", ECB Occasional Paper No. 2023/331, 2023 = Naudts (2023)

Nick Szabo, "Smart contracts: building blocks for digital markets" EXTROPY: The Journal of Transhumanist Thought, 16, 1996 = Nick (1996)

Primavera De Filippi, Aaron Wright, Blockchain and the Law: The Rule of Code, Harvard University Press, 2018 = Primavera (2018)

Reinier Kraakman et al., The Anatomy of Corporate Law: A Comparative and Functional Approach, Oxford University Press, 2017 = Reinier Kraakman et al. (2017)

Robbie Morrison, Natasha Mazey & Stephen C. Wingreen, "The DAO Controversy: The Case for a New Species of Corporate Governance?", Policy and Practice Reviews, 2020 = Robbie et al. (2020)

Samuel D. Brunson, "Standing on the Shoulders of LLCs: Tax Entity Status and Decentralized Autonomous Organizations", Georgia Law Review Vol. 57, Issue 2, 2023 = Samuel (2023)

Schillig Michael, "Decentralized Autonomous Organizations(DAOs) under English Law", King's College London Law School Research Paper, 2022 = Schillig (2022)

S. Wang et al., "Decentralized Autonomous Organizations: Concept, Model, and Applications", IEEE Transactions on Computational Social Systems Vol. 6 No. 5, 2019 = S. Wang et al. (2019)

Select Committee on Australia as a Technology and Financial Centre, final report, 2021 = Select Committee (2021)

Soichiro Takagi, "Organizational Impact of Blockchain through Decentralized Autonomous Organizations", International Journal of Economic Policy Studies Vol 12, 2017 = Soichiro (2017)

Tamar Frankel, "Fiduciary Duties as Default Rules", Or. L. Rev. Vol. 74, 1995 = Tamar (1995)

Timothy Nielsen, "Cryptocorporations: A Proposal for Legitimizing Decentralized Autonomous Organizations", Utah Law Review No. 5, 2019 = Timothy (2019)

Usha R. Rodrigues, "Law and the Blockchain", Iowa Law Review Vol. 104 No. 2, 2019 = Usha (2019)

Vijayakumaran Adarsh, "Democratizing NFTs: F-NFTs, DAOs and Securities Law", Richmond Journal of Law and Technology, 2021 = Vijayakumaran (2021)

Wayne N. Bradley, "An Empirical Study of Defective Incorporation", Emory L. J. 39, 1990 = Wayne (1990)

William Mougayar, The business blockchain, John Wiley & Sons, 2016 = William (2016)

Wright A and De Filippi P., "Decentralized blockchain technology and the rise of lex cryptographia", 2015 = Wright (2015)

Wulf A. Kaal, "Blockchain Solutions for Agency Problems in Corporate Governance", 2017 = Wulf (2017)

_____, "Decentralized Autonomous Organizations Internal Governance and External Legal Design", Annals of Corporate Governance Vol. 5 No. 4, 2021 = Wulf (2021)

NFTホワイトペーパー(案) -Web3.0時代を見据えたわが国のNFT戦略-Web3.0研究会, "Web3.0 の健全な発展に向けて", Web3.0 研究会報告書, 2022 = Web3.0研究会 (2022)

柳明昌, "DAO の法的地位と構成員の法的責任", 「法學政治學論究」 Vol. 132 No. 3, 2022 = 柳明昌 (2022)

斎藤 創·浅野 真平, "日本におけるDAOの組成の可能性", 2022 = 斎藤 創·浅野 真平 (2022)

殿村桂司·近藤正篤·丸田颯人, "自律分散型組織(DAO) ―その概要、近時の世界的動向と法的課題―", NO&T Technology Law Update ～テクノロジー法ニュースレター～ No. 18, 2022 = 殿村桂司·近藤正篤·丸田颯人 (2022)

野口香織·藤井康太, "再開のお知らせ / DAO (1) －国内の最新動向 (仙台市の国家戦略特区制度を活用した規制改革提案)", 2022 = 野口香織·藤井康太 (2022)

[보도자료]

금융위원회 보도자료, 2021. 4. 14. 금융위원회, 혁신금융서비스 3건 지정(2021. 4. 14.)
_____, 저작권료 참여청구권의 증권성 여부 판단 및 ㈜뮤직카우에 대한 조치(2022. 4. 20.), '조각투자'에 대한 소비자경보 발령(주의)(2022.

                    , 4. 20.),
_____, 조각투자 등 신종증권 사업 관련 가이드라인(2022. 4. 28.),
_____, '22년 상반기 가상자산사업자 실태조사 결과(2022. 9. 26.),
_____, 토큰 증권(Security Token) 발행·유통 규율체계 정비방안 (2023. 2. 6.)
Securities and Exchange Commission Press Release, "SEC Issues Investigative Report Concluding DAO Tokens, a Digital Asset, Were Securities.", 2017

[인터넷 기사 및 자료]

권단, "혁신적 조직 운영 시스템 확산과 와이오밍주 DAO 법안", IT조선(2022. 1. 17.)
김선미, "웹 3.0 시대와 DAO", 전자신문(2022. 11. 1.)
김지현, "국보부터 골프장까지, '가치' 좇는 탈중앙화 자율조직(DAO)", 주간동아 (2022. 2. 28.)
박제정, "자율·공정 깃발 든 탈중앙화 조직 혁신의 중심으로 한 발 한 발", 동아비즈니스리뷰 348호, 2022
오세용, "ICO와 새로운 토큰 세일 모델 DAICO", ITChosun(2018. 5. 14.)
정우현, "국보DAO 프로젝트, 개인·국가 아닌 커뮤니티 소유 실험", 여성경제신문 (2022. 1. 26.)
비트코인 최초의 블록 현황 〈https://www.blockchain.com/btc/block/00000000839a8e6886ab5951d76f411475428afc90947ee320161bbf18eb6048〉
Aragon, What is a DAO?, 2021 〈https://blog.aragon.org/what-is-a-dao/〉
이더리움(Ethereum), Decentralized autonomous organizations (DAOs) 〈https://ethereum.org/en/dao/#dao-laws〉
업비트 투자보호센터, DAO란 무엇인가? 〈https://upbitcare.com/academy/education/blockchain/246〉
Aragon's Blog. 〈https://blog.aragon.org/what-is-a-dao/〉
Chainanalysis, 「Dissecting the DAO: Web3 Ownership is Surprisingly Concentrated」 〈https://blog.chainalysis.com/reports/web3-daos-2022/〉
COALA Blog 〈https://coala.global/〉
Dan Saada, "Aragon (ANT) Cryptocurrency Envisions to Create a Digital Jurisdiction with a Legal System Equivalent for DAOs", The Currency Analytics, 2020. 3. 12.

〈https://thecurrencyanalytics.com/12386/aragon-ant-cryptocurrency-envisions-to-create-a-digital-jurisdiction-with-a-legal-system-equivalent-for-daos/〉

Daniel Larimer의 블로그 〈https://www.linkedin.com/in/daniel-larimer-0a367089〉

EOS SUPPORT 〈https://help.eossupport.io/en/articles/5565655-what-is-eos〉

Kyle Chayka, "The Promise of DAOs, the Latest Craze in Crypto", The New Yorker(2022. 1. 28) 〈https://www.newyorker.com/culture/infinite-scroll/the-promise-of-daos-the-latest-craze-in-crypto〉

LexDAO, Simple Code Deference Agreement 〈https://github.com/lex-node/SCoDA-Simple-Code-Deference-Agreement-/blob/master/DAO%20Charter%20with%20Qualified%20Code%20Deference.md〉

William Hinman, Speech Digital Asset Transactions: When Howey Met Gary, 2018 〈https://www.sec.gov/news/speech/speech-hinman-061418〉

Vitalik Buterin, Bootstrapping A Decentralized Autonomous Corporation, Part III: Identity corp, BITCOIN MAGAZINE(2013. 9. 24.) 〈https://bitcoinmagazine.com/technical/bootstrapping-a-decentralized-autonomous-corporation-part-3-identity-corp-1380073003〉

Buterin Vgl., Explanation of DAICOs, ethresearch(2018. 1. 1.) 〈https://ethresear.ch/t/explanation-of-daicos/465〉

찾아보기

ㄱ

가상자산 24, 75, 217
개인기업 181
거버넌스 가상자산 77, 170, 217
거버넌스 스마트계약 71
공개형 블록체인 49, 239
공동기업 181
공동사업 84, 86
공시 262
국보DAO 121
권리능력 179
금반언에 의한 회사 190
금전등의 투자 87
금전의 투자 84
기업형태 251

ㄴ

내부통제 243

ㄷ

대리문제 153, 158
대리비용 153
델라웨어주 143
등록 대리인 254

ㅁ

마셜제도 149

무한책임사원 189
미치노쿠DAO 148

ㅂ

버몬트주 129
법률상의 회사 190
법인 아닌 DAO 183
법인격 182
법적 대표자 259
블록체인 23, 46
비공개형 블록체인 49
비트코인 22, 24

ㅅ

사단 179
사실상의 회사 190
사원 263
사원 경영형 DAO 139, 225
사원총회 220, 260
서비스 DAO 40
선량한 관리자의 의무 230
소셜 DAO 39
소수사원 171
손익을 귀속 받는 계약상의 권리 89
수집 DAO 38
스마트계약 26, 51, 63, 161
스마트계약코드 64, 65
스마트컨트랙트 51

찾아보기 285

신인의무　130, 135, 230

ㅇ

알고리즘 경영형 DAO　138, 224
업무집행사원　219, 229
업무집행사원 회의　260
업무집행자　258
업무집행자 회의　221
영리 목적 DAO　160
오프체인　184
와이오밍주　131
운영약정　129, 217
유니스왑DAO　227
유한 탈중앙화 자율조직　144
유한책임 탈중앙화 자율조직　144
유한책임사원　189
유한책임회사　187, 196, 205
유한회사　197
이더리움　49
이더리움 가상머신　50
이익을 기대하는 계약·거래·계획　85
이익획득 목적　90

ㅈ

자기거래　234, 236
자선 DAO　40
자율　31
재단법인　191
전자문서　64
전자문서법　64
전자상거래　56
조직　33
조합　177, 179

주로 타인이 수행한 공동사업　88
주식회사　159, 185, 197
증권　80
지배사원　171
집합투자　81
집합투자기구　82
집합투자증권　82

ㅊ

충실의무　230

ㅋ

커뮤니티 감사　241
컨트랙터　106
코드 문맹　234
큐레이터　107
크라우드펀딩　78

ㅌ

타인의 노력에 대한 의존　84
탈중앙화　30
탈중앙화 법인 아닌 비영리 사단법
　　　140
탈중앙화조직형 유한책임회사　251
테네시주　142
투자 DAO　37
투자계약증권　81
특별다수결　171

ㅍ

프로그램 코드　58
프로토콜 DAO　37

ㅎ

하자 있는 회사설립 190
합동행위 58
합동회사 146
합명회사 180, 188, 195
합자회사 180, 188, 195
해산 244, 264
허가형 블록체인 49

기타

1933년법 84
1934년법 84
American CryptoFed DAO 138
BBLLC 129
Blockchain-based limited liability companies 129
BZRX 토큰 119
bZxDAO 116
certificate of formation 134
COALA(Coalition of Automated Legal Applications) 160
corporation 182
DAO 27, 28, 31
DApp 53
Decentralized Applications 53
DUNA 141
efforts of others 88
ENS DAO 192
EVM 50
Financial Market Supervisory Authority 78
FINMA 78
Fries DAO 137
Howey 기준 84
ICO 77
Initial Coin Offering 77
Kitchen Lands DAO 137
LLD 144
MiCA 46
MiCA법 78
Ooki DAO 117
partnership 182
Regulation on Market in Crypt-Assets 46
SEC 109
Securities and Exchange Commission 31
Smart Contract 51
The COALA DAO Model Law 160
The DAO 104
The Ethereum Name Service 191
Web2.0 24
Web3.0 24, 147
Web3.0 연구회 147
Wyoming Decentralized Autonomous Organization Supplement 132

남궁주현

[학력]
성균관대학교 법과대학 법학과(학사, 2008)
성균관대학교 일반대학원 법학과(석사, 2012)
서울대학교 법학전문대학원 법학과(전문박사, 2024)

[약력]
성균관대학교 법학전문대학원 부교수(2024. 3.-현재)
성균관대학교 법학전문대학원 조교수(2021. 2.-2024. 2.)
전주지방법원 판사(2019. 3.-2021. 2.)
경력 법관 임용 및 신임 법관 연수(2018. 11.-2019. 2.)
법무법인(유한) 바른 변호사(2013. 4.-2018. 10.)
군법무관(2010. 4.-2013. 3.)
대법원 사법연수원(제39기, 2008. 3.-2010. 1.)
제49회 사법시험 합격(2007.)

탈중앙화 자율조직(DAO)과 회사법

초판 인쇄 | 2024년 12월 24일
초판 발행 | 2024년 12월 31일

지 은 이	남궁주현
발 행 인	한정희
발 행 처	경인문화사
편 집	김지선 한주연 심한별 양은경
마 케 팅	하재일 유인순
출 판 번 호	제406-1973-000003호
주 소	경기도 파주시 회동길 445-1 경인빌딩 B동 4층
전 화	031-955-9300 팩 스 031-955-9310
홈 페 이 지	www.kyunginp.co.kr
이 메 일	kyungin@kyunginp.co.kr

ISBN 978-89-499-6835-3 93360
값 23,000원

ⓒ 남궁주현, 2024

* 저자와 출판사의 동의 없는 인용 또는 발췌를 금합니다.
* 파본 및 훼손된 책은 구입하신 서점에서 교환해 드립니다.

서울대학교 법학연구소 법학 연구총서

1. 住宅의 競賣와 賃借人 保護에 관한 實務硏究
   閔日榮 저 412쪽 20,000원
2. 부실채권 정리제도의 국제 표준화
   鄭在龍 저 228쪽 13,000원
3. 개인정보보호와 자기정보통제권 ●
   권건보 저 364쪽 18,000원
4. 부동산투자회사제도의 법적 구조와 세제
   박훈 저 268쪽 13,000원
5. 재벌의 경제력집중 규제 ●
   홍명수 저 332쪽 17,000원
6. 행정소송상 예방적 구제 ●
   이현수 저 362쪽 18,000원
7. 남북교류협력의 규범체계
   이효원 저 412쪽 20,000원
8. 형법상 법률의 착오론 ●
   안성조 저 440쪽 22,000원
9. 행정계약법의 이해 ●
   김대인 저 448쪽 22,000원
10. 이사의 손해배상책임의 제한 ●
    최문희 저 370쪽 18,000원
11. 조선시대의 형사법 –대명률과 국전– ●
    조지만 저 428쪽 21,000원
12. 특허침해로 인한 손해배상액의 산정 ●
    박성수 저 528쪽 26,000원
13. 채권자대위권 연구
    여하윤 저 288쪽 15,000원
14. 형성권 연구 ●
    김영희 저 312쪽 16,000원
15. 증권집단소송과 화해 ●
    박철희 저 352쪽 18,000원
16. The Concept of Authority
    박준석 저 256쪽 13,000원
17. 국내세법과 조세조약
    이재호 저 320쪽 16,000원
18. 건국과 헌법
    김수용 저 528쪽 27,000원
19. 중국의 계약책임법
    채성국 저 432쪽 22,000원
20. 중지미수의 이론 ●
    최준혁 저 424쪽 22,000원
21. WTO 보조금 협정상 위임·지시
    보조금의 법적 의미 ●
    이재민 저 484쪽 29,000원
22. 중국의 사법제도 ▲
    정철 저 383쪽 23,000원
23. 부당해고의 구제
    정진경 저 672쪽 40,000원
24. 서양의 세습가산제
    이철우 저 302쪽 21,000원
25. 유언의 해석 ▲
    현소혜 저 332쪽 23,000원
26. 營造物의 개념과 이론 ●
    이상덕 저 504쪽 35,000원
27. 미술가의 저작인격권 ●
    구본진 저 436쪽 30,000원
28. 독점규제법 집행론
    조성국 저 376쪽 26,000원
29. 파트너쉽 과세제도의 이론과 논점
    김석환 저 334쪽 23,000원
30. 비국가행위자의 테러행위에 대한 무력대응
    도경옥 저 316쪽 22,000원
31. 慰藉料에 관한 硏究
    –不法行爲를 중심으로– ●
    이창현 저 420쪽 29,000원
32. 젠더관점에 따른 제노사이드규범의 재구성
    홍소연 저 228쪽 16,000원
33. 親生子關係의 決定基準
    권재문 저 388쪽 27,000원
34. 기후변화와 WTO = 탄소배출권 국경조정 ▲
    김호철 저 400쪽 28,000원
35. 韓國 憲法과 共和主義 ●
    김동훈 저 382쪽 27,000원
36. 국가임무의 '機能私化'와 국가의 책임
    차민식 저 406쪽 29,000원
37. 유럽연합의 규범통제제도 – 유럽연합
    정체성 평가와 남북한 통합에의 함의 –
    김용훈 저 338쪽 24,000원
38. 글로벌 경쟁시대 적극행정 실현을 위한
    행정부 법해석권의 재조명
    이성엽 저 313쪽 23,000원
39. 기능성원리연구
    유영선 저 423쪽 33,000원
40. 주식에 대한 경제적 이익과 의결권
    김지평 저 378쪽 31,000원
41. 情報市場과 均衡
    김주영 저 376쪽 30,000원
42. 일사부재리 원칙의 국제적 전개
    김기준 저 352쪽 27,000원
43. 독점규제법상 부당한 공동행위에 대한
    손해배상청구 ▲
    이선희 저 351쪽 27,000원

44. 기업결합의 경쟁제한성 판단기준
    - 수평결합을 중심으로 -
    이민호 저 483쪽 33,000원
45. 퍼블리시티권의 이론적 구성
    - 인격권에 의한 보호를 중심으로 - ▲
    권태상 저 401쪽 30,000원
46. 동산·채권담보권 연구 ▲
    김현진 저 488쪽 33,000원
47. 포스트 교토체제하 배출권거래제의
    국제적 연계 ▲
    이창수 저 332쪽 24,000원
48. 독립행정기관에 관한 헌법학적 연구
    김소연 저 270쪽 20,000원
49. 무죄판결과 법관의 사실인정 ▲
    김상준 저 458쪽 33,000원
50. 신탁법상 수익자 보호의 법리
    이연갑 저 260쪽 19,000원
51. 프랑스의 警察行政
    이승민 저 394쪽 28,000원
52. 민법상 손해의 개념
    - 불법행위를 중심으로 -
    신동현 저 346쪽 26,000원
53. 부동산등기의 진정성 보장 연구
    구연모 저 388쪽 28,000원
54. 독일 재량행위 이론의 이해
    이은상 저 272쪽 21,000원
55. 장애인을 위한 성년후견제도
    구상엽 저 296쪽 22,000원
56. 헌법과 선거관리기구
    성승환 저 464쪽 34,000원
57. 폐기물 관리 법제에 관한 연구
    황계영 저 394쪽 29,000원
58. 서식의 충돌
    -계약의 성립과 내용 확정에 관하여-
    김성민 저 394쪽 29,000원
59. 권리행사방해죄에 관한 연구
    이진수 지 432쪽 33,000원
60. 디지털 증거수집에 있어서의 협력의무
    이용 저 458쪽 33,000원
61. 기본권 제한 심사의 법익 형량
    이민열 저 468쪽 35,000원
62. 프랑스 행정법상 분리가능행위 ●
    강지은 저 316쪽 25,000원
63. 자본시장에서의 이익충돌에 관한 연구 ▲
    김정연 저 456쪽 34,000원
64. 남북 통일, 경제통합과 법제도 통합
    김완기 저 394쪽 29,000원
65. 조인트벤처
    정재오 저 346쪽 27,000원
66. 고정사업장 과세의 이론과 쟁점
    김해마중 저 371쪽 26,000원

67. 배심재판에 있어서 공판준비절차에 관한 연구
    민수현 저 346쪽 26,000원
68. 법원의 특허침해 손해액 산정법
    최지선 저 444쪽 37,000원
69. 발명의 진보성 판단에 관한 연구
    이헌 저 433쪽 35,000원
70. 북한 경제와 법
    - 체제전환의 비교법적 분석 -
    장소영 저 372쪽 28,000원
71. 유럽민사법 공통참조기준안(DCFR)
    부당이득편 연구
    이상훈 저 308쪽 25,000원
72. 공정거래법상 일감몰아주기에 관한 연구
    백승엽 저 392쪽 29,000원
73. 국제범죄의 지휘관책임
    이윤제 저 414쪽 32,000원
74. 상계
    김기환 저 484쪽 35,000원
75. 저작권법상 기술적 보호조치에 관한 연구
    임광섭 저 380쪽 29,000원
76. 독일 공법상 국가임무론과 보장국가론 ●
    박재윤 저 330쪽 25,000원
77. FRAND 확약의 효력과
    표준특허권 행사의 한계
    나지원 저 258쪽 20,000원
78. 퍼블리시티권의 한계에 관한 연구
    임상혁 저 256쪽 27,000원
79. 방어적 민주주의
    김종현 저 354쪽 25,000원
80. M&A와 주주 보호
    정준혁 저 396쪽 29,000원
81. 실손의료보험 연구
    박성민 저 406쪽 28,000원
82. 사업신탁의 법리
    이영경 저 354쪽 25,000원
83. 기업 뇌물과 형사책임
    오택림 저 384쪽 28,000원
84. 저작재산권의 입법형성에 관한 연구
    신혜은 저 286쪽 20,000원
85. 애덤 스미스와 국가
    이황희 저 344쪽 26,000원
86. 친자관계의 결정
    양진섭 저 354쪽 27,000원
87. 사회통합을 위한 북한주민지원제도
    정구진 저 384쪽 30,000원
88. 사회보험과 사회연대
    장승혁 저 152쪽 13,000원
89. 계약해석의 방법에 관한 연구
    - 계약해석의 규범적 성격을 중심으로 -
    최준규 저 390쪽 28,000원

90. 사이버 명예훼손의 형사법적 연구
　　박정난 저　380쪽　27,000원
91. 도산절차와 미이행 쌍무계약
　　- 민법·채무자회생법의 해석론 및 입법론 -
　　김영주 저　418쪽　29,000원
92. 계속적 공급계약 연구
　　장보은 저　328쪽　24,000원
93. 소유권유보에 관한 연구
　　김은아 저　376쪽　28,000원
94. 피의자 신문의 이론과 실제
　　이형근 저　386쪽　29,000원
95. 국제자본시장법시론
　　이종혁 저　342쪽　25,000원
96. 국제적 분쟁과 소송금지명령
　　이창현 저　492쪽　34,000원
97. 문화예술과 국가의 관계 연구
　　강은경 저　390쪽　27,000원
98. 레옹 뒤기(Léon Duguit)의
　　공법 이론에 관한 연구
　　장윤영 저　280쪽　19,000원
99. 온라인서비스제공자의 법적 책임
　　신지혜 저　316쪽　24,000원
100. 과잉금지원칙의 이론과 실무
　　이재홍 저　312쪽　24,000원
101. 필리버스터의 역사와 이론
　　- 의회 의사진행방해제도의 헌법학적 연구 -
　　양태건 저　344쪽　26,000원
102. 매체환경 변화와 검열금지
　　임효준 저　321쪽　24,000원
103. 도시계획법과 지적
　　- 한국과 일본의 비교를 중심으로 -
　　배기철 저　267쪽　20,000원
104. 채무면제계약의 보험성
　　임수민 저　308쪽　24,000원
105. 법인 과세와 주주 과세의 통합
　　김의석 저　304쪽　22,000원
106. 중앙은행의 디지털화폐(CBDC)
　　발행에 관한 연구
　　서자영 저　332쪽　24,000원
107. 국제거래에 관한 분쟁해결절차의 경합
　　- 소송과 중재
　　이필복 저　384쪽　27,000원
108. 보건의료 빅데이터의 활용과 개인정보보호
　　김지희 저　352쪽　25,000원
109. 가상자산사업자의 실제소유자 확인제도
　　차정현 저　332쪽　24,000원
110. 비용편익분석에 대한 법원의
　　심사 기준 및 방법
　　손호영 저　378쪽　28,000원
111. 기후위기 시대의 기후·에너지법
　　박지혜 저　347쪽　26,000원

112. 프랑스의 공무원 파업권
　　이철진 저　396쪽　30,000원
113. 토지보상법과 건축물
　　- 건축물 수용과 보상의 법적 쟁점 -
　　박건우 저　327쪽　24,000원
114. 의약발명의 명세서 기재요건 및 진보성
　　이진희 저　372쪽　28,000원
115. 공정거래법상 불공정거래행위의 위법성
　　정주미 저　260쪽　19,000원
116. 임의제출물 압수에 관한 연구
　　김환권 저　304쪽　23,000원
117. 자금세탁방지의 법적 구조
　　이명신 저　386쪽　29,000원
118. 독립규제위원회의 처분과 사법심사
　　유제민 저　358쪽　28,000원
119. 부작위범의 인과관계
　　김정현 저　300쪽　23,000원
120. 독일의 회사존립파괴책임
　　김동완 저　369쪽　27,000원
121. 탈석탄의 법정책학 – 삼부의 권한배분과
　　전환적 에너지법에 대한 법적 함의 –
　　박진영 저　299쪽　23,000원
122. 공식배분법의 입장에서 바라본 Pillar 1 비판
　　노미리 저　254쪽　19,000원
123. 기업집단의 주주 보호
　　김신영 저　378쪽　28,000원
124. 국제도산에서 도산절차와 도산관련재판의
　　승인 및 집행에 관한 연구
　　김영석 저　504쪽　38,000원
125. 스타트업의 지배구조에 관한 법적 연구
　　이나래 저　400쪽　30,000원
126. 역외 디지털증거 수집에 관한 국제법적
　　쟁점과 대안
　　송영진 저　328쪽　25,000원
127. 법인 대표자의 대표권 제한에 관한 연구
　　- 판례법리를 중심으로 -
　　백숙종 저　364쪽　28,000원
128. 유동화신탁 소득의 과세에 관한 제도 설계
　　연구
　　조경준 저　304쪽　24,000원
129. 지식재산권 라이선서의 도산에 대한
　　라이선시의 보호방안에 관한 연구
　　권창환 저　446쪽　35,000원

● 학술원 우수학술 도서
▲ 문화체육관광부 우수학술 도서